文法으로 익히는

綜合漢文

柳在潤著

신아사

류재윤(柳在潤)

문학박사
현 전주대학교 사범대학 한문교육과 교수

문법으로 익히는

종합한문

초판 1쇄 발행 _ 2018년 2월 27일

편 주 자 • 류 재 윤
발 행 인 • 정 현 걸
발 행 • 신 아 사
인 쇄 • 대명프린팅
출판등록 • 1956년 1월 5일 (제9-52호)
주 소 • 서울시 은평구 통일로 59길 4(2층)
전 화 • 02)382-6411 · 팩스 02)382-6401
홈페이지 • www.shinasa.co.kr
E-MAIL • shinasa@daum.net

ISBN 978-89-8396-273-7(93720)

정가 16000원

머리말

옛날에는 어려서부터 서당에 들어가 漢文 한 과목만 배웠다. 한문이 학습의 전부이고 생활의 전부이므로 세월이 흐르면 자연히 깨닫게 되어 성년이 되면 文理를 얻게 되었다. 그러나 오늘날 대부분 한문학습자는 시대의 학제에 따라 성년이 다되어서야 한문을 배우기 시작한다. 성년이 다된 지금 그렇게 시간적 여유가 없다. 쉽고 빠른 시간에 배울 수 있는 방법은 문법을 활용할 수밖에 없다. 옛날에는 장시간에 의한 깨달음이었지만 오늘날에는 짧은 시간에 어법적인 분석을 통한 깨달음을 얻어야 한다. 성년이 다 되도록 한문을 전공으로 학습하지 않았고, 또 고교시절까지 중시하지도 않았지만 그래도 신학문의 전당에서 일반 언어적 문법적인 지식은 습득한 것이 많다. 이런 언어 문법에 대한 득력을 활용하여 한문을 문법적으로 학습하면 더욱 짧은 기간에 그 文理를 얻을 수 있을 것이다.

본서는 한문의 독해력을 완비하도록 하기 위하여 우선 문법에 대한 설명에 중점을 두었다. 아울러 한문을 보는 데 꼭 알아야 할 산문의 종류와 운문의 종류를 분류하여 설명하고 漢字의 구성원리까지 전반적으로 설명하였다.

文法篇은, 어떻게 하면 한문을 재미있게 배울 수 있을까? 생각한 나머지 유익하고 흥미로운 故事와 逸話를 문법학습의 자료로 삼았다. 여기에서는 각종 문장을 구성하는 문법적인 양상을 설명하였다. 유명한 고사의 내용과 연관해서 문법을 학습하면 더욱 효과가 있을 것이라 믿는다. 간혹 같은 어법을 반복 설명하는 경우도 있는데 이점은 복습하는 효과가 있다고 보아주기 바란다.

散文篇에서는 각종 文體의 종류를 예시하여 한문의 전반적인 문체의 특징을 알도록 하였다. 經書類와 諸子類를 비롯해서 일반 散文을 論辨類 贈序類 傳狀類 등 13종류로 분류하고, 각 종류에 따른 2편정도의 작품을 예시하고 해석하였다. 각종 문체의 특징을 알고 나서 한문의 작품을 보면 그만큼 알아보기가 쉬울 것이다. 문법편에서 얻은 문법실력을 적용하여 각종 문체를 학습하면 독해력을 더욱 증진할 수 있다고 본다.

韻文篇에서는 운문 전반을 종류별로 例示하여 그 형식을 이해하도록 하였다. 古體詩의 종류를 예시하여 설명하고 近體詩의 작품과 작법을 기술하였다. 수록한 漢詩의 작품 수는 많지 않으나 漢詩에 대한 전반적인 이해는 잘할 수 있다고 본다.

끝으로 文字篇에서는 漢字의 특징을 簡述하고, 六書를 바탕으로 象形 指事 會意 形聲 轉注 假借의 原理를 쉽게 이해할 수 있도록 설명하였다. 한자 학습을 보다 효과적으로 하려면 이들 六書에 대한 이해가 우선이다.

학기 중에 자료를 모으고 작성도 하였으나 업무상 지속적인 작업을 할 수가 없었다. 방학이 시작되면서 저작에 몰입하여 하루의 여유도 없이 컴퓨터 앞에서 시간을 보냈는데 아직도 예정한 바에 미흡한 점이 많다. 특히 산문편에서 특징있는 구문을 摘示하여 문법 설명을 보충하려고 했으나 미완으로 그친 점, 또 각 문체별로 그 특징을 상세히 분석하고 서술하지 못한 점이 아쉽다. 그러나 독해 연습의 대상으로 삼고, 그 서술하는 내용과 서식을 습득하면 이후 한문을 보는 데 많은 도움이 될 것이다.

이상 漢文을 학습하는 데 가장 필요한 요건을 종합하여 해설하고 '종합한문'이라는 명칭을 붙였다. 이 한권의 책이 한문을 애호하는 학습자들에게 많은 도움이 되기를 간절히 바란다. 그리고 본서의 내용 중에 혹간 잘못된 부분이 있으면 주저하지 마시고 叱正해주시기 바란다.

끝으로 東洋學 분야의 學術書에 깊은 애정을 가지고 많은 著書를 출간해 주신 신아사 정현걸 사장님의 큰 뜻에 고개 숙여 敬意를 표하며 본서의 출판 업무에 수고하신 모든 분들에게 감사의 말씀 올린다.

2018년 2월 20일
저자 삼가 씀

目次

第 I 章

文法篇

一. 名詞

事物을 지칭하는 품사를 名詞라 한다. 명사의 유형은 固有名詞 物質名詞 抽象名詞 個體名詞 集合名詞 등으로 분류할 수 있다. 한문의 작품을 통하여 문장에서 명사의 유형과 그 용례를 살펴보기로 한다.

<孟宗泣竹>

孟宗江夏人 性至孝 母年老病篤 冬將至 思筍食 時地凍無筍 宗入竹林 哀泣有頃 地上出筍數莖 持歸作羹供母 食畢病愈 人皆以爲至孝所感. <五倫行實圖>

1. 名詞의 類型 :

위의 구문에서 名詞의 종류를 적시(摘示)하면 다음과 같다.

⊙ 固有名詞 : 孟宗(인명). 江夏(지명). 고유명사는 세상에서 유일한 것을 지칭하는 이름이다. 대개 人名 地名 事物名 들이다.

⊙ 物質名詞 : 筍食(죽순요리). 地(땅). 羹(국). 물질명사는 셀 수 없는 물질을 지칭한 것인데(不可算名詞), 세려면 수량의 단위를 사용한다.

예) 一盌筍食 : 한 사발의 죽순요리.

五坪地 : 다섯 평의 땅.

二盌羹 : 두 그릇의 국.

⊙ 抽象名詞 : 性(성품). 年(나이). 病(병). 冬(겨울). 손으로 만질 수 없는 것으로 추상적인 명칭이다.

⊙ 個體名詞 : 笋(죽순) 人(사람) 母(어머니) 개체명사는 셀 수 있는 명사(可算名詞)이다.

예) 馬 羊 車 松 冊 등.

⊙ 集合名詞 : 竹林(대숲) 雁群(기러기 떼) 집합명사는 개체의 단수가 모인 집합체를 지칭하는 것이다. 복수를 나타내는 접미사가 있다 :

大衆(큰 무리), 先鋒隊(앞에 나간 사람들), 吾等(우리들), 小人輩(소인들), 羊群(양떼), 家禽類(집안에서 기르는 새 종류), 朋黨(무리들), 家族(집안사람들) 등.

2. 名詞의 用例

⊙ 孟宗江夏人 : '孟宗'은 고유명사이고, '江夏人'도 명사(명사구)이다. '江夏'는 고유명사 地名인데 여기서는 뒤의 '人'을 수식하는 형용사가 되었다('강하의' 사람). 문장의 구성형태는 '孟宗'이 주어이고 '江夏人'이 술어이다. 이런 문장의 형식을 '名詞述語文'이라고 한다. 漢文에는 이처럼 동사 없이 명사가 술어가 되는 문형이 있다. 江夏人 : 江夏(명사)+人(명사); 강하의 사람 ; 앞의 명사가 뒤의 명사를 수식하는 형용사가 된다. 명사가 형용사로 된 것이다.

예) : 韓國人(한국의 사람).

學校先生(학교의 선생).

故鄕山川(고향의 산천).

⊙ 性至孝 : 명사 '性'이 주어로 쓰였다. 성품(성격)이 지극히 효성스럽다.

⊙ 母年老病篤 : 명사 '母'가 주어로 쓰였다. 어머니는 나이가 늙어서 병이 심하였다.

病篤 : 병이 위독하다. 명사 '病'이 주어로 '篤(형용사술어)'의 주어가 되었다. 母年老病篤에서 '年老病篤'은 주어 '母'에 대한 술어이다.

⊙ 冬將至 : 名詞 '冬'이 주어로 쓰였다. 겨울이 장차 이르러 오다.

⊙ 思筍食 : 명사 '筍食'이 '思(동사)'의 목적어로 쓰였다. 思의 주어는 母이다.

⊙ 時地凍無筍 : 이때에 땅이 얼어서 죽순이 없었다. '時'는 시간 부사. 명사 '地'가 凍(형용사술어)의 주어가 되고, 아울러 '筍(명사)'은 '無'의 목적어이다(地를 장소부사로 보지 않고 명사(주어)로 보았음.

地無筍: 地는 筍을 갖고 있지 않다. 땅에는 죽순이 없다.

⊙ 宗入竹林 : 명사 '宗'이 주어이고, 명사 '竹林'은 '入'의 목적어가 되었다.

한문에서 주인공의 이름이 앞에서 한 번 明記되면 뒤에서는 대개 이름 끝 자로 나타낸다. 여기 '宗'은 '孟宗'을 말함.

⊙ 地上出笋數莖 : 땅이 죽순 여러 줄기를 위로 내보냈다(직역).

⊙ 持歸作羹供母 : 명사 '羹'은 '作(동사)'의 목적어이고, 명사 '母'는 '供'의 목적어이다. '持(동사)'의 목적어는 '笋數莖'이고 '歸'의 목적어는 '家'인데 생략하였다. 생략된 어휘를 살려서 기록하면: (孟宗)持(笋數莖)歸(家)作羹供(之於)母 이다.

⊙ 食畢病愈 : (죽순) 먹는 것을 마치자 병이 나았다. '食'은 動名詞이고 '病'은 추상명사이다. 倒置 형으로 보면,

畢食愈病 : 먹기를 마치면서 병을 고치게 되었다.

<孟宗泣竹: 맹종이 대밭에서 울다>

맹종은 강하의 사람이다. 성품이 지극히 효성스러웠다. 어머니가 나이가 늙어 병이 심했는데 겨울철이 다가올 때에 죽순음식을 먹고 싶은 생각이 났다. 이때에 땅이 얼어붙어 죽순이 없었는데 맹종이 대나무밭으로 들어가서 슬피우니 잠깐사이에 땅에서 죽순 몇 줄기가 돋아나왔다. 그것을 가지고 집으로 돌아와서 국을 끓여 어머니에게 올렸는데, 먹는 것을 마치자 병이 나았다. 사람들은 모두가 그 일을(땅에서 죽순이 나온 것을) 지극한 효성에 감동받은 것이라고 생각하였다.

<伯夷叔齊>

伯夷叔齊 孤竹君之二子也. 父欲立叔齊 及父卒 叔齊讓伯夷 伯夷曰"父命也" 遂逃去, 叔齊 亦不肯立而逃之, 國人立其中子. <小學, 稽古篇>

1) 名詞의 用例

⊙ 伯夷叔齊 孤竹君之二子也 : 명사 '伯夷叔齊'는 주어로 쓰이고, 명사구 '孤竹君之二子'는 술어로 쓰였다. 문형은 명사술어문이다. '孤竹君之二子(고죽군의 두 아들)'의 구조를 분석하면 '孤竹'이 고유명사 地名이고, '君'이 명사, '之'는 개사, '二'는 數詞 인데 '孤竹君之二'는 '子'를 수식하는 형용사가 되었다.

孤竹君 : '孤竹'은 나라이름 명사이고, '君'은 직위 명사이다. 孤竹君은 명사와 명사의 합성인데 앞의 '孤竹'은 '君'을 수식하는 형용사가 되었다.

⊙ 父欲立叔齊 : '父'는 명사이며 주어이고, '叔齊'는 명사이며 '立(동사)'의 목적어이다. 전체의 문장에서는 '立叔齊'가 명사구이고 '欲(동사)'의 목적어이다. 동사가 연속 사용된 連動詞 문장이다. 앞의 동사(欲)가 전체의 본동사이고 뒤의 동사(立)는 준동사가 된다. 영어의 문장을 예로 들면 : 'Father wants to set Sookje on the throne.' 이다(欲立: wants to set). 영어는 연동사일 때 뒤의 동사를 부정사(to+v)나 동명사(v+ing)로 표기하여 명사구로 나타내는데 한문에서는 그대로 연동사로 나타낸다. 이럴 때 뒤의 동사를 영문의 부정사나 동명사로 간주하고 보면 해석하기가 쉽다.

⊙ 叔齊讓伯夷 : '叔齊'가 주어이고 '伯夷'는 '讓'의 목적어이다. 숙제가 백

이에게 王位를 양보하다.

⦿ 伯夷曰"父命也" : 명사 '伯夷'가 주어이고 '父命'은 '曰'의 목적어가 되었다.

⦿ 國人立其中子 : 명사 '國人'이 주어이고, '其中子'가 '立(동사)'의 목적어이다.

이상을 살펴보면 명사는 문장의 주어와 동사의 목적어로 쓰이는 것을 알 수 있다.

※ 兄弟 백이와 숙제는 殷나라의 부속국(諸侯國)인 周나라 文王의 臣下가 되었는데, 문왕이 죽고 나자 아들 武王이 종주국 殷나라 紂王을 伐하려고 하니 "아버지가 죽고 장례도 치르지 안했는데 이에 무력을 쓰는 것이 효도한다고 이를 수 있습니까? 신하로서 임금을 치는 것이 어질다고 이를 수 있습니까?(父死不葬 爰及干戈 可謂孝乎. 以臣伐君 可謂仁乎)"하고 諫하며 만류하였다. 결국 武王이 殷의 왕 紂를 쳐 없애고 周나라를 세우니, 백이와 숙제는 마침내 周나라 곡식 먹는 것을 수치스럽게 여기고 서쪽 수양산에 들어가 나물을 캐 먹으며 굶주리다가 죽었다. 비록 武王도 후세에 聖君으로 稱頌하지만 백이숙제의 절개와 청렴성을 높게 평가하고 있다. 이들은 "충신은 두 임금을 섬기지 않는다(忠臣不事二君)"는 모범적 사례를 후세에 남긴 자들이다.

<伯夷叔齊: 백이와 숙제>

백이와 숙제는 고죽 나라 임금의 두 아들이다. 아버지가 (생시에) 숙제를 왕으로 세우려고 하였다. 아버지가 죽자 숙제는 형님인 백이에게 왕위를 양보하였다. 이에 백이가 말하기를 "아버지의 명령이다"라고 하고 마침내 도피하여 떠나버렸다. 숙제도 왕위에 오르기를 좋아하지 않고 도피해버리니, 나라의 사람들이 그 가운데 아들을 왕으로 세웠다.

<刻舟求劍>

楚人 有涉江者, 其劍自舟中墜於水, 遽刻其舟 曰 "是吾劍之所從墜". 舟止 從其所刻者 入水求之 舟已行矣 而劍不行. 求劍若此 不亦惑乎. 以此故法 爲其國 與此同. 時已徙矣 而法不徙 以此爲治 豈不難哉. <呂氏春秋>

2) 名詞의 用例

⊙ 楚人 有涉江者 : '楚人'이 명사이며 주어이다. '涉江者(강을 건너는 자)'는 명사구이며 '有'의 목적어이다.

⊙ 其劍自舟中墜於水, : '其劍'이 명사이며 주어이다. '自舟中(주중으로부터, 주중에서)'부사구가 끼어있다. '自'가 介詞(전치사)이며 '舟中'이 명사로 전치사 '自'의 목적어이다. '水'가 명사이며 개사 '於'의 목적어이다.

※ 自 : ~부터. 영어의 from 과 같다. 自舟中 : 주중으로부터, 배안에서. 自五日至十日 : 5일부터 10일까지.

※ 於 : 장소와 위치를 나타내는 전치사이다. '於'가 전치사로 쓰일 때는 영어의 장소와 위치를 나타내는 모든 전치사(in, at, on, to, into, around, between, among, over, under, 등)를 通用한 것으로 보면 된다. 한문에서는 장소의 성격에 따라 영어처럼 세부적으로 전치사를 분류하여 사용하지 않는다. 모두 '於(于,乎)'로 통용할 수 있다. 其劍自舟中墜於水 : 其劍(His knife) 自舟中(from boat) 墜於水(fell into water).

⊙ 遽刻其舟 曰 "是吾劍之所從墜". : '其舟'가 명사이며 동사 '刻'의 목적어이다. '是'는 지시대명사이고, '吾劍之所從墜'는 명사구로 '是'의 술어가 되었다. 또 '是吾劍之所從墜'는 명사절로 '曰'의 목적어이다. '曰'의

주어는 강을 건너다 칼을 떨어뜨린 사람이다.

⊙ 舟止 : '舟'가 명사이며 주어이다.

⊙ 從其所刻者 入水求之 : '其所刻者'가 명사구로 '從'의 목적어가 되었다. 명사 '水'가 '入'의 목적어이다. 이 문장의 주어는 칼을 물에 떨어뜨린 사람이다.

⊙ 舟已行矣 而劍不行. : '舟'와 '劍'이 명사로 주어이다. '舟'는 이미 '行'하였는데, '劍'은 '行'하지 않았다.

⊙ 求劍若此 不亦惑乎. : '劍'이 '求' 동사의 목적어이다.

⊙ 以此故法 爲其國 與此同. : '此故法'이 명사구로 介詞 '以'의 목적어이다. '其國'이 명사구로 '爲'의 목적어이다. 여기서 '爲'는 대동사로 '治'와 같다. '此'는 '刻舟求劍'을 가리키는 지시대명사이며 개사 '與'의 목적어이다.

⊙ 時已徙矣 而法不徙 : '時'와 '法'이 명사로 주어가 되었다. 시대는 이미 徙했는데 법은 徙하지 않았다.

⊙ 以此爲治 豈不難哉. : '此'가 명사로 개사 '以'의 목적어가 되었고, '治'는 추상명사로 동사(爲)의 목적어가 되었다.

⊙ 刻舟求劍 : 상황의 변화에 따라 변통할 줄 모르는 행위를 지적하는 말이다.

<刻舟求劍: 뱃전에다 표시하고 칼을 찾다>

초나라 사람중에 강물을 건너는 자가 있었는데, 그의 칼이 배안에서 강물로 떨어지자 바로 그 떨어진 위치를 배에다 표기해 놓고 "이 곳이 나의 칼이 떨어 곳이다"라고 말하였다. 배가 멈추게 되자 그 표기해 놓은 곳을 따라 물속으로 들어가서 칼을 찾으려고 했다. 배는 이미 그 자리를 지나가버리고 칼

은 움직이지 않았는데 칼을 찾기를 이와 같이 한다면 또한 이상하지 않은가? 그 옛날의 법을 가지고 현재의 나라를 통치하는 것은 이 사람이 칼 찾는 행위와 같은 것이다. 시대는 이미 바뀌었는데 법은 그에 맞추어가지 않으니, 이 같은 법으로 통치를 한다면 어찌 어렵지 않겠는가?

이상에서 살펴본 바와 같이 문장 중에서 명사가 사용되는 용례는, 문장의 주어가 되고, 주어에 대한 술어가 되고(명사술어문), 동사의 목적어가 되고, 介詞(전치사)의 목적어가 되고, 그리고 명사를 수식하는 형용사가 된다.

二. 代名詞

代名詞는 표현대로 어느 實物의 이름을 대신하여 부르는 명칭이다. 대명사는 명사에 속하지만 문장에서 사용되는 용법이 일반 명사와 다른 점이 있다. 문장에서 자주 사용하기 때문에 그 용례를 살펴보기로 한다.

대명사의 종류는 사람에 대한 人稱이 있고, 事物에 대한 指稱이 있다. 그 유형은 대략 아래와 같은 종류가 있다.

1. **一人稱代名詞** : 吾 我 余 予 愚 僕 蒙 朕 不肖 不孝 등.

   複數(우리들) : 我們 吾等 吾曹 吾輩 등.

   己身稱代名詞 : 自 己 身

2. **二人稱代名詞** : 汝 女 爾 而 子 乃 君 若 公 吾子 足下 貴下 陛下 등.
3. **三人稱代名詞** : 公 彼 他 她 夫 伊 某 其 之 者 或 上 등.
4. **指示代名詞** : 是 此 彼 其 斯 玆 爾 厥 時 各 之 夫 某 焉 諸 者 或 등.
5. **疑問代名詞** : 誰 孰 疇 何 등.
6. **複數(全體)代名詞** : 皆 咸 偕 悉 俱 盡 擧 都 相 竝 均 등.

<結草報恩>

春秋 晉大夫魏武子有嬖妾 初武子命顆曰我死必嫁此妾 疾病則曰必以爲殉 及卒 顆嫁之曰疾病則亂 吾從其治也 及秦晉之戰 魏顆見老人結草以抗杜回 杜回躓而顚 故獲之. 後顆夢老人云我而所嫁婦人之父也 爾用先人之治命 余是以報. <左傳, 宣十五年>. 顆, 武子之子也.

위의 글에 나타난 대명사의 용례를 살펴보면 아래와 같다.

1. 人稱代名詞 : '吾(나)' '我(나)' '而(너;you)' '爾(너)' '余(나)'

⊙ 吾從其治也 : '吾(나)'. 나는 아버지가 제정신인 상태의 명령을 따랐다는 뜻.

⊙ 我而所嫁婦人之父也 : '我(나)'. '而(너, you)' 나는 네가 시집 보내준 부인의 아버지이다.

⊙ 爾用先人之治命 余是以報 : '爾(너, you)'. '余(나)'. 네가 돌아가신 아버지(先人)의 제정신일 때의 명령을 따랐기에(用) 내가 그래서 보답한 것이다.

※ 한문도 영어와 마찬가지로 대명사 앞에는 형용사를 사용하지 않는다.

2. 指示代名詞 : '此' '其' '之' '是'

⊙ 必嫁此妾 : '此(이, 이것)'. 반드시 이 부인을 시집보내라.

⊙ 吾從其治也 : 其治 : 그분(父)의 治한 상태.

⊙ 故獲之 : '之'는 '杜回'를 가르키는 대명사(목적격). 獲의 목적어로 쓰였음. '之'는 이와 같이 문장에서 앞에 언급된 '사람' '사물' '내용'을 다시 나타낼 때 그에 대한 대명사로서 동사의 목적어로 흔히 쓰인다. 영어에서 앞에 나왔던 것을 지칭하는 목적격대명사 'him' 'it' 'them'과 같다고 볼 수 있다.

⊙ 余是以報 : '是(이것, 이)'. '是以'는 '以是'의 倒置인데, 흔히 잘 쓰임. '이것 때문에', '그러므로', '그래서'.

<結草報恩: 풀을 묶어서 은혜를 갚다>

春秋시대에 晉나라 대부 魏武子는 사랑하는 첩(妾:둘째부인)이 있었는데 처음에 무자가 (本妻의 아들인) 과(顆)에게 명하기를 "내가 죽으면 반드시 이 사람을 다른 사람에게 시집보내라"하더니, 병을 앓게 되어서는 말하기를 "반드시 이 사람을 나와 함께 묻으라"고 하였다. 무자가 죽자 아들 과는 계모를 다른 사람에게 시집보냈다. 그리고 나서 말하기를 "병이 났을 때는 정신이 혼란한 상태니 나는 제정신이었을 때의 명령을 따랐다"고 하였다. 秦과 晉간의 전쟁이 일어나자 어떤 노인이 (산자락에) 풀을 묶어서 秦나라 장수 두회(杜回)에게 저항하는 것을 보았는데 두회는 그 묶어놓은 풀매듭에 (말발굽이) 걸려 넘어져 굴러 떨어졌다. 그래서 그(두회)를 붙잡았다. 나중에 과의 꿈에 노인이 나타나 이르기를 "나는 네가 시집보내준 부인의 아버지이다. 네가 네 아버지의 제정신이었을 때의 명령을 수용하였기에 내가 그래서 (結草하여) 보답한 것이다"라고 하였다.

<多多益善>

上常從容與信言諸將能不 各有差. 上問曰 如我能將幾何 信曰 陛下不過能將十萬 上曰 於君何如 曰臣多多益善耳 上笑曰 多多益善 何爲爲我擒 信曰 陛下不能將兵 而善將將 此乃信之所以爲陛下擒也. 『史記. 淮陰侯列傳』

※ 위의 문장에 나타난 대명사는 아래와 같다.

上 : 三人稱, 작자가 임금을 지칭.

信 : 三人稱, 작자가 韓信의 이름 끝 자를 대신하였다.

各 : 三人稱, 여러 장수들 各自.

我 : 一人稱, 임금이 자신을 지칭.

君 : 二人稱, 임금이 상대방 한신을 지칭.

臣 : 一人稱, 한신이 임금에 대해 자신을 지칭.

陛下 : 二人稱, 한신이 임금을 지칭.

【어구풀이】

⊙ 多多益善 : 많으면 많을수록 더욱 좋다. '더욱' '더' '또한' : '益' '更' '還' '又' '且' 등.

⊙ 如我能將幾何. 나같은 사람은 몇 명이나 거느릴 수 있겠는가? '能'은 조동사. 동사는 '將' : 거느리다. '幾何' : 몇, 얼마. 얼마의 수, 량.

⊙ 陛下不能將兵 而善將將. 임금님은 병졸은 잘 거느리지 못해도 장수를 잘 거느립니다.

將兵 : 병졸들을 거느리다. 將將 : 장수를 거느리다. 앞의 '將'은 동사(거느리다), 뒤의 '將'은 명사(장수).

⊙ 臣多多益善耳. 저는(臣은) 많으면 많을수록 더욱 좋을 뿐입니다.
~耳 : ~할 뿐이다. ~따름이다. ~耳 : 문장 끝의 語氣詞.

【문법연구】

⊙ 與信言諸將能不의 '能不'은 '能不能'의 줄인 표현인데, '능한가? 능하지 못한가?' '능한 자인가 능하지 못한 자인가?' '능력이 어느 정도인가?'를 나타내는 표현이다. '긍정+부정'은 의문의 형식으로 잘 쓰는 표현이다. 대개 문장 끝에 '不' '否' '無' '未' 등 부정어가 붙으면 의문조사처럼 보면 된다.

⊙ 何爲爲我擒 : 앞의 '爲'는 介詞이고 뒤의 '爲'는 동사이다. 무엇 때문에(어찌하여) 나에게 잡혔는가? 何爲=爲何: 무엇 때문에. '爲'는 '때문에' 因也. '爲'는 介詞로 쓰일 경우 '~을 위하여'(좋은 이유일 때). ' ~때문에'(안 좋은 이유 결과일 때)로 사용된다.

⊙ '何爲爲我擒'은 '何爲爲我所擒'의 '所'생략형으로 볼 수도 있다. 그러면 수동태 구조로 "무엇 때문에 나에게 잡히게 되었냐?"가 된다. 또 그대로 놓고 보면, '何爲爲我擒' : "무엇 때문에 나의 포로가 되었냐?"가 된다. 모두 뜻은 통한다.

<多多益善: 많으면 많을수록 좋다>

임금이 평소에 조용히 한신과 함께 여러 장수들의 능력이 어느 정도인가?(능력 있음과 없음)를 언급하였는데 장수마다 차이가 있었다. 임금이 묻기를 "나 같은 사람은 몇 명을 거느릴 수 있겠는가?"하고 물으니, 한신이 "임금님께서는 십만 명을 거느릴 수 있는 데에 불과합니다."라고 대답하였다. 임금이 말하기를 "그대는 어느 정도인가?"라고 물으니, 한신이 "저는 많으면 많을수록 좋을 뿐입니다."라고 답하였다. 임금이 웃으며 말하기를 "많을수록 좋다는 사람이 무엇 때문에 나에게 잡히게 되었는가?"하고 물으니, 한신이 말하기를 "임금님은 병졸을 거느리지 못하고 장수들을 잘 거느리니 이것이 바로 제가 임금님에게 붙잡힌 원인입니다."라고 하였다.

<塞翁之馬>

夫禍福之轉而相生 其變難見也. 近塞上之人 有善術者, 馬無故亡 而入胡 人皆弔之 其父 曰 "此何遽不爲福乎". 居數月 其馬將胡駿馬而歸 人皆賀之 其父 曰 "此何遽不能爲禍乎". 家富良馬 其子好騎 墮而折其髀 人皆弔之 其父 曰 "此何遽不能爲福乎". 居一年 胡人大入塞, 丁壯者 引弦而戰 近塞之人 死者十九 此獨以跛之故 父子相保. 故福之爲禍 禍之爲福 化不可極 深不可測也. <淮南子>

위의 글에 나타난 대명사의 쓰임을 살펴보기로 한다.

⊙ 其變難見也 : '其'는 앞의 '禍福之轉而相生'을 지칭한 것이다.

⊙ 有善術者. 丁壯者. 死者 : '者'는 단독으로는 알 수 없는 '不定稱代名詞'이다. 사람과 사물을 모두 지칭한다. '者' 앞에 신분이나 성격을 나타내는 수식어를 붙여서 '그런 사람' 또는 '그런 사물, 형체의 것'을 지칭하게 된다. '善術者'는 '점술을 잘 보는 사람'이고, '丁壯者'는 젊은 사람이고, '死者'는 죽은 사람이다. 원래 대명사 앞에는 수식어가 붙지 않는데 유일하게 '者' 앞에만 수식어가 붙는다. 영어에서 유일하게 대명사 앞에 형용사를 붙일 수 있는 不定稱代名詞 'one'과 같다. every one(各者:개개인). big one(大者:큰 것). small one(小者:작은 것).

⊙ 人皆弔之 : '之'는 '善術者(其父)'를 지칭한 대명사이다. 지시대명사로 '弔'의 목적어가 되었다.

⊙ 此何遽不爲福乎 : '此'는 말이 까닭 없이 오랑캐 땅으로 들어가 버린 것(馬無故亡 而入胡)을 지칭한다. 이하의 '此'는 해석 참고.

'遽' : '바로' '문득' '곧' '갑자기', 부사이다.

⊙ 其子好騎 : 그의 아들이 말 타기를 좋아하다. '其'는 '善術者(父)'를 지칭한다. '善術者'의 아들이 말 타기를 좋아하다.

<塞翁之馬: 인생의 재앙과 복은 예측할 수 없다>
무릇 재앙과 복이 전환하여 서로 발생하는 것은 그 변화를 알기가 어렵다. 변방 가까이에 사는 사람들 중에 점술을 잘 보는 사람이 있었다. 그의 말이 까닭도 없이 도망을 가 오랑캐 땅으로 들어가 버리니 사람들이 모두 그를 위로해주니까, 그 사람이 말하기를 "이 일이 어찌 문득 복이 되지 않겠습니까?"라고 응답하였다. 여러 달이 지나 그 말이 오랑캐의 준마를 데리고 돌아오자 사람들이 모두 축하를 하니까 그 사람이 말하기를 "이 일이 어찌 문득 재앙이 될 수 없을까요?"라고 응답하였다. 집안에는 좋은 말이 많아서 그의 아들이 말 타기를 좋아하다가 말에서 떨어져 그의 다리를 부러뜨리게 되자 사람들이 모두 그를 위로하니, 그 아버지가 말하기를 "이 일이 어찌 바로 복이 될 수 없겠습니까?"라고 하였다. 일년이 지나자 오랑캐족들이 크게 변방을 침입하여 왔다. 젊은 사람들이 활을 가지고 나가 싸웠는데 변방에 가까이 사는 사람들이 죽은 자가 열 명 중에 아홉이나 되었다. 그런데 이 사람은 홀로 다리가 부러졌기 때문에 (전쟁에 나가지 않아) 부자가 서로 살게 되었다. 그러므로 복이 화(禍)가 되고 화가 복이 되는 것은 그 변화를 궁극할 수가 없고 그 깊이를 측정할 수가 없는 것이다.

<指鹿爲馬>

丞相趙高欲專權 恐群臣不聽 乃先設驗 持鹿獻於二世曰 "馬也", 二世笑曰 "丞相誤耶, 指鹿爲馬". 問左右 或默或言 高陰中諸言鹿者以法, 後 群臣 皆畏高 無敢言其過.

<十八史略>

【어구풀이】

⊙ 趙高 : 秦나라의 宦官. 秦始皇이 죽은 뒤에 어린 二世(胡亥)를 왕으로 모시고 丞相에 올라 정권을 마음대로 휘둘렀다.

⊙ 二世 : 진시황의 아들 胡亥.

⊙ 先設驗 : 먼저 시험해볼 꺼리를 마련하여.

⊙ 丞相誤耶 : 승상은 오해하는가? 착각하고 있느냐?

⊙ 問左右 : 옆에 있는 신하들에게 묻다.

左右 : 좌우 옆에 있는 사람들을 지칭한다.

⊙ 高陰中諸言鹿者以法 : 조고가 여러 사슴이라고 말한 자를 법으로 마음먹고 해치다. '中'은 법으로 그 사람을 집중하고 맞힌다(해친다)는 뜻. '陰'은 속으로 마음먹고. 은밀히. 암암리에.

【문법연구】

⊙ 趙高 : 앞에서 人名으로 나왔다. 이후는 이름 끝자 '高'만을 취하여 趙高를 지칭하였다. 한문의 작품에서 이와 같이 표기한다. 어느 경우는 성씨(姓)만을 취하여 지칭하기도 한다.

⊙ 或默或言 : '或' : 어떤 사람, 여기서는 '어떤 신하'이다.

'或'은 '사람'을 가리키는 것 외에, '或時', '或間'의 때를 나타내기도 하고, 연결사로 '아니면' '또는(or)'으로 사용되기도 한다.

⊙ 高陰中諸言鹿者以法 : 陰中에서 '陰'은 부사 '中'은 동사이다. '諸言鹿者' = '臣' 으로 보면, 高陰中臣以法 인데, 이를 어순에 따라 영어로 나타내면, Ko(趙高) implicitly(陰) punishes(中) retainers(臣) by(以) law(法) : Joko implicitly punishes retainers by law.(조고가 법적으로 신하들을 음밀히 처벌하다.) 이다.

<指鹿爲馬: 사리에 맞지 않는 억지 주장>

승상 조고는 권력을 마음대로 휘두르고 싶었지만 많은 신하들이 자기 말을 들어주지 않을까 두려워하였다. 마침내 먼저 시험을 해보려고 二世(왕)에게 사슴을 가지고 가서 받혀 올리며 "말(馬)입니다"라고 말했다. 이에 二世가 웃으며 "승상은 착각하고 있는가? 사슴을 가리켜 말(馬)이라고 하고 있소"라고 말했다. 이에 조고가 옆에 있는 신하들에게 (말인지 사슴인지를) 물으니 어떤 신하는 침묵하고 어떤 신하는 말하였는데, 조고는 사슴이라고 말한 모든 신하들을 법으로 암암리에 해쳤다. 그 뒤로 많은 신하들이 모두 조고를 두려워하며 감히 그의 잘못을 말하지 못했다.

3. 疑問代名詞

알 수 없는 어떤 사람이나 사물을 지칭하는 품사이다. 의문대명사는 대부분 의문문을 만든다. 영어의 'Who' 'What' 'Which' 와 같은 대명사이다. 古文에서 의문사는 동사 앞에 위치한다.

⊙ 孰能一天下. 누가 천하를 통일할 수 있는가?

⊙ 誰爲兄 誰爲弟乎. 누가 형이고 누가 아우인가?

⊙ 子都之姣 疇不爲美[1]. 자도의 예쁨을 누가 아름답게 여기지 않으리오.

疇: 누구.

⊙ 客何好. 손님은 무엇을 좋아합니까? 何(무엇) : 의문대명사.

⊙ 人之行 孰若孝. 사람의 행동에서 무엇이 孝만한 일이 있는가?

'何'는 의문형용사나 의문부사로도 잘 쓴다.

何事不成 : 무슨 일을 이루지 못하리오. 의문형용사.

何不難哉 : 어찌 어렵지 않은가? 의문부사.

---

1) 李達衷 <愛惡箴>. 子都 : 春秋時代 美人, 見於《孟子》, <告子> .

三. 形容詞

형용사는 명사를 수식한다. 사물의 상태나 성질을 나타내는 기능을 가지고 있다. 형용사는 명사 앞에서 관형어로 명사를 수식하고, 명사(주어)의 뒤에서는 명사의 상태나 성질을 밝히는 술어로 작용한다.

1. 名詞 修飾

<效顰>

西施[2]病心而矉其里 其里之醜人見之而美之 歸亦捧心而矉其里 其里之富人見之 堅閉門而不出 貧人見之 挈妻子而去走 彼知矉美 而不知矉之所以美. 顰=矉. 『莊子. 天運篇』

위의 작품에서 명사를 수식한 형용사를 살펴보자.

⊙ 其里 : 그의 마을. 其는 里를 한정하는 관형사.

⊙ 其里之醜人 : 그의 마을 사람들 중의 못생긴 사람. '其里之醜'가 형용사로 '人'을 수식한다.

2) 西施: 越나라 출신의 美女로 吳王 夫差의 寵姬. 越王 句踐이 吳王 夫差를 현혹시키려고 바친 美女.

⊙ 其里之富人 : 그의 마을 사람들 중의 부유한 사람. '其里之富'가 형용사, '人'이 명사.

⊙ 貧人見之 : 가난한 사람들이 그를(醜人을) 보다.

⊙ 醜人, 富人, 貧人 : '醜' '富' '貧'은 형용사이고, '人'은 명사이다. 醜人(못생긴 사람). 富人(잘 사는 사람). 貧人(가난한 사람).

<效顰: (무조건) 본받는 행위>
西施가 심장이 아파서 그의 마을에서 얼굴을 찡그렸다. 그의 마을의 못생긴 사람이 서시의 찡그린 모습을 보고는 아름답게 여기고, 돌아가서 자기도 심장을 붙잡고 그의 마을에서 얼굴을 찡그렸다. 그 마을의 부자는 그것을 보고 문을 굳게 닫고 나가지를 않고, 가난한 사람은 그걸 보고 처자식을 데리고 도망을 갔다. 그는 찡그린 것이 아름다운 것은 알았지만 찡그린 것이 무엇 때문에 아름다운 것인가는 몰랐던 것이다.

※ 不知矉之所以美 : 찡그리는 것이 어째서(以) 아름다운 것(所)인지를 몰랐다. 즉, '以西施矉'이냐 '以醜人矉'이냐에 따라 아름답고 아름답지 않고의 결과가 나타난다는 것을 몰랐던 것이다.

<老萊弄雛>

老萊子孝奉二親, 行年七十 作嬰兒戲 身着五色斑爛之衣, 嘗取水上堂 詐跌仆臥地 爲小兒啼, 弄雛於親側 欲親之喜.

<小學, 稽古篇>

【어구풀이】

⊙ 老萊子 : 楚人.

⊙ 詐跌仆臥地 : 넘어진 척 하며 땅에 눕다.

⊙ 作嬰兒戲 : '嬰兒戲'를 作하다 : 어린애 같은 작란놀이를 하다.

⊙ 身着五色斑爛之衣 : 身은 五色斑爛之衣를 着(착복)하다.

⊙ 嘗取水上堂 : 嘗(일찍이) : 시간부사, 과거시제를 나타내는 부사로 잘 씀.

取水上堂 : 水를 取하여 堂으로 上하다, '上'은 동사 '가다'로 쓰였음.
糟糠之妻 不下堂 : 조강지처는 집을 나가게 하면 안된다.
上堂 : 집으로 가다. 집으로 오르다.
下堂 : 집에서 나가다. 집을 물러나다.

⊙ 詐跌仆臥地 : 詐跌 : 진짜로 넘어진 것이 아니고 거짓으로(일부러) 넘어지다. 仆臥地 : 땅에 엎드려 눕다.

詐跌仆臥地 : (정말로) 넘어진 척하고 땅바닥에 엎드려 눕다.

⊙ 弄雛於親側 : 어버이 곁에서 즐겁게 해드리기 위해 병아리(새)를 놀리며 재롱을 떨다.

【문법연구】

⊙ 老萊子孝奉二親 : 老萊子는 楚人의 名. 孝奉 : 효행으로 받들다; '奉'이

동사, '孝'는 '奉'을 수식하는 부사.

⊙ **嬰兒戱** : '嬰兒(명사)'가 '戱(명사)'를 수식하는 형용사가 되었다(애들의 놀이). '嬰兒戱'의 명사구가 '作'의 목적어가 되었다.

作嬰兒戱 : 어린애 같은 놀이를 하다(作).

⊙ **五色斑爛之衣** : 五色斑爛之가 형용사, '衣'가 명사. 오색 빛 갈의 문채 나는 옷. 이 명사구가 '身着'의 목적어가 되었다.

身着五色斑爛之衣 : 몸에는 오색 빛깔의 문채 나는 옷을 착용하다.

⊙ 小兒啼 : '小兒'가 형용사, '啼'가 명사. 어린아이의 울음소리.

爲小兒啼 : '小兒啼'는 '爲'의 목적어.

<老來弄雛: 노래자의 효행>

노래자는 효성으로 부모를 모셨다. 나이가 70세인데도 어린아이 같은 놀이를 하고 몸에는 오색 색동옷을 입기도 하였다. 일찍이 물을 떠가지고 집으로 가면서 일부러 넘어진 것처럼 땅바닥에 누워서 어린아이의 울음소리를 내기도 하고, 부모님 곁에서 병아리를 놀리기도 하며, 부모님을 즐겁게 하려고 하였다. ※부모는 자식이 늙은 것을 싫어한다고 한다. 그래서 노래자는 70세의 노년이 되었지만 부모님 앞에서 어린아이처럼 어리광을 부리며 부모님을 즐겁게 해드리려고 했던 것이다.

2. 形容詞 述語

<糟糠之妻>

所用群臣 如宋弘等 皆重厚正直. 上姊湖陽公主 嘗寡居 意在弘. 弘入見 主坐屛後, 上曰 "諺言 '富易交 貴易妻' 人情乎", 弘曰 "貧賤之交 不可忘 糟糠之妻 不下堂", 上 顧主曰 "事不諧". <十八史略>

【어구풀이】

⊙ 宋弘 : 인명. ▶上 : 임금. ▶寡居(과거) : 남편을 잃고 홀로 삶.

⊙ 諺言 : 속담의 말. ▶不下堂 : 집을 나가게 하지 않음.

⊙ 事不諧 : 일이 제대로 안됨.

⊙ '人情乎' : '人之常情乎'.

【문법연구】

⊙ 如宋弘等 皆重厚正直 : '如宋弘等'이 주어이고 '重厚正直'은 주어의 성격을 밝히는 형용사술어이다. 송홍같은 사람들은 重하고 厚하고 正하고 直하였다. 複數의 접미사: '等' '輩' '群' '類' '黨' 등.

⊙ 糟糠之妻 : 누룩 메벼 찌게미 같은 미천한 음식을 먹으며 가난한 시절을 함께 보낸 아내. 어려운 시절을 참아내며 내조해준 아내. '糟糠之'가 형용사이고 '妻'가 명사이다.

⊙ '弘入見' : 생략된 표현이다. 생략된 내용을 살리면 : '弘入室見上'이다. 송홍이 실내로(방안에) 들어가 임금을 뵈다.

⊙ "上 顧主曰 '事不諧'" : 내용으로 볼 때 '생략된 표현'이 있다. 생략된 내용을 살려서 보면 '弘出後' 上 顧主曰 "事不諧"; '송홍이 나간 뒤에' 임금이 공주를 보고 .

<糟糠之妻: 쌀겨를 먹으며 고난의 세월을 함께 보낸 아내>

등용된 많은 신하 중에 송홍 같은 신하들은 모두가 중후하고 정직하였다. 임금의 누이 호양공주가 일찍이 남편을 잃고 홀로 살았는데 마음이 송홍에게 있었다. 송홍이 방으로 들어가서 왕을 뵈었는데 공주는 병풍 뒤에 앉아 있었다. 임금이 말하기를 "속담에 부자가 되면 친구를 바꾸고 귀하게 되면 아내를 바꾼다는데 사람들의 일반적인 뜻인가?" 하고 물으니, 송홍이 말하기를 "가난하고 천했을 때 사귄 친구는 잊어서는 안되고, 벼 찌게미를 먹고 가난한 시절을 함께 지냈던 아내는 집에서 나가게 해서는 안됩니다."라고 대답하였다. (송홍이 나간 뒤에) 임금이 공주를 보고 "바라는 일이 안되겠다."고 하였다.

<棉花最好>

上問衆女子 “何物最深” 或言山深 或言水深 衆論不一 后獨曰 “人心最深”. 上問其故 后對曰 “物深可測 人心不可測也”. 上又問 “何花最好” 或言桃花 或言牧丹花 或言海棠花 所對不一 后獨曰 “棉花最好” 上問其故 對曰 “他花不過一時之好 惟棉花衣被天下 有溫煖之功也”. <大東奇聞>

【어구풀이】

⊙ 棉花(면화) : 목화꽃. 목화꽃은 솜이 되어 옷이나 이불의 재료가 됨.

⊙ 上問衆女子 : 임금이 여러 여자들에게 묻다.

⊙ 后 : 英祖의 繼妃인 貞純王后 金氏.

⊙ 衣被天下 : 옷으로 천하의 사람을 입히다.

【문법연구】

⊙ 何物最深 人心最深 : 어떤 사물이 가장 깊은가? 인심이 가장 깊다.

⊙ 何花最好 棉花最好 : 어느 꽃이 가장 좋은가? 면화가 가장 좋다.

위의 '何物' '何花'는 '何'가 뒤의 명사 '物'과 '花'를 수식하는 의문형용사이며, 아울러 의문문을 만들고 있다. '最'는 뒤의 형용사 '深'과 '好'를 수식하는 부사이다. '何物' '人心' '何花' '棉花'는 주어이고, '深'과 '好'는 모두 주어를 서술하는 형용사이다. 한문에는 형용사술어문이 많다.

예) 山高水長. 天高馬肥.

<목화 꽃이 가장 좋다>

임금이 여러 여자들에게 "어떤 것이 가장 깊은가?"하고 물으니, 어떤 사람은 '산이 깊다'고 하고, 어떤 사람은 '물이 깊다'고 하며, 여러 주장이 일치하지 않았는데, 왕후만 홀로 '사람의 마음이 가장 깊다'고 하였다. 임금이 그 까닭을 물으니, 왕후가 대답하기를 "사물의 깊은 것은 헤아릴 수 있지만 사람의 마음은 헤아릴 수가 없습니다." 라고 하였다. 임금이 또 "무슨 꽃이 가장 아름다운가?"하고 물으니 어떤 사람은 복숭아꽃을 말하고, 어떤 사람은 모란꽃을 말하고 어떤 사람은 해당화라고 말하며 대답하는 것이 일치하지 않았는데 왕후만은 '목화가 가장 아름답다'고 하였다. 임금이 그 이유를 물으니 대답하기를 "다른 꽃은 한 때의 아름다움에 불과하지만 오직 목화는 옷으로 천하의 사람들을 입혀주니, 따뜻하게 해주는 공이 있습니다."라고 하였다.

<舟賂說>

李子南渡一江, 有與方舟而濟者. 兩舟之大小同, 榜人之多少均, 人馬之衆寡幾相類, 而俄見其舟離去如飛, 已泊彼岸. 予舟猶邅廻不進, 問其所以, 則舟中人曰 彼有酒以飮榜人, 榜人極力蕩槳故爾. 予不能無愧色. 因歎息曰 嗟乎 此區區一葦所如之間, 猶以賂之之有無, 其進也有疾徐先後, 況宦海競渡中. 顧吾手無金, 宜乎至今未霑一命也. 書以爲異日觀. 李奎報, <舟賂說>

【어구풀이】

⊙ 方舟 : 배를 나란히 세우다. 與方舟 : (상대방과) 더불어 배를 나란히 세우다. 方 : 배 나란히 세울 방.

方舟而濟 : 배를 나란히 세우고 물을 건너다.

⊙ 兩舟之大小同 : 두 배의 규모(大小)가 같다.

⊙ 榜人之多少均 : 노젓는 사람의 수(多少; 많고 적음)가 같다.

⊙ 人馬之衆寡幾相類 : 사람들의 힘쓰는 역량의 정도(衆寡;많고 적음)도 거의 같았다.

【문법연구】

⊙ 兩舟之大小同 : '두 배의 크고 작음'이 주어. '同'이 형용사술어.

⊙ 榜人之多少均 : '노젓는 사람들의 많고 적음'이 주어. '均'이 형용사술어.

⊙ 人馬之衆寡幾相類 : '사람들의 힘쓰는 역량의 많고 적음'이 주어. '類'가 형용사 술어. '幾相(거의 서로)'은 '類'를 수식하는 부사. 여기서 '人馬'는 '人力'과 같은 것이다. '人馬'의 '馬'는 '馬力'을 말하며, 힘쓰는 단위

이다. 馬力 : 한 마리 말이 쓸 수 있는 힘. 發動機의 馬力.

⊙ 嗟乎 此區區一葦所如之間, 猶以賂之之有無, 其進也有疾徐先後, 況宦海競渡中.

아아! 이렇게 작은 하나의 배가 가는 사이에도 뇌물을 주는 것이 있고 없고에 따라 그 전진해 나가는 것이 빠르고(疾) 느리고(徐) 앞서가고 뒤져 감이 있는데, 하물며 벼슬의 바다(세계)에서 다투어 건너는 중에서야!(벼슬의 세계에서는 얼마나 더 뇌물을 쓰고 빨리 앞서가려 하겠는가?).

'以'의 목적어가 직접 '以'개사에 붙을 경우는 일반적으로 명사나 명사구가 온다. 그러나 여기의 경우를 보면 동사가 있는 문장(명사절)이 직접 '以'에 접속한 목적어로 쓰였다. 즉, '뇌물을 주는 것이 있고 없고(賂之之有無)'가 '以'의 직접 목적어이다. 그리고 '以'의 목적어 구문과 관련이 있는 문장의 핵심 동사는 다음 구문 중간에 있는 '有'이다. 즉, '以' 개사에 의한 핵심문형은 '以賂有先(뇌물로 먼저함이 있다)'이다. 동사가 들어가는 문장을 '以'의 목적어로 취할 경우에는 보통 앞에서 먼저 서술한다. 有賂以有先 無賂以有後 : 뇌물이 있음으로써 먼저 감이 있고, 뇌물이 없음으로써 뒤에 감이 있다(有無賂以有先後).

또 한편 '以賂之之有無, 其進也有疾徐先後'만을 달리 표현하면 다음과 같다: 其進也有疾徐先後者 以賂之之有無也(그 전진해 나감이 빠르고 느리고 앞서가고 뒤져감이 있는 것은 뇌물을 줌이 있고 없기 때문이다).

<舟賂說: 배에서 뇌물을 쓰는 이야기>

이자(李子)가 남쪽으로 어떤(하나의) 강을 건너가게 되었다. 옆에 배를 나란히 세우고 건너는 자가 있었다. 두 배의 규모는 같았고, 노 젓는 사람의 수도 같았다. 힘쓰는 사람들의 많고 적음도 거의 같았다. 그러나 잠깐사이에 그 배는 날아가는 듯 멀리 달아나 이미 저쪽 강 언덕에 이르렀고, 나의 배는 아직도 머뭇거리며 가지를 못했다. 그 까닭을 물으니 배안의 사람들이 말하기를 "저 배는 술을 가지고 노 젓는 사람들에게 먹이니 노 젓는 사람들이 힘을 다하여 삿대를 저었기 때문입니다"라고 대답하였다. 나는 부끄러운 낯빛이 없을 수 없었다. 그래서 탄식을 하고서 "아아! 이 구구한 하나의 작은 배가 가는 사이에도 뇌물을 쓰는 일이 있고 없음에 따라 그 가는 것이 빠르고 느리고 앞서고 뒤서는데 하물며 벼슬의 바다에서 다투어 물을 건너는 데에 있어서랴! 보건대 나의 손에는 돈이 없으니, 마땅하도다! 지금까지 하나의 임명장도 점해보지 못했음이!"하고 중얼거리고, 이를 기록해 두어 다른 날에 보려고 한다.

<知音>

列子曰 伯牙善鼓琴 鍾子期善聽. 伯牙鼓琴 志在高山 子期曰 '善哉 峩峩乎若泰山', 志在流水 子期曰 '善哉 洋洋兮若江河', 伯牙所念 子期必得之. 伯牙遊於泰山之陰 卒逢暴雨 止於巖下 心悲乃援琴而鼓之 曲每奏 子期輒窮其趣 伯牙乃舍琴而歎曰 '善哉善哉 子之聽夫志 想象猶吾心也 吾於何逃聲哉'. <列子>

【어구풀이】

⊙ 善鼓琴 : 거문고를 잘 타다. ▶ 洋洋兮 : 크고 넓은 모양.

⊙ 子期輒窮其趣 : 종자기가 바로 그 뜻을 다 헤아리다.

⊙ 子之聽夫志 : 그대가 그 거문고 소리의 뜻을 알아들음이여!

【문법연구】

⊙ '峩峩乎若泰山' : 높고도 높아 태산과 같도다. : 태산같이 높도다.

⊙ '洋洋兮若江河' : 넓고도 넓어 강하와 같도다. : 강하처럼 넓도다.

⊙ 想象猶吾心也 : 상상함이 내 마음과 같다 : 내 마음과 같은 상상이다.

위에서 '峩峩乎若泰山'은 '높은 모습이 태산과 같다.'이고, '想象猶吾心也'은 '상상이 내마음과 같다.'이다. '若'과 '猶'는 문장 중의 동사이다. 그런데 이것을 '태산같이 높다.' '내마음같은 상상.' 이렇게 풀이해도 같은 뜻으로 통할 수가 있다. 같은 형태로, '皮膚如白玉(皮膚似白玉)' : '피부가 백옥 같다.' : '백옥 같은 피부'. 이처럼 '若' '如' '似' '猶'와 같은 자를 중간에 사용하면 뒤의 부분을 앞의 명사나 동사를 수식하는 형용사나 부사로 처리해도 본의에 맞는 내용이 된다. 그러나 이런 경우를 놓고 형용사가 뒤에 온 형태라고 말하기는 어렵다. 왜냐하면 앞부분을 중심어로 먼저 말하고 '若' '如' '猶'를 동사로 보면 무난하기 때문이다. 결론은 한문에서 형용사는 명사 앞에서 관형격으로 명사를 수식하고 명사(주어) 뒤에서는 술어로만 작용한다고 보면 된다. 美花 : 아름다운 꽃. 花美 : 꽃이 아름답다. 문장을 번역하는 중에 '花美'는 경우에 따라 '아름다운 꽃'이라고 번역해도 내용을 전달하는 데 무방할 수가 있다. 그러나 '花美'의 표현 어법은 '美'가 '花'의 술어이다. 한편 '美'가 추상명사가 되면 '花美'는 '꽃의 아름다움'이 된다. 명사인 '花'가 뒤의 명사를 수식하는 형용사가 되는 것이다. 花美不如人美 : 꽃의 아름다움은 사람의 아름다움만 같지 못하다(꽃의 아름다움보다 사람의 아름다움이 더 낫다).

<知音: 속마음을 알아주는 친구>

열자가 말하기를 "백아는 거문고를 잘 타고, 종자기는 잘 들었다. 백아가 거문고를 타면서 그의 뜻이 높은 산에 있으면 종자기가 말하기를 "잘도 타는구나! 높고도 높아 태산과 같도다!"하고, 뜻이 흐르는 물에 있으면 종자기가 말하기를 "잘도 타는구나! 넓고 넓어 마치 강하와 같도다!"하며 백아가 생각한 것을 종자기가 정확하게 맞추었다. 백아가 태산의 그늘에서 노닐다가 갑자기 소나기를 만나 바위 아래에 머물렀는데 마음이 심산하여 마침내 거문고를 끌어내어 탔는데 매 곡을 연주할 때마다 종자기가 바로 그 뜻을 다 알아내니, 백아가 마침내 거문고를 놓고 탄식을 하고나서 "잘도 듣는구나! 잘도 듣는구나! 그대가 그 뜻을 들음이여! 그대의 상상은 나의 마음과 같으니, 내가 어디로 소리를 도피할꼬?"하고 말하였다.

한문에서 형용사가 명사 뒤에 올 때는 명사의 성분을 밝혀주는 술어가 된다. 명사 뒤에서 술어로 작용할 뿐 앞의 명사를 관형격처럼 수식하지는 않는다. 영어는 앞의 명사를 뒤에서 수식하는 관계대명사절 · 관계부사절 · 부정사구 · 분사구문 · 전치사구 같은 구절이 매우 많은데 한문은 영어와 같이 앞의 명사를 직접 수식하는 형용사구절을 뒤에 붙이지 않는다. 오늘날 중국의 현대문도 마찬가지이다. 우리 한국어도 역시 그렇다. 이점이 영어와 확연히 차이나는 부분이다. 한국인이 영어보다 한문이나 중국어를 쉽게 배울 수 있는 이유가 바로 여기에 있다.

형용사의 후치용법이 있다고 보고 그 예를 들어 설명한 학자가 있는데 이는 잘 못 본 견해로 보인다. 아래에 그 분이 주장한 내용과 예문을 그대로 적시하여 살펴보기로 한다.

「"그러나 읽을 때 정돈을 쉽게 하기 위해 흔히 비교적 긴 형용사는 중심사 뒤로 옮겨서 '者'자로 연결을 한다.
約與食客門下有勇力文武備具者二十人偕. <史記, 平原君列傳>
- 용기와 힘이 있고 문무를 겸비한 식객과 문하생 20명과 함께 가기로 약속했다.
有勇力文武備具는 본래 食客門下를 형용하는 것인데 여기서는 者자가 붙어 食客門下 뒤에 놓였다."」

위의 해석을 보면 뒤에서 앞의 명사를 수식한다고 설명하고 있다. 평원군의 식객문하인은 수천 명이라고 한다.[3] 이 내용은 그 수천 명

3) 平原君趙勝者 趙之諸公子也 諸子中 勝最賢 喜賓客 賓客蓋至者 數千人. 평원군 조승은 趙나라 公子(王아래 형제조카)들 중의 한 사람이다. 여러 공자들 중에서 勝(평원군)이 가장 현명하였고, 빈객들을 좋아하니 빈객으로 이르러 온

의 많은 사람들 중에서 용력문무를 구비한 者(사람) 이십 명을 말한 것이다(그 二十人과 약속을 한 것임). 뒤의 명사 '~ ~者(二十人)'가 수식을 받는 표현이다. 앞의 수천 명의 '食客門下'가 뒤에 오는 '有勇力文武備具者'의 수식을 받는 것이 아니다. 有勇力文武備具는 뒤의 者(사람)를 형용(수식)하고, 二十人은 여기에 해당한 자로 동격이다. 작자는 "긴 형용사는 중심사 뒤로 옮겨서 '者'자로 연결을 한다"고 하며 형용사가 명사(중심사) 뒤에 온다고 하였는데 '者' 앞에 형용사가 오는 것을 무시한 것 같다. '有勇力文武備具'는 뒤의 '者'를 수식하는 것이지 앞의 '食客門下'를 수식한 것이 아니다. '者'는 대명사 중에 유일하게 앞에 형용사가 오는 不定稱代名詞이다.

똑같은 예로, 위의 주장과 같은 형식의 예문을 들어 앞의 명사를 수식하는 형용사가 '者'를 동반하여 뒤에 온다고 설명하였다. 이것도 역시 앞에서와 같이 잘못 본 것이다.

> 「"求人可使報秦者. <史記, 廉頗藺相如列傳>
> - 사신으로 가서 진에게 답변하여 상대할 수 있는 사람을 구한다.
> 작자(사마천)는 '可使報秦之人'이라고 하지 않고 '人可使報秦者'라고 했는데,
> 이것은 형용어 '可使報秦'에 '者'를 붙여 뒤에 놓은 것이다."」

'者'자를 뒤에 붙여서 중심사(피수식어:명사) 뒤에 놓는다고 하였는데, '者' 앞에 형용어를 붙여 수식할 수 있는 不定稱代名詞로 보지 않는 견해에서 비롯된 것 같다. '人可使報秦者'는 '사람들 중에서 사신으로 가서 진나라에 답변할 수 있는 者(사람)'를 나타낸 표현이지

자가 수천 명이 되었다.《史記》<平原君虞卿列傳>. 孟嘗君은 食客이 3,000여 명이라고 함.

뒤에서 앞의 명사(人)를 수식하는 표현이 아니다. 수많은 사람들(人) 중에서 진나라에 사신으로 가서 답변할 수 있는 者(사람)를 求한다는 말이다. 앞의 '人'은 多數이고 '可使報秦者'는 '한 사람' 정도의 소수의 '者(사람)'이다. '人可使報秦者'는 '可使報秦者'가 앞의 '人'을 수식하는 것이 아니고, '人可使報秦'이 뒤의 '者'를 수식하는 구조이다. 비유하여 말하면, '國好學者'는 배우기를 좋아하는 나라가 아니고, 나라에 배우기를 좋아하는 사람(者)이다.

이상과 같이 어떤 학자는 형용사 後置의 용례를 오직 '者'의 구문이 뒤에 오는 것만을 예시하였다. 만약에 뒤에서 앞의 명사를 수식하는 형용사 용법이 있다면 오직 '者'의 구문만 존재하지는 않을 것이다. 따라서 이 견해가 잘못이라고 보면 한문에서 형용사는 뒤에서 앞의 명사를 수식하지 않는다고 할 수 있겠다(명사 뒤에 오는 형용사는 술어로 작용한다). "현대 漢語의 형용사는 모두 중심사어(中心詞語)의 앞에 위치한다."[4]는 것은 古文에서 그대로 답습한 것이라고 할 수 있다.

한문은 융통성이 많은 특징을 지니고 있다. 때문에 앞의 명사를 뒤에서 형용하는 내용으로 보아도 가능한 표현을 찾아보면 찾을 수는 있다. 이것은 의미상 일치하는 경우이다. 그 예를 살펴보기로 한다.

⊙ '若' '如' '猶' '似' 와 같은 자를 사용한 구문.

*白雲如棉花. 흰 구름이 목화꽃 같다. : 목화 꽃 같은 흰 구름(如棉花之白雲).

*清水若鏡面 : 맑은 물이 거울 면 같다. : 거울 면 같은 맑은 물.

*想象猶吾心 : 상상함이 내 마음과 같다. : 내 마음과 같은 상상.

---

4) 楊伯峻 지음, 윤화중 옮김, 《중국문언문법》, 96쪽.

형용사 후치용법으로 보아도 될 것 같다. 그러나 위 예시문의 동사는 '如' '若' '猶'이다. 이들이 동사이기 때문에 그 뒤의 어휘가 앞의 명사를 수식하는 형용사가 될 수 없다(문법적으로).

農夫養牛耕田 : 농부가 소를 길러 밭을 갈다(O).
農夫養牛耕田 : 농부가 밭가는 소를 기르다(X).
農夫養耕田之牛 : 농부가 밭가는 소를 기르다(O).

⊙ 勃三尺微命 一介書生 無路請纓 等終軍之弱冠, 有懷投筆 愛宗慤之長風.
王勃, <滕王閣詩序>

여기에서 '無路請纓'과 '有懷投筆' 같은 구문은 '請纓'이 뒤에서 앞의 '路'를 수식하고, '投筆'이 앞의 '懷'를 수식하는 식으로 풀이 하면, 無路請纓 : 벼슬을 청할 길이 없다. 有懷投筆 : 붓을 던질 마음이 있다. 본의에 맞는 풀이가 된다. 마치 請纓과 投筆이 뒤에서 앞의 '路'와 '懷(명사)'를 수식하는 형용사처럼 볼 수 있다.

그러나 '無路請纓, 有懷投筆'의 어법적인 문장 구조는 '동사+목적어, 동사+목적어'가 병합한 구조이다. 어법대로 풀이하면 '無路請纓 : 길도 없이 벼슬을 청하다(어느 길로도 벼슬을 청할 수가 없다). 有懷投筆 : 마음을 가지고 붓을 던지다.'이다. 그런데 오히려 '벼슬을 청할 길이 없다.' '붓을 던질 마음이 있다.'로 풀이하는 것이 더 쉽게 다가온다. 대개 여기에서와 같이 '無'와 '有'의 목적어(명사)를 그 뒤의 어휘가 형용하는 것처럼 쓰이는 경우가 있다.

이상과 같이 어느 특정 구문에서 뒤에 오는 어휘가 앞의 명사를 수식하는 형용사처럼 보아도 되는 경우가 있는데, 이것은 형용사를 後

置하여 쓰는 통상 어법은 아니다. 한문에서 명사를 수식하는 형용사는 명사 뒤에 두지 않고 명사 앞에 위치한 것이 일반 작법이라고 보면 된다. 바로 이점이 英語의 문장과 큰 차이점이라고 볼 수 있다.

동사나 형용사 앞에 사용하는 '所'자가 있다. 이런 경우 '所'자 뒤의 동사나 형용사부터 풀이를 하고 명사형 어미로 '것' '바'로 마친다. 예를 들면 ; 所見 : 보는 것(바). 所欲 : 바라는 바(것). 所信 : 믿는 것(what to believe). 같은 것이다. 이 표현은 마치 뒤에서 앞의 '所'를 형용하는 것처럼 볼 수 있다. 그러나 이 '所'는 뒤의 동사나 형용사를 명사화해서 명사어구로 만드는 데 쓰는 특별한 기능을 가진 字이지 뒤의 수식을 받기 위한 자는 아니다.

四. 動詞

문장에서 주어와 함께 핵심어가 되는 것이 動詞이다. 동사는 自動詞와 他動詞로 대별된다. 또한 동사의 용례에 따라 助動詞 使役動詞 贈與動詞 所有動詞 代動詞 등 여러 가지로 구별할 수 있다.

1. 自動詞

주어의 동작이 다른 사물에 미치지 않고, 자체적으로 움직이고 행동하는 동작을 나타내는 것을 지칭하여 自動詞라 한다.

<漁父之利>

趙且伐燕 蘇代 爲燕 謂惠王曰 "今日臣來 過易水, 蚌方出曝 而鷸啄其肉 蚌合而箝其喙. 鷸曰 '今日不雨 明日不雨 卽有死蚌', 蚌亦謂鷸曰 '今日不出 明日不出 卽有死鷸', 兩者 不肯相舍, 漁者 得而幷擒之. 今趙且伐燕 燕趙久相攻 以敝大衆 臣 恐秦之爲漁父也, 願王熟計之也", 惠王曰 "善" 乃止. <戰國策>

【어구풀이】

⊙ 蚌方出曝 : 조개가 마침 나와서 벌리고 볕을 쬠.

⊙ 鷸啄其肉 : 도요새(물총새)가 조개의 살을 쪼아 물다.

⊙ 箝其喙 : 그 부리를 꽉 물다. ▶ 并擒之 : 아울러 모두를 잡다.

【문법연구】

⊙ 今日臣來 : 금일 제가(臣) 오다.

來 : 자동사

⊙ 蚌方出曝 : 조개가 마침 나와서 볕을 쬐다.

出 : 자동사

⊙ 今日不雨 明日不雨 : 오늘 비가 내리지 않고, 내일도 비가 내리지 않다.

雨 : 자동사

⊙ 今日不出 明日不出 : 오늘 나가지 않고, 내일도 나가지 않다.

出 : 자동사

⊙ 鳥飛 : 새가 난다. 馬走 : 말이 달린다.

草木生 : 초목이 자란다.

江水流 : 강물이 흐른다.

한문에서 자동사나 타동사로만 사용되는 동사는 거의 없다. 어느 자나 자동사나 타동사로 轉用이 될 수 있다.

예) 出金 : 돈을 꺼내다. 生男生女 : 아들을 낳고 딸을 낳다.

<漁父之利: 삼자가 이득을 보다>

조나라가 장차 연나라를 치려고 하자, 소대가 연나라를 위하여 혜왕에게 이르기를 "오늘 제가 오면서 역수를 지나왔는데 조개가 마침 물 밖으로 나와 벌리고 볕을 쬐고 있는데 물총새가 조개의 살을 쪼아 무니 조개가 딱 오무

려 새의 부리를 꽉 죄어 물었습니다. 물총새가 말하기를 '오늘 비가 내리지 않고 내일도 비가 내리지 않으면 바로 말라죽은 조개가 있게 될 것이다'라고 하자, 조개도 물총새에게 이르기를 '오늘 나한테서 주둥이를 빼어 나가지 않고 내일도 나가지 않으면 바로 죽은 물총새가 있을 것이다'라고 하며 양쪽이 서로 놔주지를 않고 있으니, 고기잡이하는 사람이 그들을 보고 모두 잡았습니다. 지금 조나라가 연나라를 치게 되면 연나라와 조나라가 오래도록 서로 공격을 하여 많은 사람들을 잃을 것이니, 저는 진나라가 이때 어부가 될까 두렵습니다. 바라건대 왕께서는 잘 헤아리십시오."라고 하니, 혜왕이 말하기를 "그 말이 옳다"하고 마침내 중지하였다.

<杞憂>

杞國 有人憂天地崩墜 身無所寄 廢寢食者, 又有憂彼之所憂者 因往曉之曰 "天積氣耳 亡處亡氣, 若屈伸呼吸 終日在天中行止 奈何憂崩墜乎", 其人曰 "天果積氣 日月星宿不當墜乎", 曉之者曰 "日月星宿 亦積氣中之有光耀者 只使墜 亦不能有所中傷". 其人曰 "奈地壞何", 曉者曰 "地積塊耳 充塞四虛 亡處亡塊, 若躇步跐蹈 終日在地上行止 奈何憂其壞", 其人 舍然大喜 曉之者 亦舍然大喜. <列子>

【어구풀이】

⊙ 亡處亡氣 : 가는 곳마다 공기 없는 곳이 없다.

⊙ 若屈伸呼吸 : 네가 굽히고 펴고 호흡하며.

若 : 너. 대명사.

⊙ 亦不能有所中傷 : 또한 맞아서 다칠 일이 있을 수 없다.

⊙ 充塞四虛 : 사방의 공간을 채우다.

塞 : 채울색, 막을색. 변방새.

⊙ 若躇步跐蹈 : 네가 머뭇거리고 가고 밟고 뛰어다니며.

若 : 너.

⊙ 舍然 : 기뻐하는 모양.

【문법연구】

주어 +자동사

⊙ 若屈伸呼吸 終日在天中行止 : 네가 굽히고 펴고 호흡하고 종일 공간(

天中)에서 다니고 그치다.

⊙ 若躇步跐蹈 終日在地上行止 : 네가 머뭇거리고 걸어가고 밟고 뛰어 다니며 종일 지상에서 가고 그치다. 若(너, 二人稱)이 주어이다.

<杞憂: 쓸데없는 걱정>

기나라에 어떤 사람이 하늘과 땅이 무너지면 몸을 기탁할 곳이 없을 것 같아서 근심을 하며 잠도 안자고 밥도 먹지 않는 자가 있었다. 또 한편 그 사람이 근심한 것을 걱정한 자가 있었는데 그로 인하여 찾아가서 깨우쳐주며 말하기를 "하늘은 공기가 모여 있을 뿐이니 가는 곳마다 공기 없는 곳이 없다. 네가 몸을 굽히고 펴고 숨을 쉬면서 종일토록 하늘가운데에서 가고 머무르고 하는데 어찌 무너질 것을 걱정하는가?"라고 하니, 그 사람이 말하기를 "하늘이 정말 공기가 모여 있는 것이라면 해와 달과 별은 마땅히 떨어져야 하지 않은가?"라고 하니, 깨우쳐주는 자가 말하기를 "해와 달과 별은 또한 공기를 모아놓은 가운데에 빛을 가진 것들로 떨어진다고 할지라도 다치는 일이 있을 수 없다."고 하니, 그 사람이 말하기를 "땅이 무너지면 어떻게 됩니까"하고 물으니, 깨우쳐주는 자가 말하기를 "땅은 흙덩이를 모아놓았을 뿐이다. 사방을 가득 채워놓아서 가는 곳마다 흙덩이가 없는 곳이 없다. 네가 머뭇거리고 걸어가고 밟고 뛰며 종일토록 땅위에서 가고 멎고 하는데 어찌 무너질 것을 걱정하는가?"라고 하니, 그 사람이 기뻐하는 모습을 띠며 매우 좋아하고 깨우쳐주는 자도 기뻐하며 매우 흐뭇해하였다.

2. 他動詞

목적어(賓語)를 취하는 동사를 타동사라고 한다.[5] 주어의 행위 동작이 他物에 영향을 미치는 동사가 타동사이다. 한문은 글자마다 語順上 동사의 자리에 위치하면 동사가 될 수 있다. 글자의 성향에 따라 자동사 위주로 쓰이는 동사가 있고 타동사 위주로 쓰이는 동사가 있지만 한문은 品詞轉用의 융통성이 매우 크다. 문장에서 동사를 분별하면 자동사보다는 타동사를 많이 사용한 것으로 나타난다.

<朝三暮四>

宋有狙公者 愛狙 養之成群. 能解狙之意 狙亦得公之心. 損其家口 充狙之欲, 俄而匱焉 將限其食 恐衆狙之不馴於己也, 先誑之曰 "與若芧 朝三暮四 足乎", 衆狙皆起而怒, 俄而曰 "與若芧 朝四暮三 足乎", 衆狙皆伏而喜. 物之以能鄙相籠 皆猶此也. 聖人以智籠群愚 亦猶狙公之以智籠衆狙也. 名實不虧 使其喜怒哉.

<列子, 皇帝>

【어구풀이】

⊙ 狙公(저공) : 원숭이 기르는 사람.

⊙ 損其家口 : (원숭이 식량을 확보하기 위해) 집안의 식구를 줄이다.

⊙ 俄而匱焉 : 얼마 안가서 먹이를 저장한 통이 비워지다.

---

5) 동사에 손님처럼 와서 붙은 말의 뜻으로 중국에서는 목적어를 賓語라고 칭한다.

⊙ 與若芧 : 너희들에게 도토리를 주다.

'與' : 주다.

'若' : 너, 이인칭.

⊙ 以能鄙相籠 : 능과 비로 감싸다.

'能' : 능함.

'鄙' : 모자람, 어리석음.

⊙ 亦猶狙公之以智籠衆狙也 : 또한 저공이 지혜로 많은 원숭이를 감싸는 것과 같다.

【문법연구】

⊙ 狙公愛狙 : 저공이 원숭이를 사랑하다. 愛 : 타동사.

⊙ 養之成群 : 그들을 양육하여 무리를 이루었다. 養, 成 : 타동사.

⊙ 能解狙之意 : 원숭이의 뜻을 이해할 수 있다. 解 : 타동사.

⊙ 狙亦得公之心 : 원숭이도 주인의 마음을 얻었다. 得 : 타동사.

⊙ 損其家口 : 그 집의 식구를 줄이다. 損 : 타동사.

⊙ 充狙之欲 : 원숭이의 욕구를 채워주다. 充 : 타동사.

⊙ 將限其食 : 장차 그 먹이를 제한하다. 限 : 타동사.

⊙ 恐衆狙之不馴於己也 : 많은 원숭이가 자기를 따라주지 않을까를 걱정하다. 恐 : 타동사.

<朝三暮四: 원숭이를 달래는 지혜>

송나라에 원숭이 기르는 사람이 있었는데 원숭이를 좋아하여 양육해서 무리를 이루었다. 그는 원숭이의 마음을 알 수 있었고 원숭이도 그의 마음을 얻게 되었다. 집안 식구까지 줄여서 원숭이의 욕구를 충족시켜 주다가 얼

마 안가서 먹이가 떨어져가니 이제부터는 그 먹이를 제한해야 되겠는데 많은 원숭이들이 자기에게 순종하지 않을까 걱정이 되었다. 그래서 먼저 그들을 떠보면서 말하기를 "너희들에게 도토리를 주는데 아침에 세 개 저녁에 네 개를 주면 만족하겠니?"하니까 많은 원숭이들이 모두 일어나 화를 내었다. 잠시 뒤에 또 이르기를 "너희들에게 도토리를 주는데 아침에 네 개 저녁에 세 개를 주면 만족하겠는가?"하고 물으니 많은 원숭이들이 모두 엎드리고 수긍하며 좋아하였다.

다른 어떤 것도 유능하거나 부족한 방법으로 감싸 안는 일이 모두 이와 같다. 성인이 지혜로 어리석은 사람들을 감싸 안은 것도 원숭이 기르는 사람이 지혜로 많은 원숭이들을 감싸 안은 것과 같다. 명분과 내실이 어긋난 것이 아닌데 그들로 하여금 기쁘게도 하고 화나게도 하는 거지!

3. 助動詞

<中石沒鏃>

李廣居右北平 匈奴聞之 號曰 漢之飛將軍 避之數歲 不敢入右北平 廣出獵 見草中石 以爲虎而射之 中石沒鏃 視之石也 因復更射之 終不能復入石矣.『史記. 李將軍列傳』

【문법연구】

⊙ 終不能復入石矣 : 끝내 다시는 돌에다 (화살을) 투입할 수가 없었다.

能 : 조동사.

⊙ 不敢入右北平 : 감히 우북평을 침입하지 못했다.

敢 : 조동사. '敢'은 영어의 'dare'와 같다고 볼 수 있는데, 영어에서 'dare'를 조동사로 쓰기도 하지만 동사로 쓰는 경우도 많다. 한문에서는 조동사나 부사로 보면 될 것 같다. 동사에 영향을 주기 때문이다.

⊙ 狙公 能解狙之意 : 狙公이 원숭이의 뜻(狙之意)을 이해할 수 있었다.

能 : 조동사.

解 : 동사.《本書》<朝三暮四> 참고

⊙ "物深可測 人心不可測也" : 사물의 깊음은 측정할 수 있지만, 인심은 측정할 수 없다.

可 : 조동사.

測 : 동사.《本書》<棉花最好> 참고.

※ 貧賤之交 不可忘 : 빈천지교는 잊어서는 안된다. 여기의 '可'는 '의무' '명령'을 나타낸다.

⊙ 愚民 有所欲言 而終不得伸其情者 多矣. <訓民正音>

어리석은 백성들이 말하고 싶은 바가 있어도 마침내 그 뜻을 나타낼 수 없는 자가 많다.

得 : 조동사(can).

伸 : 동사(펼치다, 나타내다, 말하다). '得'이 뒤에 동사 없이 바로 목적어를 취하면 '얻다(take)'의 뜻으로 동사이고, 동사 앞에 위치하면 '할 수 있다(can)'의 뜻으로 조동사이다.

⊙ 公曰 昨日言之 則主必割鵝索珠 : 공이 말하기를 "어제 말을 했다면 주인은 반드시 거위를 잘라서 구슬을 찾았을 겁니다."

必 : 조동사(must).

割 : 동사. 《本書》 <忍辱而待> 참고.

⊙ 大王事秦 秦必求宜陽 · 成皐 : 대왕께서 진나라를 섬기시면 진나라는 반드시 의양과 성고의 땅을 요구할 겁니다.

必 : 조동사.

求 : 동사. 《本書》 <鷄口牛後> 참고.

조동사는 그 위치가 동사 앞에 온다. 부사도 동사 앞에 온다. 동사 앞에 오는 부사나 조동사는 동사를 수식한다는 점에서는 그 기능이 동일하다. '必' '必須' '宜' '當(應當,應該)'들은 우리말로 해석하면 부사어라고 볼 수도 있는데 오늘날 중국에서 이들을 조동사로 보고 있으므로 여기에 따라 설명한 것이다.[6]

대략 영어의 조동사와 대비해 본다면 아래 예시와 유사하다고 볼 수 있겠다.

---

6) 周光耀 外 三人 共著《英語語法入門》, 142, 助動詞篇.

must : 必 · 須.

can : 能 可 得 會.

may : 可 能.

should(ought to) : 當 要 應當 必.

need : 要.

will(shall) : 將 得.

dare : 敢. 등.

<中石沒鏃: 돌을 적중하여 화살촉이 돌 속으로 들어 가버렸다>
이광이 우북평에 거주하니 흉노족들이 그걸 알고 "漢나라의 비장군"이라고 부르고 그곳을 피하여 여러해 동안 감히 우북평을 침입하지 않았다. 이광이 밖에 나가서 사냥을 하는데 풀숲속의 바위를 보고서 그것을 호랑이로 알고 활을 쏘았다. 호랑이(바위)를 적중하여 화살촉이 속으로 들어갔다. 살펴보니 돌이었다. 신기함으로 인하여 다시 더 돌에다 활을 쏘아보았는데 끝내 다시는 돌속으로 화살을 투입할 수가 없었다. ※'中石沒鏃'은 정신을 집중하면 불가능한 일도 해낼 수 있다는 뜻이다.

4. 使役動詞

使役動詞는 누구로 하여금 무엇을 하도록 시키는 동사를 말한다. 여기에 주로 사용하는 관용적인 단어가 있으며, 사역문의 형식은 정식화 되어있다.

英文의 사역문 : "주어+사역동사+피사역목적어(被使役目的語)+동사+목적어"의 형식과 동일한 것으로 보면 된다. 다만 한문에서는 피사역목적어의 대상이 앞에 언급되었으면 이후 사역문을 쓸 때 이를 생략하고 표현한다. 또 피사역목적어 뒤에는 동사나 형용사만 오기도 한다. "주어+사역동사+피사역목적어+동사+목적어"/ "주어+사역동사+피사역목적어+동사 · 형용사". 이들 사역문의 형식은 영문의 5형식문에 해당한다.

관용적인 사역동사 : '使' '俾' '命' '令' '敎' '遣' '讓' '叫' 등.

영어는 사역동사('let' 'make' 'have')가 앞에 사용되면(과거형일지라도) 뒤에는 원형동사를 써야하는데 한자는 원형(현재형) 과거형 같은 어형변화가 없다.

⊙ 趙使平原君求救於楚 : 趙나라가 평원군으로 하여금 초나라에 구원을 요구하게 하였다.

⊙ 使牛聞之, 寧無不平之心乎 : 소로 하여금 듣게 한다면, 어찌 불평하는 마음이 없겠는가?

⊙ 王命方伯察民心 : 왕이 方伯들에게 민심을 살피게 하였다.

⊙ 漢遣陸賈說項王 : 漢나라가 陸賈로 하여금 項王을 달래게 하였다.

⊙ 五音令人耳聾 : 수많은 소리는 사람의 귀를 어둡게 만든다.

聾 : deaf.

⊙ 以我故使爾爲婢 : 나 때문에 너를 노비로 만들었다.

⊙ 名實不虧 使其喜怒哉. 명과 실이 어긋나지 않고, 그들로 하여금 기쁘게도 화나게도 하는구나!

⊙ 我使爾爲婢 : I let you become a female servant.

5. 贈與(授與)動詞

<絶纓(陰德陽報)>

楚莊王賜群臣酒 日暮酒酣 燈燭滅 乃有人引美人之衣者 美人援絶其冠纓 告王曰 今者燭滅 有引妾衣者 妾援得其冠纓持之 趣火來 上視絶纓者 王曰 賜人酒 使醉失禮 柰何欲顯婦人之節 而辱士乎 乃命左右曰 今日與寡人飮 不絶冠纓者不懽 郡臣百有餘人 皆絶去其冠纓 而上火卒盡懽而罷.

居三年 晉與楚戰 有一臣常在前 五合五奮首却敵 卒得勝之 莊王怪而問曰 寡人德薄 又未嘗異子 子何故出死不疑如是 對曰 臣當死往者醉失禮 王隱忍不加誅也 臣終不敢以蔭蔽之德 而不顯報王也 常願肝腦塗地 用頸血湔敵久矣 臣乃夜絶纓者也.

遂敗晉軍 楚得以强 此有陰德者 必有陽報也.

<說苑, 卷六> 前漢 劉向.

【문법연구】

⊙ 楚莊王賜群臣酒 : 楚莊王이 群臣에게 酒를 賜하다. 초나라 장왕이 많은 신하들에게 술을 주다.

⊙ 王賜人酒 : 왕이 사람들에게 술을 주었다. King gave people wine.

⊙ 狙公 先誑之曰 "與若芧 朝三暮四 足乎" : 저공이 먼저 그들을 놀리며 말하기를 "너희들에게 도토리를 주되 아침에 세 개 저녁에 네 개를 주면 만족하겠느냐?"

與若芧 : give you acorns. 若 = you.

⊙ 楚有祠者 賜其舍人巵酒 : 초나라에 사당을 관리하는 자가 그의 집 사람들(其舍人)에게 한 잔의 술(巵酒)을 주었다. <蛇足>. The host gave them a cup of wine.

⊙ '賜' '與' '贈' = 'give'.

한문에서 '賜' '與' '贈'은 'give' 와 같은 뜻으로 쓰이며, 영문의 4형식과 일치하는 문장형식을 이룬다. 따라서 이들 동사를 사용한 문장은 영문 4형식을 생각하고 해석하면 쉽다.

주어+'賜' '與' '贈'(동사) + IO + DO. = 주어가 누구에게 무엇을 주다(하사하다, 증여하다). '賜' '贈'은 대개 윗사람이 아랫사람에게 내려주는 경우에 쓴다. 아랫사람이 윗분에게 주는 경우는 '獻(바치다)' '上(올리다)' 같은 자를 쓴다. 이밖에도 주고받는 행위의 문장들은 대부분 영문 4형식의 구조를 이룬다.

<絶纓(陰德陽報): 몰래 베푼 덕을 들어내어 갚는다>

초나라 장왕이 많은 신하들에게 술자리를 베풀었다. 날이 저물어 술자리가 무르익었을 때 등불이 꺼졌다. 이에 어떤 신하가 예쁜 여인의 옷을 끌어당겨 안은 자가 있었다. 그 여인은 그 신하의 갓끈을 당겨서 절취하였다. 그리고 왕에게 보고하며 말하기를 "방금 등불이 꺼졌을 때 나의 옷을 끌어당긴 사람이 있었는데 제가 그 사람의 갓끈을 잡아당겨 취득해서 가지고 있으니 불을 켜게 되면 임금님이 갓끈이 떨어진 자를 찾으십시오." 하고 요청하였다. 이에 임금이 말하기를 "사람들에게 술자리를 베풀어 취하게 만들어서 실례를 하게 해놓고 어떻게 부인의 절개를 들어내 주고 선비를 수치스럽게 할 수 있는가?"하고는 마침내 그 자리에 있는 신하들에게 명령하기를 "오늘 나와 더불어 술을 마시며 갓끈을 잡아 떼어내지 않은 자는 좋지 않을 것이다."라고 하니, 많은 신하가 백 명이 넘었는데 모두가 자기의 갓끈을 떼어서 버렸다. 그리고 임금이 불을 켜라고 하고 마침내 술 마시는 즐거움을 다하고 연회를 마쳤다.

3년이 지나서 진나라와 초나라가 전쟁을 하였는데 어떤 신하가 항상 앞장을 서서 싸웠다. 다섯 차례 싸움이 붙었는데 다섯 번 모두 머리를 내놓고 싸워 적을 물리치고 마침내 승리하였다. 장왕이 이상하게 여기고 "나는 덕이 부족한데다가 일찍이 그대를 특이하게 대해준 적도 없는데 그대는 무슨 까닭으로 전쟁에 나아가 죽기를 그와 같이 의심하지 않았소?"하고 물으니, 대답하기를 "저는 지난날 술에 취하여 실례했을 때에 마땅히 죽었어야 했습니다. 왕께서 그때 감추어주고 형벌을 가하지 않았습니다. 저는 마침내 감추어주신 덕을 받았기에 왕에게 보답을 나타내지 않으면 안 된다고 생각하고, 항상 저의 간과 머리가 땅에 깨어지고 머리의 피를 적에게 뿌리기를 바란지가 오래되었습니다. 제가 바로 그날 밤에 여인에게 갓끈을 잘린 사람입니다."라고 하였다.
마침내 진나라 군사를 물리치고 초나라는 더 강대국이 되었으니, 이는 몰래 베풀어준 자에게는 반드시 드러난 보답이 있다는 말이다.

6. 代動詞

<蛇足>

楚有祠者 賜其舍人巵酒, 舍人 相謂曰 "數人飮之 不足, 一人飮之 有餘, 請畫地爲蛇 先成者 飮酒". 一人 蛇先成 引酒且飮之 乃左手持巵 右手畫蛇 曰"吾能爲之足 未成", 一人之蛇成 奪其巵 曰"蛇固無足 子安能爲之足" 遂飮其酒, 爲蛇足者 終亡其酒.

<戰國策>

【어구풀이】

⊙ 有祠者 : 사당을 지키는 사람. 사당지기.

⊙ 賜其舍人巵酒 : 그 집에서 일하는 사람들에게 한 잔의 술을 주다.

巵 = 卮: 술잔 치.

⊙ 引酒且飮之 : 술을 가져가서 장차 마시려고 하면서.

【문법연구】

위의 문장에 사용된 '爲'자는 모두가 代動詞이다. '爲'는 한문에서 대표적인 대동사로 사용된다. 영어의 대동사 'do'보다 활용의 폭이 크다. '爲'는 글자의 기본 뜻을 지니고 있지만 때로는 그 구문에 맞는 행위동작의 동사로 대체하여 말해야 할 경우가 있다. 위 문장에서 사용한 '爲'는 모두 '畫'를 대신한 동사들이다. 아래와 같은 내용이다.

⊙ 爲蛇 : 畫蛇 : 뱀을 그리다.

⊙ 吾能爲之足 未成 : 吾能畵之足 未成 : 나는 그 다리를 그릴 수 있어서 아직 완성하지 못했다.

⊙ 子安能爲之足 : 子安能畵之足 : 그대는 어찌 그 다리를 그릴 수 있는가?

⊙ 爲蛇足者 : 畵蛇足者 : 뱀의 다리를 그린 사람.

⊙ 爲善者 = 行善者./ 爲國者 = 治國者./ 爲農者 = 농사짓는 사람(營農者).

<蛇足: 쓸데없이 필요이상의 행동을 하다>

초나라에 사당을 지키는 사람이 있었는데 그 집에서 일하는 사람들에게 한 잔의 술을 주었다. 술을 받은 사람이 말하기를 : "여러 사람이 이 술을 마시면 부족하고 한 사람이 마시면 충분하니, 땅바닥에 획을 그어 뱀을 그리기로 하고 먼저 완성한 사람이 술을 마시기로 하자"고 하였다. 어떤 한 사람이 뱀을 먼저 그려놓고 술을 가져가 마시려고 하면서 마침내 왼손으로는 술잔을 들고 오른손으로는 뱀을 그리면서 "나는 뱀의 다리까지 그릴 수 있기에 아직 완성하지 못한 것이다"라고 하였다. 또 어떤 한 사람이 뱀을 다 그려놓고 그 술잔을 빼앗아 들고 말하기를 "뱀은 진실로 다리가 없는데 그대는 어찌 뱀의 다리를 그릴 수 있는가?"라고 하고 마침내 그 술을 마셔버리니 뱀의 다리를 그린 사람은 결국 그 술을 놓쳤다.

7. 連動詞

<一擧兩得>

莊子欲刺虎 舘竪者止之曰 兩虎方且食牛 食甘心爭 爭則必鬪 鬪則大者傷小者死 從傷而刺之 一擧必有雙虎之名 莊子以爲然 立須之 有頃 兩虎果鬪 大者傷小者死 莊子從傷者而刺之 一擧果有雙虎之功. <史記> <戰國策>

【문법연구】

連動詞의 문형은 동사가 연속 이어지는 형이다. 앞의 동사가 문장의 본동사이고 뒤는 준동사로 볼 수 있다. 여기에 잘 쓰이는 유사한 동사가 있다.

뒤에 부정사(to+v)나 동명사를 잘 취하는 동사 : 欲 求 愛 好.

⊙ 莊子欲刺虎 : 장자가 호랑이를 찌르려고 하였다.

⊙ 欲刺虎 : want to kill a tiger.

⊙ 明年又復求割地 : 명년에 또 다시 땅을 잘라주기를 요구한다.

⊙ 求割地 : want to parcel the land.

⊙ 愛飮酒 : love drinking wine.

⊙ 好讀書 : like reading books.

連動詞 구문은 뒤의 동사를 영어의 부정사나 동명사로 간주하고 보면 해석하기가 편하다.

<一擧兩得: 한 번의 거동으로 둘을 얻다>

장자가 호랑이를 찌르려고 하니, 따르는 아이가 그것을 저지하며 말하기를 "두마리의 호랑이가 지금 소를 잡아먹으려고 한데 그 먹이가 맛이 좋아서 마음속으로 차지하려고 한다. 차지하려고 하면 반드시 싸울 것이요, 싸우면 큰놈은 상처를 입고 작은 놈은 죽을 것이니 이때 상처입은 호랑이를 쫓아가 찌르면 한 번에 반드시 두 마리를 잡았다는 이름을 갖게 될 것입니다."라고 하니, 장자가 "그렇게 하겠다" 하고서 잠깐 기다리니, 조금 있다가 두 마리의 호랑이가 과연 싸우는데 큰놈은 상처를 입고 작은 놈은 죽었다. 장자가 상처입은 놈을 쫓아가 찌르니 한 번에 과연 두 마리의 호랑이를 잡은 공을 세웠다.

8. 存在動詞

<凶夢大吉>

昔有儒生三人 將赴試場 一夢鏡墮于地, 一夢艾夫懸于門上, 一夢風吹花落, 俱詣占夢者之家 占夢者不在 而其子獨在. 三人就問之 其子占云 "三者 皆不祥之物 未諧所願". 俄而占夢者至 叱其子而作詩與之曰 "艾夫人所望, 鏡落豈無聲, 花落應有實, 三者共成名", 三人果皆登第. <慵齋叢話>

【어구풀이】

⊙ 赴試場 : 시험장에 나가다. 시험 보러 가다.

⊙ 一夢鏡墮于地 : 한 사람은 거울이 땅에 떨어지는 것을 꿈꾸었다. '一'은 '一人'을 지칭한다. 앞에서 '三人'을 언급했기 때문에 여기서 '人'을 생략할 수 있는 것이다.

⊙ 艾夫 : 쑥 풀로 만든 인형을 말함.

⊙ 俱詣 : 함께 이르다(가다).

占夢者 : 꿈을 풀이해주는 사람.

⊙ 未諧所願 : 아직 바라는 것(소원)을 이룰 수 없다.

⊙ 叱其子而作詩與之 : 그 자식을 꾸짖고 (해몽)시를 지어주다.

叱: 꾸짖을질.

⊙ 登第 : 시험에 합격하다.

【문법연구】

⊙ 占夢者不在 而其子獨在. 꿈을 점쳐주는 자는 있지 않고, 그의 아들만 혼자 있었다.

영어는 존재동사로 'be' 동사가 있다. 대개 'be'동사는 자동사로 존재를 나타내기도 하고, 불완전자동사로 뒤에 보어를 수반하기도 한다. 한문에서는 어떤 문장에서 어느 동사가 존재동사로 사용되는 경우가 있겠으나, 많은 자가 존재동사로 상용되지는 않는다. 대개 '存' '在'가 대표적인 것이라고 볼 수 있다. 父母俱存 : 부모가 모두 계신다.

<凶夢大吉: 나쁜 꿈이 매우 좋다>

옛날에 어떤 유생(학자) 세 사람이 시험을 보러 가게 되었는데, 한 사람은 거울이 땅에 떨어지는 꿈을 꾸었고, 한 사람은 인형이 문 위에 걸려 있는 꿈을 꾸었고, 또 한 사람은 바람이 불어 꽃이 떨어지는 모습을 꿈꾸었다. 모두가 꿈을 풀이해주는 사람의 집으로 갔는데 꿈을 점치는 자는 있지 않고 그의 아들만 있었다. 세 사람이 그이에게 가서 물어 보니 그 아들이 점치며 이르기를 "세 사람의 꿈은 모두가 좋지 않은 것들이니 아직 소원을 이룰 수 없다"고 하였다. 잠시 뒤에 꿈을 풀이하는 자가 돌아와 그 아들을 꾸짖고 나서 시를 지어 그들에게 주며 이르기를 "인형은 사람들이 바라는 것이다. 거울이 떨어지니 어찌 소리가 없겠는가? 꽃이 떨어지면 응당 열매가 있다. 세 사람은 모두 다 이름을 내게 된다."고 하였다. 세 사람은 과연 모두가 과거시험에 합격하였다.

9. 受動態

漢文의 受動態(被動態) 유형은 대개 세 종류가 있다. 하나는 수동을 의미하는 '被' '見' '當' '受' 등의 자를 사용하는 것이다. 예를 들면:

被害 : 해를 입다.

見辱 : 욕을 당하다.

當選 : 선출되다.

受刑 : 형벌을 받다.

다음은, '主語+動詞+於(于,乎)+名詞'의 관용적인 형식이다. 아래의 문장에서 그 용례를 살필 수 있다.

<苛政猛於虎>

孔子過泰山側 有婦人哭於墓而哀者 夫子式而聽之 使子路問之 子之哭也 壹似重有憂者 而曰 然 昔者 吾舅死於虎 吾夫又死焉 今吾子又死焉. 夫子曰 何爲不去也 曰無苛政. 夫子曰 小子識之 苛政猛於虎也. 『禮記. 檀弓篇』

吾舅死於虎 : 나의 시아버지가 호랑이에게 죽음을 당하다.

吾夫又死焉 : 나의 남편이 또 호랑이에게 죽음을 당하다.

今吾子又死焉 : 지금 나의 아들이 또 호랑이에게 죽었다.

⊙ 文尾의 '焉'은 '於是' '於此' '於彼' 또는 '之' 를 대신하여 나타내는 어미

조사이다.

⊙ 吾夫又死焉 : 吾夫又死於是 : 吾夫又死於虎. 是 = 虎

⊙ 今吾子又死焉 : 今吾子又死於彼 : 今吾子又死於虎. 彼 = 虎
주어가 뒤의 대상(명사)에게 행위를 받는 수동의 표현이다.

⊙ 吾嘗三仕 三見逐於君 : 나는 일찍이 세 차례 벼슬을 하게 되었는데, 세 차례 임금에게 쫓겨남을 당했다. '見(당할견)'이 없어도 수동문이 될 수 있는 문장이다. <管鮑之交>

※ '苛政猛於虎'와의 비교

苛政猛於虎 : 가혹한 정치는 호랑이보다 무섭다(잔혹하다). 표현형식은 같은데 '於' 개사 앞에 동사가 오면 동작을 받는 受動態이고 형용사가 오면 비교가 된다.

狐食於虎 : 여우가 호랑이에게 먹히다. '食'은 동사.

狐小於虎 : 여우는 호랑이보다 작다. '小'는 형용사.

수동의 뜻을 나타내는 또 하나의 관용적인 표현으로 아래의 형식을 사용한다.

⊙ 主語爲A所B : 주어는 A에게 B의 행위를 당하다(받다).

⊙ 楚爲秦所侵 : 초나라는 진나라에게 침략을 당했다(초나라는 진나라가 침략한 바가 되다).

⊙ 甲順爲甲乭所愛 : 갑순이는 갑돌이에게 사랑을 받았다.

※ 이상에서 예시한 형식이 아니고도 내용으로 수동의 뜻을 나타내는 경우가 있다. 특히 수동을 나타내는 글자가 생략된 경우가 있고, 생략이 아니더라도 의미상 수동을 나타내는 구문이 있다. 문맥을 잘 살펴서 그 상황에 맞는 의미로 볼 필요가 있다.

<苛政猛於虎: 가혹한 정치는 호랑이보다 무섭다>

공자가 태산의 옆을 지나갈 때에 어떤 부인이 묘소에서 통곡을 하고 슬퍼하거늘, 부자가 고개를 숙이고 듣다가 자로를 시켜 물어보라고 하기를 "그대의 곡소리는 한결같이 겹친 우환이 있는듯합니다."라고 하니까, 부인이 말하기를 "그렇습니다. 옛날에 나의 시아버지가 호랑이에게 죽었고, 나의 남편이 또 죽었는데 이제 나의 자식이 또 죽었습니다."라고 했다. 부자가 말하기를 "어찌하여 떠나버리지 않는가?"하고 물으니, 말하기를 "이곳에는 가혹한 정치가 없기 때문입니다"라고 했다. 부자가 말하기를 "애들아 이 말을 기억해두라. 가혹한 정치는 호랑이보다도 무서운 것이다"라고 하였다.

10. 時制

어느 나라 글이나 시제가 없는 글은 없다. 한문도 마찬가지다. 영어는 시제를 문장중의 동사로 나타낸다. 그러므로 영어는 문장중의 동사를 보면 상황 동작이 발생한 때를 알 수 있다. 그러나 한문은 동사로 시제를 나타내지 않고 때를 나타내는 부사어로 표시한다. 또한 영어처럼 동사로 문장마다 시제를 나타내지 않고 서두에 상황발생의 시기를 나타내고 필요할 때에 간간히 문장중에 시간사(부사어)를 사용하여 표기한다. 누구나 알 수 있는 시간상황을 구절마다 나타낼 필요가 없다고 본 것이다.

<忍辱而待>

尹淮少時 有鄕里之行 暮投逆旅 主人不許止宿 坐於庭邊. 主人兒持大眞珠出來 落於庭中 傍有白鵝 卽呑之. 已而主人索珠不得 疑公竊取 縛之 朝將告官. 公不與辨 只云 彼鵝亦繫吾傍. 將朝珠從鵝後出 主人慚謝曰 昨何不言 公曰 昨日言之 則主必割鵝索珠 故忍辱而待. <燃藜室記述>

【문법연구】

⊙ 朝將告官 : 아침에 장차 기관에 신고하려고 하다.

⊙ 昨何不言 : 어제 어찌 말을 하지 안했는가?

⊙ 昨日言之 則主必割鵝索珠 : 어제 말을 했었다면 주인은 분명히 거위를 잘라 구슬을 찾았을 것이다.

위의 내용을 보면 윤회가 젊은 시절에 있었던 일을 기술하고 있다. 따라서 전체적인 행위는 과거시제이다. 여기에서도 미래를 나타내는 '내일 아침'과 '장차'가 있고, 과거를 나타내는 '어제'의 표현이 있지만 전체의 내용은 이미 과거에 있었던 일들이다. 이렇게 상황발생의 시기를 한 번 밝히면 인간생활의 경험으로 누구나 알 수 있기 때문에 영어처럼 구절마다 행동의 시제를 나타내는 표현을 하지 않는다.

영어는 시제를 나타내기 위하여 동사의 형태를 변형하여 과거형 현재형으로 쓰고, 그리고 주로 조동사를 사용하여 미래를 나타내지만, 한문에서는 사리분별로 알 수 있는 것이라면 시제를 나타내지 않으며, 꼭 시제를 밝혀야 할 경우는 시간을 나타내는 부사를 사용한다. 부사는 대략 다음과 같은 어휘들이 잘 사용된다.

⊙ 과거 : 昔(昔者) 古(古者): 옛날에. 曾(일찍이). 嘗(일찍이). 嚮 向 曩 : 저번에, 지난날. 昨(어제). 舊(옛날에). 前(전에). 先(먼저, 전에). 往(지난날). 旣(이미). 등.

⊙ 현재 : 今(지금). 方(지금, 바야흐로). 近者(요즘에). 常(항상). 每(늘, ~할 때마다) 등.

⊙ 미래 : 將(장차). 後(후에). 明日(내일). 明年(내년). 등.

<忍辱而待: 수치스러움을 참고 기다리다>

윤회가 젊은 시절에 시골 마을을 가는 일이 있었다. 날이 저물어 여관에 투숙하려고 하는데 주인이 머물러 자는 것을 허락하지 않으므로 마당 모퉁이에 쪼그리고 앉았다. 이때 주인의 아들이 큰 진주를 지니고 밖으로 나와 마당 가운데에 떨어뜨리니 곁에 있는 하얀 거위가 바로 주워 먹어버렸다. 조

금 있다가 주인이 진주를 찾았는데 찾지 못하고 公(윤회)이 몰래 훔쳤다고 의심을 하고 공을 밧줄로 묶어 놓고 아침이 되면 관청에 신고하려고 하였다. 공은 주인에게 변명을 하지 않고 오직 이르기를 "저 거위도 나의 옆에 매어두라"는 말만 하였다. 장차 아침이 되자 구슬은 거위의 뒷문에서 나왔다. 주인이 부끄러워하고 사죄하며 "어제 왜 말을 하지 안했는가?"하고 물으니, 공이 말하기를 "어제 말을 했으면 주인은 분명히 거위를 칼로 잘라 구슬을 찾았을 것이다. 그러므로 누명을 쓴 수치를 참고 기다렸던 것이다."라고 하였다.

五. 副詞

부사는 동사 형용사 부사를 수식한다. 그리고 문장 전체를 수식하는 부사도 있다. 문장중의 잔가지에 해당하는 부사는 문장을 구성하는 기본요건은 아니지만, 문장에 개입하여 그 내용을 마음대로 조절하는 역할을 한다. 때문에 작자는 부사를 매우 긴요하게 사용하지 않을 수가 없다. 한문의 문장은 부사어를 모두 털어 내버리고 보면 비교적 간단한 형식들이다. 이 말은 문장에서 부사를 정확하게 분별할 수 있어야 독해를 제대로 할 수 있다는 말이다.

1. 副詞가 動詞 修飾

1) 肯定文

<鴉好諛>

鴉銜肉 止樹上 狐過而欲得之 仰謂曰 "君軀既壯 而羽亦澤 吾素聞君善歌 請奏一曲", 鴉悅 張口欲鳴 未發聲而肉已落. 狐疾取之 復語鴉曰 "他日 有無故諛君者 君其愼之".

【어구풀이】

⊙ 著者 : 莊 俞, 淸代人.

⊙ 吾素聞君善歌 : 나는 평소에 그대가 노래를 잘한다고 들었다.

⊙ 請奏一曲 : 한 곡 불러보기 바란다.

奏 : 연주(演奏)하다.

⊙ 狐疾取之 : 여우가 빨리 고기를 취하고.

⊙ 有無故諛君者 : 까닭 없이 그대에게 아부한 자가 있거든.

【문법연구】

⊙ 仰謂曰 : (여우가) 위를 보고 말하다. '仰'은 '謂'를 수식.

⊙ 吾素聞君善歌 : 나는 그대가 노래를 잘 한다고 평소에 들었다. '素'는 '聞'을 수식. '善'은 '歌'를 수식.

⊙ 未發聲而肉已落 : 소리도 나오지 않았는데 고기는 이미 떨어지다. '已'는 '落'을 수식.

⊙ 狐疾取之 : 여우가 빨리 그것(之:고기)을 취하다. '疾'은 '取'를 수식.

⊙ 復語鴉曰 : (여우가) 다시 까마귀에게 이르러 말하기를. '復'는 '語'를 수식.

⊙ 有無故諛君者 : 까닭없이 그대에게 아부하는 자가 있거든. '無故'는 '諛'를 수식.

이상의 예시 문에 나타난 바와 같이 밑줄 친 부분은 바로 뒤의 동사를 수식하는 부사이다. 한문의 가장 기본적인 표현 형식이 '주어+동사+목적어' 인데, 주어 다음 동사 앞에 하나의 글자나 어휘가 있으면 이것을 부사로 보면 된다. 즉 '주어+부사+동사+목적어(주부동목)'의 형식이다.

<鴉好諛: 까마귀는 아첨을 좋아 한다>

까마귀가 고깃덩어리를 물고 나무위에 멎었다. 여우가 지나가다가 까마귀가 물고 있는 그 고기를 얻고 싶어서 위를 보고 이르러 말하기를 "너의 몸체는 건장한데다 깃털까지 윤택하구나! 내가 평소에 너는 노래를 잘한다고 들었는데 한 곡조 불러보기 바란다"하니, 까마귀가 좋아하며 입을 짝 벌리고 울려고 하는데 소리가 아직 나오기도 전에 고깃덩어리가 아래로 떨어졌다. 여우가 빨리 그 고기를 취하고 나서 다시 까마귀에게 말하기를 "이 다음에 아무 까닭도 없이 그대에게 아부하는 자가 있거든 그대는 그것을 조심하라"고 하였다.

<鷄口牛後>

大王事秦 秦必求宜陽·成皐. 今玆效之 明年又復求割地. 與則無地以給之 不與則棄前功而受後禍 且大王之地有盡而秦之求無已 以有盡之地而逆無已之求 此所謂市怨結禍者也 不戰而地已削矣. 臣聞鄙諺曰 "寧爲鷄口 無爲牛後". 今西面交臂而臣事秦 何異於牛後乎 夫以大王之賢 挾彊韓之兵 而有牛後之名 臣竊爲大王羞之. 於是韓王勃然作色 攘臂瞋目 按劍仰天太息曰 "寡人雖不肖 必不能事秦".『史記, 蘇秦列傳』

【문법연구】

⊙ 於是韓王勃然作色 攘臂瞋目 按劍仰天太息曰 "寡人雖不肖 必不能事秦".

이에 漢나라 왕이 발연히 얼굴빛을 상기하고 가슴을 치며 눈을 부릅뜨고 칼을 어루만지며 하늘을 보고 크게 숨을 쉬면서 말하기를 "내가 비록 어리석으나 반드시 진나라를 섬길 수는 없다."고 하였다.

밑줄 친 부분은 동사 '曰'을 수식하는 부사어이다. 밑줄 친 부분을 빼버려도 핵심적인 내용에는 이상이 없다(韓王 曰 "寡人雖不肖 必不能事秦"). 동사 앞에 상당히 긴 부사어가 쓰인 예문이다.

⊙ **寡人雖不肖 必不能事秦**. 나는(내가) 비록 어리석으나 반드시 진나라를 섬길 수는 없다.

밑줄 친 부분이 부사어로 '能事'를 수식한다. 이 문장에서 부사어(조동사 포함)를 빼버리고 핵심어만 가려 쓰면, '寡人事秦(내가 진나라를 섬기다).' 이다. '能'은 조동사.

<鷄口牛後: 닭의 머리가 될지언정 소꼬리가 되지 말라>

"대왕께서 진나라를 섬기면 진나라는 반드시 의양과 성고의 땅을 요구할 겁니다. 지금 이들의 땅을 바치면 내년에 또 다시 땅을 떼어달라고 요구할 겁니다. 떼어주면 더 이상 줄 땅이 없게 되고 주지 않으면 전에 바쳤던 공적마저 없어지고 뒤에 재앙만 받을 겁니다. 또한 대왕의 땅은 한계가 있지만 진나라의 요구는 끝이 없으니 한계가 있는 땅으로 끝없는 요구를 거역하면 이는 원한을 사서 재앙을 맺는 것이라고 이를 수 있는 것입니다. 싸워보지도 않고서 땅은 이미 삭감되어버린 것입니다. 저는 세속의 속담에 '차라리 닭의 머리가 될지언정 소의 꼬리가 되지 말라.'는 말을 들었습니다. 지금 서쪽을 바라보고 손을 모으고 신하가 되어 진나라를 섬기는 일이 어찌 소꼬리와 다른 것이 있습니까? 무릇 대왕의 현명함으로 강대한 漢나라의 병사를 가지고서도 소꼬리라는 이름을 듣고 있으니 저는 은밀히 대왕을 위하여 부끄럽게 생각합니다."라고 하니, 이에 漢나라 왕이 발연히 얼굴빛을 상기하고 가슴을 치며 눈을 부릅뜨고 칼을 어루만지며 하늘을 보고 크게 숨을 쉬면서 말하기를 "내가 비록 어리석으나 반드시 진나라를 섬길 수는 없다."고 하였다.

2) 否定文

'不' '毋(無)' '勿' '莫' 이들은 동사의 뜻을 정 반대로 만드는 역할을 한다. 구문중의 동사를 부정하며 대개 동사 앞에 위치하여 동사의 뜻을 반대로 만든다. 이들은 기본적으로 행위 동작을 나타내는 동사를 부정하는 것이기 때문에 부사이다. 또한 형용사 앞에 이들 부정어를 붙이면 이때 형용사는 상태를 나타내는 동사로 서술한다.

⊙ 法不阿貴 : 법은 귀인에게 아부하지 않는다.

⊙ 賞善不遺匹夫 : 착한 사람 상을 줌에는 필부도 빼놓으면 안 된다.

⊙ 不孝父母 : 부모에게 효도하지 않는다.

⊙ 勿貴錢 : 돈을 귀하게 여기지 말라.

⊙ 罪莫大於不孝 : 죄는 불효보다 큰 것이 없다.

※ '不'과 '無'의 차이점.

기본적으로 '不'은 바로 뒤의 동사를 수식하고, '無'는 그 자체가 동사이며 명사를 목적어로 취한다. 그러니까 '不' 뒤에는 동사가 오고, '無' 뒤에는 명사가 온다. 不識 : 알지 못한다. 無識 : 아는 것이 없다. 不食飯 : 밥을 먹지 않는다. 無食飯 : 먹을 밥이 없다. 밥먹는 일이 없다. 때로는 '無'가 '毋'와 같이 금지하는 뜻으로 쓰여 바로 뒤에 동사가 오는 경우도 있다. 無道人之短 : 다른 사람의 단점을 말하지 말라. 道: 이르다. 말하다.

<棉花最好>

上問衆女子 "何物最深" 或言山深 或言水深 衆論不一 后獨曰 "人心最深". 上問其故 后對曰 "物深可測 人心不可測也". 上又問 "何花最好" 或言桃花 或言牧丹花 或言海棠花 所對不一 后獨曰 "棉花最好" 上問其故 對曰 "他花不過一時之好 惟棉花衣被天下 有溫煖之功也".

해석은 앞의 <형용사편, 형용사술어> 부분 참고.

2. 副詞가 形容詞 修飾

⊙ "何物最深" "人心最深" 어떤 것이 가장 깊은가? 인심이 가장 깊다.
'最'는 부사이며 뒤의 형용사 '深'을 수식한다.

⊙ "何花最好" "棉花最好" 어느 꽃이 가장 좋은가? 면화가 가장 좋다.
'最'는 부사이며 뒤의 형용사 '好'를 수식한다.

⊙ "君軀既壯 而羽亦澤 : 그대의 몸체는 이미 건장한데다가 날개도 또한 윤택하다.
'既'와 '亦'은 뒤의 형용사 '壯'과 '澤'을 수식하는 부사이다.

⊙ 孝女知恩 性至孝 : 효녀 지은이는 성격이 지극히 효성스럽다.
'至'는 '孝'를 수식하는 부사이다.

3. 副詞가 副詞 修飾

⊙ 因復更射之 : 인하여 또 다시 쏘다. 앞의 조동사편 <中石沒鏃> 원문 참고.
동사 '射' 앞에 부사가 거듭 쓰였다. '復更' : 부사가 부사를 수식한 것이다.

⊙ 臣多多益善耳 : 저는 많을수록 더욱(益) 좋을 뿐입니다.
~耳 : ~할 뿐이다(따름이다).

⊙ 明年又復求割地 : 명년에 또 다시 땅을 떼어달라고 요구한다.

4. 文頭의 副詞 관용어

⊙ 夫禍福之轉而相生 其變難見也. 대개 재앙과 복이 전환하여 서로 발생하는 것은 그 변화를 발견하기 어렵다.

夫 : 무릇, 대개, 일반적으로.

凡 : 무릇, 전반적으로.

蓋 : 대개, 일반적으로.

伏惟 : 엎드려 생각하옵건대.= 伏以, 伏維.

文頭에 사용하는 '夫' '凡' '蓋' '伏惟' 등은 그 구문 전체의 의미에 영향을 주는 부사어이다.

5. 時間副詞

한문에 시간을 나타내는 부사어는 매우 많다. 대략 다음과 같은 시간부사어가 있다.

'昔(昔者)' '古(古者)' '今' '方' '旣' '曾' '嘗' '嚮' '向' '曩' '舊' '前' '先' '後' '往' '常' '每' '暫' '俄而' '旣而' '須臾' '久之' 등.

<巫山之夢(雲雨:高唐:陽臺)>

宋玉曰 昔者先王(楚懷王)嘗遊高唐 怠而晝寢 夢見一婦人 曰妾巫山之女也 爲高唐之客 聞君遊高唐 願薦枕席 王因幸之 去而辭曰 妾在巫山之陽 高丘之岨 旦爲朝雲 暮爲行雨 朝朝暮暮 陽臺之下 旦暮視之如言 故爲立廟 號曰朝雲.
『文選』: 宋玉<高唐賦>

【어구풀이】

⊙ 昔者 : 옛날에. 古(古者) 옛날에.
嘗 : 일찍이.
曾 : 일찍이.

⊙ 王因幸之 : 왕이 여자가 찾아와 하는 말에 따라(인하여) 행복하게 해주다. 幸之: 그녀를 사랑해주다.

【문법연구】

과거의 시간을 나타낼 때에 '昔者'와 '古者'를 잘 사용한다. 이들은 문장 서두에 주로 쓰이며, 이하 문장 전체의 시제를 반영한다. 이들은 독립사로 쓰인다(바로 뒤의 동사 형용사 부사를 수식하는 부사가 아님). 한문에서 동사를 수식하는 부사는 동사 바로 앞에 위치한다.

⊙ 先王嘗遊高唐 : 선왕이 일찍이 고당에서 놀았다. '嘗'은 바로 뒤의 동사(遊)를 수식하는 부사이다.

⊙ 旦爲朝雲 暮爲行雨 : 아침으로는 朝雲이 되고, 저녁으로는 行雨가 된다. '旦'과 '暮'는 부사이다.

⊙ 旦暮視之如言 : 아침저녁으로 살펴보니 그녀가 한 말과 같았다. '旦暮'는 '視'를 수식하는 부사.

<巫山之夢: 남녀의 애정>
송옥이 말하기를 "옛날에 선왕(楚懷王)이 일찍이 고당을 유람할 적에 피곤하여 낮잠을 자다가 꿈속에서 어느 부인을 만났는데 말하기를 '저는 무산의 여자이며 고당의 나그네입니다. 임금께서 고당을 유람한다고 들었는데 잠자리를 모시고 싶습니다.'라고 하였다. 왕이 그래서 그녀를 사랑해 주었다. 떠나면서 인사하며 말하기를 '저는 무산의 양지쪽 높은 언덕의 험한 곳에 사는데 아침에는 아침의 구름이 되고 날이 저물면 내리는 비가 됩니다.'라고 하였다. 아침마다 저녁마다 양대의 아래에서 아침저녁으로 살펴보니 그의 말과 같았다. 그래서 위하여 사당을 세우고 그것을 조운이라고 불렀다." ※ 여기에서 '雲雨', '雲雨之情'의 故事가 나옴.

6. 疑問副詞

한문에서 사용되는 의문부사는 상당히 많다. 대략 아래와 같은 의문부사어가 사용된다. 모두가 구문의 앞에 위치하여 의문문을 만든다.

'何' '豈' '安' '烏' '奚' '曷' '胡' '焉' '庸' '詎' '那' '奈' '幾' '寧' '哪'
'惡(오)' '盍(합:何不)' '害(갈)' '奈何' 등.
모두가 '어찌(why)'의 의미를 취하고 있다.

⊙ 何必曰利? 어찌 꼭 利를 말하십니까?
⊙ 王侯將相 寧有種乎? 왕후장상이 어찌 종자가 있습니까?

7. 頻度副詞

어떤 행위동작이 있고나서, 여기에 더하여 '다시' '또' '더욱' '아울러' '역시' '겸하여' '도리어' 등 앞의 말을 이어가면서 그 빈도를 더하는 부사어가 있다. 아래와 같은 자들이다.

'復' '益' '更' '亦' '還' '再' '又' '且' '兼' '竝' '却' 등.

⊙ 聖益聖, 愚益愚 : 성인은 더욱 성인이 되고, 어리석은 사람은 더욱 어리석게 된다.

8. 限定(制限)

'只' '惟' '唯' '直' '但' '獨' '特' '僅' '徒' : '다만' '오직' '꼭' '홀로' '겨우' '한결같이' 등 의미를 한정하는 문장에 사용한다. 이들은 대부분 구문 앞에 사용한다.

<借鷄騎還>

金先生 善談笑 嘗訪友人家 主人設酌 只佐蔬菜 先謝曰 "家貧市遠 絶無兼味 惟淡泊 是愧耳". 適有群鷄亂啄庭 金曰 "大丈夫 不惜千金 當斬吾馬 佐酒", 主人曰 "斬馬 騎何物而還", 金曰 "借鷄騎還", 主人 大笑 殺鷄餉之. <太平閑話滑稽傳>

【어구풀이】

⊙ 只佐蔬菜 : 단지 채소만 마련하였다.

⊙ 惟淡泊 是愧耳" : 오직 담백하니 이것이 부끄러울 뿐이다.

<借鷄騎還: 닭을 빌려 타고 돌아가다>
김선생은 우스운 이야기를 잘 하였다. 일찍이 친구의 집을 방문하였는데, 주인(친구)이 술을 마련하고 단지 채소만을 안주로 내놓고 먼저 미안해하며 "집은 가난하고 시장은 멀어서 전혀 여러 가지 맛을 갖추지 못했으니, 오직 담백한 것이 부끄러울 뿐이다"라고 말하였다. 마침 이때 무리의 닭들이 집안에서 왔다갔다 모이를 쫓고 있었다. 김선생이 말하기를 "대장부는 천냥의 돈을 아깝게 여기지 않으니 당장에 내 말을 잡아서 술안주로 삼자"고 하였다. 주인이 말하기를 "말을 잡으면 어떤 것을 타고 돌아갈 것인가?"하고 물으니, 김선생이 말하기를 "닭을 빌려 타고 가리다"라고 하니, 주인이 크게 웃고 닭을 잡아 먹여주었다.

<五十步百步>

孟子對曰 王好戰 請以戰喩 塡然鼓之 兵刃旣接 棄甲曳兵而走 或百步而後止 或五十步而後止 以五十步笑百步則何如 曰不可 直不百步耳 是亦走也. <孟子·梁惠王章句上篇>

【어구풀이】

⊙ 塡然 : 북을 울리는 소리의 형용.

⊙ 直不百步耳 是亦走也 : 다만 백 보를 가지 않았을 뿐이다. 直 : 한정부사.

<五十步百步: 잘못한 행동은 마찬가지다>
맹자가 대답하여 말하기를 "왕이 전쟁을 좋아하시니 전쟁으로 비유하겠습니다. 둥둥둥 북소리를 울리며 전진하여 병사의 칼날이 이미 서로 맞붙어 싸우다가 갑옷을 벗어던지고 무기를 끌고 도망을 가되 한 사람은 백 보를 도망간 뒤에 그치고 한 사람은 오십 보를 도망간 뒤에 그치고서, 오십 보 도망간 사람이 백 보 도망간 사람을 비웃으면 어떻겠습니까?"하고 물으니, 왕이 말하기를 "옳지 않다. 다만 백 보를 도망가지 않았을 뿐이지 그 사람도 역시 도망간 것이다."라고 하였다.

9. 讓步

<鶴脛不可斷>

鳧脛雖短 續之則憂 鶴脛雖長 斷之則悲 故性長非所斷 性短非所續. <莊子:外篇>

【문법연구】

⊙ 鳧脛雖短 續之則憂 : 오리는 다리가 비록 짧을지라도 길게 이어주면 근심을 하게 된다. 밑줄 친 부분은 부사절이다. 핵심어는 '鳧憂'이다.

⊙ 縱江東父兄憐而王我, 我何面目見之 : 설령 강동 부형들이 나를 불쌍히 여겨 왕으로 모실지라도 내가 무슨 면목으로 볼 수 있으리오. 밑줄 친 부분은 부사절과 부사구이다. 핵심어는 '我見之'이다.

⊙ 家雖貧 不可因貧而廢學. 집이 비록 가난할지라도 가난 때문에 배움을 버려서는 안 된다. 주어(人)가 생략되었다. 밑줄 친 부분은

부사어이다. '可'는 조동사. 잔가지 부사어 털어내면 핵심어는 '人廢學'이다.

'雖'와 '縱'은 부사구나 부사절을 이끌어 낸다. 문장의 핵심은 귀결절에 있다. 양보절 뿐만 아니라 가정 조건절도 이와 마찬가지이다.

不經一事 不長一智.<明心寶鑑> 한 가지 일을 경험하지 않으면 하나의 지혜를 키우지 못한다. 주어는 사람이고 밑줄 친 부분은 가정으로 부사절이다.

<鶴脛不可斷: 학의 다리는 잘라서는 안 된다>

오리는 다리가 비록 짧을지라도 길게 이어주면 근심을 하게 되고, 학은 다리가 비록 길지라도 잘라주면 슬퍼한다. 그러므로 본래 긴 것은 잘라 줄 것이 아니고 본래 짧은 것은 이어줄 것이 아니다.

六. 虛詞

虛詞는 그 자체만으로는 아무런 기능을 가지고 있지 못하지만 문장 중에서 중요한 역할을 한다. 實詞를 연결하여 문장을 구성하는 고리역할을 하고 구문의 성격을 조절하는 기능도 가지고 있다. 한문의 문장을 제대로 보기 위해서는 반드시 알아야 할 대상이다. 句文의 끝에 붙여서 그 성격을 밝히는 語氣詞가 있고, 구와 절을 연결시켜주면서 중요한 역할을 하는 介詞가 있고, 접두어로 쓰이는 것도 있다.

'也' '矣' '耳' '而已' '之' '以' '因' '於' '諸' '與' '自' '由' '從' '所' '而' 등 문장에서 자주 사용하는 대상을 중심으로 알아보기로 한다.

<囊中之錐>

秦之圍邯鄲 趙使平原君求救合從於楚 約與食客門下有勇力文武備具者二十人偕 平原君曰 使文能取勝則善矣① 文不能取勝則歃血於華屋之下 必得定 從而還 士不外索 取於食客門下足矣② 得十九人 餘無可取者 無以滿二十人 門下有毛遂者 前自贊平原君曰 遂聞君將合從於楚 約與食客門下二十人偕 不外索 今少一人 願君卽以遂備具而行矣③(毛遂自薦) 平原君曰 先生處勝之門下幾年於此矣④ 毛遂曰 三年于此矣⑤ 平原君曰 夫賢士之處世也⑥ 譬若錐之處囊中 其末立見 今先生處勝之門下 三年于此矣⑦ 左右未有所稱誦 勝未有所聞 是先生無所有也⑧ 先生不能先生留 毛遂曰 臣乃今日請處囊中耳⑨ 使遂蚤得處囊中乃穎脫而出 非特其末見而已⑩.『史記, 平原君傳』

【어구풀이】

使遂蚤得處囊中 乃穎脫而出 非特其末見而已. 만약에 제가 일찍이 주머니 속에 처했더라면, 송곳 끝이 툭 튀어 나왔을 것이요, 그 끝만 보일뿐만이 아니었을 겁니다. '使'는 가정구문을 이끌고 있다. '가사' '만약에' ~한다면,

非特 : ~할 뿐만이 아니다(숙어). = 非但, 非惟, 非獨, 非僅, 非徒 등. = not only.

而已 : 어미조사, ~할 따름이다(뿐이다).

【허사연구】

① 矣 : 행위 동작에 대한 결과를 豫斷하는 데에 쓰였다.

② 矣 : 행위 동작에 대한 결과를 豫斷하는 데에 쓰였다.

③ 矣 : 미래의 결과에 대한 기대에 쓰였다.

④ 矣 : 현재까지 행위의 결과에 쓰였다.

⑤ 矣 : 현재까지 행위의 결과에 쓰였다.

⑥ 也 : 말을 정돈하는 조사로 쓴다. 대개 구문 끝에 붙이면 그 구문이 명사구가 된다.
夫賢士之處世也: 무릇 어진 선비가 세상에 처하는 것은(처신함이),
'也'를 구문 끝에 붙여 명사구로 만들고 뒤 문장의 주어로 썼다.

⑦ 矣 : 현재까지 행적의 결과에 쓰였다.

⑧ 也 : 확고함을 나타내는 斷定詞로 쓰였다.

⑨ 耳 : 문장 끝에 사용하여, '~耳'. '~할 뿐이다'. '~할 따름이다'.

⑩ 而已 : 문미에 오면 '~할 뿐이다'. '~따름이다'. '~하고 만다'. 로 쓰인다.

<囊中之錐: 주머니속의 송곳>

진나라가 조나라 수도 한단을 포위하자, 조나라가 평원군을 시켜 초나라에 구원을 요청하고 합종을 하도록 하니, 평원군이 식객문하에 용기와 힘이 있는 문무를 구비한 자 20명과 함께 가기를 약속하였다. 평원군이 말하기를 "문(文:武力없이)으로 해낼 수 있으면 좋겠지만 문으로 해낼 수 없으면 궁

궐 아래에서 합종을 맹약하며 피를 마시고 반드시 확정을 하고 돌아올 것입니다. 초나라에 갈 선비는 밖에서 찾지 않고 식객문하 사람들 중에서 뽑으면 만족합니다."라고 하였다. 19명을 골라 뽑고 나머지 한 명은 뽑을 만한 자가 없어서 20명이 안 채워졌는데 이때 문하에 모수라고 한 자가 앞으로 나와 평원군에게 자신을 자랑하며 말하기를 "저는 평원군께서 장차 초나라와 합종을 하려고 식객문하의 20명과 함께 가기로 약속하면서 외부에서 사람을 찾지 않기로 했다고 들었습니다. 지금 한 사람이 부족한데 군께서는 바로 저를 채워서 함께 가주시기 바랍니다."라고 자신을 추천하니, 평원군이 말하기를 "선생은 나의 문하에 있는지가 지금까지 몇 년이나 되었소."하고 물으니, 모수가 말하기를 "지금까지 3년이 되었습니다."하니, 평원군이 말하기를 "무릇 어진 선비가 세상에 처신함은 마치 송곳이 주머니속에 처함과 같아서 그 끝이 들어난 것인데 지금 선생은 나의 문하에 처한 지가 지금까지 3년이 되었는데도 옆 사람들이 아직 것 칭송한 바가 없고 나도 들은 바가 없으니 이는 선생이 지니고 있는 바가 없기 때문이오. 선생은 갈 수 없으니 선생은 머물러 있으시오."라고 하니, 모수가 말하기를 "저는 오늘에 이르러서야 주머니 속에 처하기를 바랄 따름입니다. 만약에 제가 일찍이 주머니 속에 처했더라면 송곳 끝이 툭 튀어 나왔을 것이요, 그 끝만 보일 뿐만이 아니었을 겁니다."라고 하였다.

<鷄鳴狗盜>

昭王卽以孟嘗君爲秦相 人或說秦昭王曰 孟嘗君賢而又齊族也① 今相秦 必先齊而後秦 秦其危矣② 於是秦昭王乃止囚孟嘗君 謀欲殺之 孟嘗君使人抵昭王幸姬求解 幸姬曰 妾願得君狐白裘 此時孟嘗君有一狐白裘 値千金 天下無雙 入秦獻之昭王 更無他裘 孟嘗君患之 徧問客 莫能對 最下坐有能爲狗盜者曰 臣能得狐白裘 乃夜爲狗 以入秦宮藏中 取所獻狐白裘至 以獻秦王幸姬 幸姬爲言昭王 昭王釋孟嘗君 孟嘗君得出 卽馳去 更封傳變名姓 以出關 夜半至函谷關 秦昭王後悔出孟嘗君 求之 已去 卽使人馳傳逐之 孟嘗君至關 關法鷄鳴而出客 孟嘗君恐追至 客之居下坐者有能爲鷄鳴 而鷄盡鳴 遂發傳出 出如食頃 秦追果至關 已後孟嘗君出 乃還. <史記, 孟嘗君傳>

【어구풀이】

① 孟嘗君賢而又齊族也 : 맹상군은 어질기는 하지만 또한 제나라 족속입니다.

② 今相秦 必先齊而後秦 秦其危矣 : 지금 (맹상군이) 진나라에서 재상을 하면 반드시 제나라를 먼저 위하고 진나라를 뒤로 할 것이니 진나라는 그러면 위험하게 될 것입니다.

【문법연구】

⊙ 語氣詞 '也'와 '矣'의 차이점은 아래와 같다.

1. '也'는 명사 어미에 주로 붙인다. 그래서 동사 형용사일지라도 여기에 '也'를 붙이면 명사구가 된다. 그러므로 문장의 주어가 될 수 있

다. 生也有涯, 知也无涯(사는 것은 끝이 있고, 아는 것은 끝이 없다). '也'는 정체된 사물(명사)의 실상이나 본성을 밝히는 간명한(수식이 필요 없는) 구문에 쓴다: 春香,南原人也. 信者,言之有實也. 또한 字 句를 名詞化하는 성격이 있어서 '也'가 끝에 붙은 구절은 명사술어문이 많다: 政, 正也. 敬者 禮之所以立也. 명사에 대한 풀이는 대개 斷定하는 표현을 하게 된다. 그래서 '也'를 단정사라고 한다.(주의; '也'를 사용하면 반드시 명사어구가 되는 것은 아님).

2. '矣'는 형용사 동사 어미에 붙인다. 그래서 어느 字 뒤에나 句文의 끝에 '矣'를 붙이면 형용사 동사 술어가 된다. 그렇게 풀이를 하라는 글자이다. 어떤 행위동작의 결과를 나타내거나 예단(豫斷)할 때 잘 쓴다.

嗟乎! 師道之不傳也 久矣, 欲人之無惑也 難矣.<師說>

아아! 스승삼는 방도가 전해지지 않음이 오래되었으니, 사람들의 의혹이 없기를 바라는 것은 어려운 일이다.

※ '也'를 붙인 字句는 명사어가 됨으로 문장의 주어가 되지만 '矣'를 붙인 자구는 서술어이므로 주어가 될 수 없다.

溫故而知新 可以爲師矣. 옛 것을 온습하고 여기에다 새것을 더 배워 알면 남을 가르치는 스승이 될 수 있다. 행위 동작에 대한 예단이고, 또 溫故知新만 하면 모두가 師가 되는 것은 아니다.

3. '也'는 그 내용이 100% 사실이라고 확신 할 때에 쓰고, '矣는 100% 확신할 수 없는 경우에 쓴다.

4. '也'를 행위 동작을 나타내는 데 쓰면 그 말을 100% 확신한다는 의미이다.

예) 汝不從我敎 則固不得爲我女也. <溫達傳>. 네가 나의 말을 따르지 않는다면 정말 나의 딸이 될 수 없다.

5. '也'는 인생철학이나 불변의 진리에 사용하고, '矣'는 여기에 사용하지 않는다.

6. '也'는 항구적인 불변의 진리에 쓰이므로 '也'를 사용한 문장은 시제가 없고, '矣'를 사용한 문장은 과거 현재 미래를 나타내는 시제가 있다. 시제가 있다는 말은 행위동작을 나타내는 데 주로 사용한다는 말이다. '矣'는 과거의 어떤 행위에 대한 실상을 나타낼 때 쓰기도 하고, 특히 어떤 행동의 미래에 대한 결과를 예단할 때 잘 사용한다. 대개 '若 행위 則 矣' 는 숙어처럼 잘 쓴다.

7. 이상의 차이가 있지만 혹간 '也'와 '矣'를 교체해도 가능할 경우도 있다. 각자 쓰임의 융통성이 있기 때문이다.

<鷄鳴狗盜: 닭과 같은 울음소리와 개와 같은 도둑질>
소왕이 바로 맹상군을 진나라의 재상으로 삼으려고 하자, 사람들 중에 어떤 사람이 진나라 소왕을 달래며 말하기를 "맹상군은 어질기는 하지만 또한 제나라 족속입니다. 지금 진나라에서 재상을 하게 되면 반드시 제나라를 먼저 위하고 진나라를 뒤로 할 것이니, 진나라는 그러면 위험하게 될 것입니다."라고 하니, 이 말을 듣고 진나라 소왕은 마침내 중지하고, (오히려) 맹상군을 감옥에 가두고 죽이려고 모의하였다. 이에 맹상군은 아래 사람에게 소왕의 幸姬(사랑하는 여자)를 찾아가서 자기를 풀어주도록 왕에게 요구하게 하라고 시켰다. 그러자 소왕의 幸姬는 말해주는 대가로 "저는 맹상군의 호백구를 갖기를 원합니다."라고 하였다. 이때에 맹상군은 하나의 호백구가 있었는데 그 값은 천냥이나 되며 천하에 둘도 없는 유일한 것인데, 진나라에 들어올 때에 그것을 소왕에게 바치고 더 이상 다른 것이 없었다. 그

래서 맹상군은 걱정이 되어 객들에게 두루 물어보았는데 아무도 대답을 한 사람이 없더니, 가장 아래에 앉은 사람 중에 개처럼 도둑질을 할 수 있는 자가 나와서 "제가 호백구를 가져올 수 있습니다."하고 말했다. 마침내 밤중에 개같은 행동을 취하고 진나라 궁궐의 창고 안에 들어가서 진왕에게 바쳤던 호백구를 가지고 와서 진왕의 사랑하는 아내에게 주니, 진왕의 아내가 위하여 소왕에게 말을 하자, 소왕이 맹상군을 풀어주었다. 맹상군은 풀려 나오자마자 바로 달려서 도망갔다. 봉전[7]을 고치고 이름을 바꾸어 관문을 빠져나가려고 밤중에 함곡관에 이르렀다. 진나라 소왕은 맹상군을 풀어준 것을 후회하고 찾았으나 이미 도망간 것을 알고, 바로 즉시 사람을 시켜 말을 타고 달려 쫓아가 붙잡게 하였다. 맹상군이 관문에 이르자 관법에 새벽닭이 울어야 객을 내보게 되어있었다. 맹상군이 쫓아오는 사람이 올까봐 두려워하고 있는데 객들 중에 끝에 앉아 있는 자가 닭울음소리를 잘 낼 수 있어서 닭울음소리를 내니 (주변 마을의) 다른 닭들이 모두 따라 울었다. 마침내 통행증(封傳)을 보여주고 관문을 나가는데, 빠져 나가는 것이 마치 밥 한 그릇 비우는 듯 빨랐다. 진나라의 추적자들이 드디어 관문에 이르렀지만 이미 맹상군이 탈출한 뒤라서 마침내 되돌아갔다.

※ 鷄鳴狗盜: 微賤한 技藝를 가진 사람을 비유하는 말.

7) 封傳(봉전) : 그 당시에 관문을 통과하는 데 필요한 통행증. 오늘날 여권 같은 증.

<螢雪之功>

晉車胤 字武子. 幼恭勤博覽 家貧不常得油. 夏月以練囊盛數十螢 照書讀之 以夜繼日, 後官至尙書郞.
晉孫康 少淸介 交遊不雜, 家貧無油 嘗映雪讀書, 後官至御史大夫.
今人 以書窓爲螢窓, 以書案爲雪案, 而稱勉學爲螢雪之功者 由此故事也. <晉書>

【어구풀이】

⊙ 字武子 : 字는 武子이다. 사람이 태어나면 名(이름)을 지어 부르고, 성년(20세)이 되면 字를 지어 부르게 된다. 어린 시절의 이름은 어렸던 만큼 함부로 불렀기에, 성년이 된 뒤에도 그런 의미의 이름을 부르면 안 된다고 여기어 존중하는 뜻으로 字를 지어 부르게 된 것이다.

⊙ 家貧不常得油 : '不常得油'는 부분부정이다. 기름을 언제나(항상)얻을 수는 없었다(가끔 얻었다). 완전부정으로 하려면 '常不得油' : '언제나 기름을 얻지 못하다(얻을 때가 없다).' 이다.

참고 : 不常得油 : 得油를 不常하다. 不常 : 항상하는 것은 아니다.
常不得油 : 不得油를 常(항상)하다. 항시 기름을 얻지 못하다.

⊙ 夏月以練囊盛數十螢 : 여름철에 가는 실주머니로 수십 마리의 반딧불을 담다.

⊙ 今人 以書窓爲螢窓 : 지금 사람들이 서창을 형창이라고 한다.

<螢雪之功: 반딧불과 하얀 눈빛에 의한 성공>

진나라 차윤은 자가 무자이다. 어려서 공손하고 부지런하게 많은 것을 넓게 배웠는데 집안이 가난하여 기름을 항상 얻을 수는 없었다. 여름철에는 가는 실주머니로 수십 마리의 반딧불을 담아 책을 비추고 읽으며 밤으로 날을 이

어가며 공부를 하더니 후에 벼슬이 상서랑까지 이르렀다.

진나라 손강은 젊어서 청렴하고 절개가 있어서 사람과의 교류를 아무하고나 하지 않았다. 집안이 가난하여 기름이 없어서 일찍이 하얀 눈빛에 비추고 책을 읽었는데, 후에 벼슬이 어사대부에 이르렀다.

지금 사람들이 '서창(書窓)'을 '형창(螢窓)'이라 하고 '서안(書案)'을 '설안(雪案)'이라고 하며, '면학(勉學)'을 일컬어 '형설(螢雪)의 공(功)'이라고 한 것은 이들 고사에서 나온 것이다.

【문법연구】

한문에서 '以'자의 용법을 이해하는 것은 매우 중요하다. 아래와 같은 3가지 유형의 기본 용법이 있다.

(가) 以A爲B : 以德爲政. 以乳哺我. (어머니가 나에게 젖을 먹여주다).

(나) 爲B以A : 爲政以德. 哺我以乳.

(다) A以爲B : 德以爲政. 乳以哺我.

'A'는 '以'의 목적어이고, '爲'는 동사이며, 'B'는 동사의 목적어이다.

'以'는 목적어(賓語)를 취하여 구문중의 동사와 연계하여 하나의 문장을 이루어주는 기능을 가지고 있다. 영어의 전치사와 똑같은 역할을 하는데 대개 'with' 'by'의 용법으로 많이 쓰이며, 한자 중에서는 '用'자의 쓰임과 일치한 면이 많지만 근본적으로 차이가 있다.

(가) 以A爲B

⊙ 以練囊盛數十螢 : '以'의 목적어는 '練囊'이고, '盛'은 동사, '數十螢'은

'盛'의 목적어이다.

練囊으로(연낭을 사용하여) 數十螢을 盛하다 : 망사주머니로 수십 마리의 반딧불을 담다(盛).

⊙ **以夜繼日** : '以'의 목적어는 '夜'이고, '繼'는 동사이며 '繼'의 목적어는 '日'이다. 밤으로 날을 이어가다.

⊙ **以書窓爲螢窓,** : '以'의 목적어는 '書窓'이고 '爲'는 동사이며 '螢窓'은 '爲'의 목적어이다. 서창을 형창이라고 하다.

⊙ **以書案爲雪案** : '以'의 목적어는 '書案'이고 '爲'는 동사, '雪案'은 '爲'의 목적어이다. 서안을 설안이라고 하다(서안으로 설안을 삼다). '以'는 목적어를 취하기 때문에 '을', '를'로 처리하여 해석하면 맞을 때가 많다.

이상은 '以A爲B'의 형식으로 나타낸 문장이다. A와 B가 무엇인가에 따라 그리고 동사가 무엇인가에 따라 상호 부합된 해석을 하면 된다.

以口唱歌 : 입으로 노래를 부르다.

以熱治熱 : 열로 열을 다스리다.

以萬年爲須臾 : 만년을 잠깐으로 여기다.

(나) '爲B以A'

⊙ '爲B以A'의 용법은 (가)의 용법을 도치한 형이다. 같은 내용을 나타내는 데 '爲B'를 강조하려고 앞으로 도치한 것이다. 爲B以A(=以A爲B)

⊙ 定公 問 君使臣 臣事君 如之何 孔子對曰 君使臣以禮 臣事君以忠. 《論語》 <八佾>

정공이 묻기를 "임금이 신하를 부리고 신하가 임금섬기기를 어떻게 해야 됩니까?" 공자가 대답하여 말하기를 "임금은 신하부리기를 예의로 하고, 신하는 임금섬기기를 충성으로 해야 합니다."

⊙ 使臣以禮 事君以忠 : 신하 부리기를 예로써 하고(예의로 신하를 부리고), 임금 섬기기를 충으로 한다. 이것을 다시 바꾸면: 以禮使臣 以忠事君이다. 導民以德 = 以德導民. 導民以禮 = 以禮導民.

(가) 以A爲B, (나) 爲B以A 의 형식에서 '以A'의 'A'는 '以'전치사의 직접 목적어로 명사 또는 명사구이다.[8]

(다) A以爲B

'以'의 용법 중에 'A以爲B'는 앞의 두 방법과 기본 원리는 같은데 표현상 다른 점이 있다. '以'의 목적어(A)가 앞으로 나가있는 형태이다.

① '以'의 목적어가 명사(명사구)일지라도 '以' 앞에 위치한 것이다.

⊙ 樂以忘憂.《論語》<述而>. = 以樂忘憂. 즐거움으로 근심을 잊는다.

⊙ 狐貉之厚 以居.《論語》<鄕黨>. = 以狐貉之厚居. 여우 담비의 두터운 옷으로 생활(居)하다.

위의 예문은 以의 목적어가 명사어로서 바로 앞에 위치하는 유형이다.

---

8) '以讀書解憂' : 독서로 근심을 풀다(='讀書以解憂' : 글을 읽어써 근심을 풀다). '以修身爲本' : 수신을 본으로 삼다. 여기에서 '以'의 목적어 '讀書' '修身'은 '동사+목적어'로 하나의 문장형식을 취하고 있지만 '讀書' '修身'을 일상적인 명사어로 간주하고 바로 '以'의 목적어로 취한 것이다.

② A//以爲B

동사가 있는 긴 문장을 '以'의 목적어로 취할 때는 반드시 앞에다 먼저 나타낸다. 앞 문장의 내용이(또는 핵심어가) 뒤에 위치한 '以'의 목적어가 되는 것이다.

'A//以爲B' : 'A' = 문장.

⊙ 民者 出粟米麻絲 作器皿通貨財 以事其上者也. 韓愈 <原道>

백성은 곡식(粟米)과 옷감(麻絲)을 생산해 내고 그릇을 만들고 돈과 재물을 유통하여 그 윗사람을 섬기는 자이다.

'以'의 목적어는 앞에 서술된 문장 '出粟米麻絲 作器皿通貨財'이다. 즉 '곡식과 옷감을 생산해 내고 그릇을 만들고 돈과 재물을 유통하는 행위와 그 결과물'이 '以'의 목적이이다. 그러한 행위로: 그러한 수단 방법으로, 事其上(그 윗사람을 섬기다) 한다는 말이다.

문장의 목적어를 직접 붙여서 '以出粟米麻絲 作器皿通貨財事其上者也'와 같이 표현하지 않는다. 이유는 분별하기 어렵고 다른 내용으로 볼 수도 있기 때문이다. 동사가 한 두 개 이상 있는 긴 문장을 '以'의 목적어로 취할 때는 반드시 앞에 먼저 나타낸다.

⊙ 子曰 溫故而知新 可以爲師矣.《論語》<爲政>.

옛 것을 온습하고 여기에 새로운 것을 알면 남을 가르치는 스승이 될 수 있다. 여기에서 '以'의 목적어는 '溫故而知新'이다. '溫故而知新' 함으로 '써' 師가 될 수 있다는 말이다.

이상과 같이 동사를 가진 문장을 '以'의 목적어로 삼을 경우에는 먼저 앞에 나타내고 뒤에서 '以'의 목적어를 생략하고 '以' 바로 뒤에 동사를 사용한다(以事, 以爲). 즉 '以'의 목적어는 앞쪽에 위치한 것이다. 대개 행위동작을 목적어로 취하기 때문에 이때 '以'는 수단 방법을 나타내는 경우가 많다.

앞의 문장 중의 어느 핵심어(명사어)가 '以'의 목적어가 되기도 한다.

⊙ 孟子見梁惠王 王曰 叟不遠千里而來 亦將有以利吾國乎. ≪孟子≫ <梁惠王>
맹자가 양혜왕을 만나 뵈니 왕이 말하기를 "어르신이 천리를 멀게 여기지 않고 오셨으니 또한 장차 우리나라를 이롭게 할 수 있을까요?" 叟 : 늙은이, 어르신. 여기서는 맹자를 지칭.

'亦將有以利吾國乎'에서 '以'의 목적어는 앞에 있는 '叟(맹자)'이다. 즉 '亦將有以叟利吾國乎(以叟利吾國)'이다. '以'의 목적어(叟)가 분리되어 멀리 위치하고 있다. '以'의 목적어(叟)를 직접 붙여 놓고 본다면, '以叟'는 '어르신(맹자)을 이용하여', '어르신을 모시고', '어르신 덕으로', '어르신으로' 풀이할 수 있으니, '장차 어르신 덕으로 우리나라를 이롭게 하는 일이 있을까요?' 의 물음이 된다.

※ 所以

'所以' 의 '以'와 '所'의 역할.

대개 '所以'는 '이유' '원인' '까닭'을 나타내는 합성어(숙어)로 알고 있다. 이렇게 보면 대략은 통하는데 '所'와 '以'의 역할이 각자 다른 것임을 알아야 한다.

上嘗從容與信言諸將能不 各有差. 上問曰 如我能將幾何 信曰 陛下不過將十萬 上曰 於君何如 曰臣多多益善耳 上笑曰 多多益善 何爲爲我擒 信曰 陛下不能將兵 而善將將 此乃信之所以爲陛下擒也 且陛下所謂天授 非人力也.

앞의 '代名詞'편 <多多益善> 해석 참고.

⊙ 信曰 陛下不能將兵 而善將將 此乃信之所以爲陛下擒也. 한신이 말하기를 "폐하는 병졸은 잘 거느리지 못하지만 장수는 잘 거느립니다. 이것이 마침내 제가(信) 그것 때문에(그럼으로써) 폐하의 포로가 되었던 것(바)입니다."

여기에서 '所以'를 분석하면, '以'의 목적어는 앞에 언급한 '陛下不能將兵 而善將將(폐하는 병졸들은 못 거느리지만 장수는 잘 거느린다)'이고, '所'는 바로 뒤 '以爲陛下擒'의 구문을 명사형으로 만들어 주는 역할을 하고 있다. '以'의 목적어 '陛下不能將兵 而善將將'를 'A'로 대체하여 표현해보면, '以A爲陛下擒也'이고, 다시 '陛下擒'을 'B'로 대체하여 나타내면, '以A爲B也' 이다. '以A爲B' : 'A 때문에 B가 되다(A로 B가 되다)'의 내용을 '所'가 명사 명사구문으로 만들어 주는 작용을 하여 'A 때문에 B가 된 것(바:所)'이 된다. 여기에 어기사 '也'를 끝에 붙여 '~이다'라고 단정하였다. '以'는 먼저 그 역할을 하여 문장을 이루고 '所'는 바로 뒤 '以'이하의 문을 마지막에 명사 명사구문(바, 것)으로 만드는 역할을 한다. 그런 뒤에 여기에 어기사 也를 붙인 것이다. 대개 '所以'가 사용된 구문 끝에 어기사 '也'를 붙인다. '以'가 먼저 그 작용을 하여 문을 이루고 이 문 전체를 '所'가 명사형으로 만들고, 끝에 '也'가 마무리를 짓는 것이다. '也'는 명사 뒤에 어미조사로 쓴다. '所以'의 구문은 '以+동사'의 구문 앞에 '所'를 붙여 명사구문으로 나타내려고 사용한 것인데 '所以'를 하나의 숙어처럼 보는 경향이 있다. 대부분 '이유' '원인' '까닭'을 나타내는 뜻이어서 그렇게 보면 통할 때가 많다.

'以'는 (가) 以A爲B (나) 爲B以A (다) A以爲B 와 같이 세 가지의 개사용법으로 전용된다. 이밖에 '以'의 쓰임은 글자의 뜻을 이용하는 것들이다. 字典에서 '以'자를 찾아보면 매우 많은 뜻을 지니고 다양하게 쓰이고 있음을 살필 수 있다.

以 : 用也, 已也, 太也, 思也, 由也 등.

<畵龍點睛>

六朝代 梁 張僧繇 於金陵安樂寺 畵四龍於壁 不點睛 每曰點之則飛去 人以爲誕 因點其一 須臾雷電破壁 一龍乘雲上天 不點睛者見在. <水衡記>

【문법연구】

⊙ 人以爲誕 : 사람들이 그 말을 거짓말이라고 하였다. '以'의 목적어는 앞의 문장 '每曰點之則飛去'이다. 즉 "'눈동자를 찍으면(그리면) 용이 날라 가버린다'고 늘 하는 그 말"이다.

⊙ 因點其一 : 그로 인하여 그중 한 마리에다 눈동자(睛)를 點(점찍다, 그리다)하였다.

'因'은 앞의 거짓말이라고 주장하는 것으로 '因하여'이다. 앞의 내용을 이유의 목적어로 취한 것이다. '因'은 이처럼 앞의 것을 목적어로 취하기도 하고 직접 뒤에 목적어를 취하기도 한다.

因惰爲貧 : 게으름으로 인하여(때문에) 가난하게 되다.

<畵龍點睛: 용을 그리고 눈동자를 찍다>

육조시대에 양나라 장승요가 금능의 안락사에서 벽에다 네 마리 용을 그려놓고 눈동자를 그려 넣지 않고서 늘 말하기를 "눈동자를 그리면 날라 가버린다"고 하였다. 사람들이 "그건 거짓말이다"라고 주장하니 인하여 그중 한 마리에 눈동자를 그렸다. 순식간에 뇌성이 울리고 번개가 벽을 때려 부수더니 한 마리의 용이 구름을 타고 하늘로 올라갔다. 눈동자를 그리지 않은 용은 그대로 있었다. ※ 속뜻: 어떤 사물의 핵심을 첨가하여 활기를 띄게 하는 일. 일의 마무리.

<矛盾>

楚人 有鬻盾與矛者, 譽之 曰 "吾盾之堅 莫能陷也", 又譽其矛 曰 "吾矛之利 於物 無不陷也", 或 曰 "以子之矛 陷子之盾 何如", 其人 弗能應也. <韓非子>

【어구풀이】

⊙ 鬻(육): 팔다. ▶ 譽之(예지): 그것들을 자랑하다. ▶ 陷(함): 뚫다. 찌르다. ▶ 矛 : 창. ▶ 利 : 예리함, 날카로움. ▶ 無不陷 : 뚫지 못한 것이 없다. 다 뚫는다. ▶ 或 : 어떤 사람. ▶ 子 : 그대, 당신, 너. ▶ 弗 : 不也.

⊙ 何如 : 의문사는 기본적으로 문두에 놓인다. 그러나 '何如'는 여기에서처럼 文尾에 사용하여 앞의 말에 대한 응답을 요구하는 표현으로 잘 쓰인다.

【문법연구】

※ '之'의 용법. 虛詞(介詞)와 實詞의 用例를 모두 살펴보기로 한다.

⊙ 譽之 : '之'는 여기에서 '盾'과 '矛'를 지칭한 것이다. '之'는 여러 가지 용법이 있는데 여기에서와 같이 앞에 나온 대상을 대신하는 대명사로 쓰여 동사의 목적어(賓語)가 될 때가 많다. 한문에서 '之'는 이와 같은 용법으로 사용되는 경우가 매우 많다. 영어의 'it', 'them'과 같이 보면 된다. 영어는 단수(it) 복수(them)로 구별하지만 '之'는 구별 없이 사용한다.

※ 알아두면 좋은 것 : 어느 句文이나 구문 끝에 '之'가 있으면 이 '之'는 앞에 나온 무엇을 대신한 대명사이고 목적어이다. 다시 말하면 '之' 앞의 글자는 타동사이고 '之'는 목적격 대명사이다. 易地思之 : '之'는 '地'의 대명사이고, '思'는 '之'를 목적어로 하는 타동사. 한문 작품의 띄어쓰기한 구문마다 끝에 '之'가 있으면 모두 이와 같은 형식으로 보면 맞다. 물론 중간에도 동사의 목적어가 되는 경우가 많다. 有金玉 愛之重之 : 금옥이 있는데 그것을 아끼고 그것을 귀중하게 여기다.

⊙ 子之矛 : 그대의 창. 여기에서 '之'는 소유격 개사로 사용되었다. 대개 명사와 명사 사이에 사용되는 '之'는 소유관계를 나타낸다.

〔명사 之 명사〕 : 我之友 : 나의 벗. 王之臣 : 왕의 신하. 天下之民 : 천하의 백성.

⊙ "吾盾之堅" "吾矛之利" : "내 방패의 견고함" "내 창의 예리함(날카로

음)"으로 볼 수 있다. 그러나 여기에서는 '堅'과 '利'가 성질을 나타내는 형용사 술어로 풀이하는 것이 내용의 본의를 설명하는 데 좋을 것 같다.

⊙ '多數+之+小數' : 부분을 나타낸다. 十之三 : 열 중에 셋. 人之傑 : 사람들 중에 뛰어난 사람. 獸之大者 : 짐승들 중에 큰놈.

⊙ **平原君曰 夫賢士之處世也 譬若錐之處囊中** 평원군이 말하기를 "무릇 어진 선비가 세상에 처하는 것은 비유하자면 송곳이 주머니 속에 처한 것과 같다." 囊中之錐

이와 같이 '주어+之+동사+목적어' 의 구조에서 '之'는 마치 주격조사처럼 쓰인다. '之' 앞의 주어를 해석할 때 우리말로 '현사가' '송곳이'라고 하게 되는데 이런 구문에서는 주어 뒤에 우리말 주격조사 '가' '이'를 사용하면 알기 쉬운 표현이 된다.

父母之育子女 : 부모가 자녀를 기르다.
師之訓弟子 : 스승이 제자를 가르치다.

⊙ 之 : 관형격 조사 : 紅白之花 : 붉고 하얀 꽃. 飮酒之人 : 술을 마시는 사람. 往來之人 : 가고 오는 사람.

⊙ 之 : 가다(go). 蘇秦之楚三日 乃得見乎王 : 소진이가 초나라에 간지 삼일만에야 왕을 볼 수 있었다.

⊙ **句讀之不知, 惑之不解, 或師焉 或不焉. 韓愈** <師說> 글귀를 알지 못하고 의혹을 풀지 못하면 혹 스승으로 삼기도 하고 혹 삼지 않기도 한다.

孟武伯 問孝 子曰 父母 唯其疾之憂.《論語》<爲政>.
맹무백이 효도를 묻자 공자가 대답하기를 "부모는 오직 자식이 병나는 것을 걱정한다."

'句讀之不知', '惑之不解'. '其疾之憂'. 이와 같이 동사의 목적어를 앞으로 놓고 뒤의 동사와의 사이에 '之'를 쓰는 경우가 있다. 이들은 '不知句讀', '不解惑'. '憂其疾'을 도치하여 표현한 것이다. '동사+목적어' → '목적어+之+동사'

⊙ 之 : 指示詞(=其).

寒然後 爲之衣, 飢然後 爲之食. '之' = 人民. 韓愈 <原道>.
추운 뒤에 그들의 옷을 만들고, 배가 고픈 뒤에 그들의 음식을 만들다.

이상은 '之'의 흔히 쓰이는 용법만을 예시하였다.

<矛盾: 사리에 맞지 않은 말이나 행위>
초나라 사람중에 방패와 창을 파는 사람이 있었는데, 자랑을 하며 말하기를 "나의 방패는 견고하여 뚫을 수가 없다"고 하고, 또 그의 창을 자랑하며 말하기를 "나의 창은 날카로워서 어떤 사물이든 뚫지 못함이 없다"고 하였다. 이 말을 들은 어떤 사람이 말하기를 "그대의 창으로 그대의 방패를 찌르면 어떻게 될까요?"하고 물으니, 그 사람이 응답을 할 수가 없었다.

<兄弟投金>

高麗恭愍王時 有民兄弟偕行 弟得黃金二錠 以其一與兄 至孔岩津 同舟而濟 弟忽投金於水 兄怪而問之 答曰 "吾平日愛兄篤 今而分金 忽萌忌兄之心 此乃不祥之物也 不若投諸江而忘之", 兄曰 "汝言誠是" 亦投金於水.

<新增東國輿地勝覽>

【문법연구】

⊙ 弟忽投金於水 : 동생이 갑자기 금을 물에다 던져버렸다.

於 : into '於'는 한문에서 명사 앞에 붙이는 전치사로 사용한다. '於'와 함께 '于' '乎'도 같이 쓰는데 '於'가 '于' '乎'를 포함한 대표적인 전치사이다. '於'는 영어의 모든 전치사의 성격을 겸유하고 있다고 할 수 있다. 영어의 전치사는 'at', 'in', 'on', 'to', 'from', 'under', 'between', 'among' 등 장소와 위치에 따라 사용하는 전치사가 다양하게 있지만 한문은 그렇지 않고 대부분 '於'로 통용한다. 이 '於'는 우리말에서 장소를 나타낼 때 쓰는 접미사 '~에'와 같다고 볼 수 있다.

물에 : 於水.

산에 : 於山.

나에게 : 於我.

止於巖下 : 바위 밑에서 머물다.

⊙ 此乃不祥之物也 : 이것은 결국 좋지 않은 사물이다.

⊙ 不若投諸江而忘之 : 강물에다 그것을 던져버리고 잊어버리는 것만 같지 않습니다(강물에다 그것을 던져버리고 잊어버리는 것이 낫겠습니다).

⊙ 不若(不如) : 비교할 때 잘 사용하는 숙어이다. A 不如 B : A는 B만 같지 못하다. A보다는 B가 낫다. 百聞不如一見 : 백번 듣는 것보다 한 번

보는 것이 낫다. 간혹은 비교가 아닌 경우도 있음 : A 不如 B : A는 B와 같지 않다.

⊙ 不若投諸江而忘之 = 不若投之於江而忘之. 之=黃金

'諸'는 '之於'를 나타내는 兼詞이다. '諸'가 介詞로 쓰일 경우는 '諸'를 '之於'로 간주(대체)하고 보면 뜻을 알기가 쉽다. 이때는 讀音도 '之於(지어)' = '저'로 읽는다.

또한 '諸'는 '之乎'를 나타낸다. 구문 끝에 붙으면 의문문이 된다.

⊙ 齊宣王 問曰 文王之囿 方七十里 有諸? 孟子 對曰 於傳 有之. <梁惠王下> 제선왕이 묻기를 "문왕의 囿(휴식동산)는 그 규모가 七十里였다고 하는데 그런 사실이 있습니까?" 맹자가 대답하기를 "전해온 기록에 그런 말이 있습니다."

⊙ '有諸 = 有之乎 : 그런 것(일)이 있습니까?' 자주 쓰는 표현이다.

뒤에 오는 명사를 수식할 경우는 '여러' '모두'의 뜻이 된다.

諸事 : 모든 일.
諸君 : 여러분.

<兄弟投金: 형제간의 우애가 금보다 중요하다>

고려 공민왕 때였다. 백성중에 어느 형제가 함께 길을 가다가 동생이 황금 두 덩이를 주웠는데 그중 하나를 형에게 주었다. 공암진 나룻터에 이르러 배를 같이 타고 물을 건너가다가 동생이 갑자기 물에다 금을 던져버렸다. 형이 이상하게 여기며 그에게 물으니, 대답하기를 "나는 평일에 형님을 사랑함이 두터웠는데 지금 금덩이를 나누어 가지게 되면서 별안간 형님을 미워하는 마음이 솟아났습니다. 이것은 좋지 않은 물건이니 강물에다 던져버리고 잊어버리는 것이 낫겠습니다."라고 하니, 형도 "너의 말이 진실로 옳다"하고 역시 물에다 금을 던져버렸다.

<管鮑之交>

管仲曰 吾始困時 嘗與鮑叔賈 分財利 多自與 鮑叔 不以我爲貪 知我貧也. 吾嘗爲鮑叔謀事 而更窮困 鮑叔不以我爲愚 知時有利不利也. 吾嘗三仕 三見逐於君 鮑叔不以我爲不肖 知我不遇時也. 吾嘗三戰三走 鮑叔不以我爲怯 知我有老母也. 公子糾敗 召忽死之 吾幽囚受辱 鮑叔 不以我爲無恥 知我不羞小節 而恥功名 不顯於天下也, 生我者父母 知我者鮑叔. <史記, 管晏列傳>

【문법연구】

⊙ 嘗與鮑叔賈 : 여기의 '與'는 ' 와 함께'. 'and'의 뜻이다.

管仲與鮑叔賈 : 관중과 포숙이 장사하다. 관중이 포숙이와 장사하다.

⊙ 多自與 : '與'는 'give'. 자신에게 더 많이 부여했다. 자기가 더 많이 가졌다.

'自'는 동사의 목적어일지라도 항상 동사 앞에 위치하여 표현한다. 이와 같은 뜻으로 '己(자기)'와 '身(자신)'을 대체하여 나타낸다면 '多與己' '多與身' 으로 나타내야 되는데 '自'를 쓰면 '多自與'라고 하는 것이다. 責己 = 自責. '自'는 동사 앞에서 '스스로' 부사로 쓰일 경우도 많음.

⊙ '也'를 여러 군데서 사용하였다. 주장한 말이 모두 확고하고 분명함을 단정한 것이다.

⊙ 吾嘗三仕 三見逐於君 : 내가 일찍이 세 번 벼슬에 나가 세 번 임금에게 쫓겨났다.

수동태 문형 : '주어+동사+於+명사'. '見逐' : 축출을 당하다. '見': 당할 견. '三見逐於君' : 여기서는 이중 수동태의 형식을 취하고 있다.

⊙ 吾幽囚受辱 : 내가 어두운 감옥에 들어가 치욕을 받게 되었다. '受' 글자에 의한 수동태. 被殺, 當選, 見逐.

⊙ 生我者父母 知我者鮑叔. '者' : 사람 사물을 모두 지칭하는 不定稱代名詞. 유일하게 수식을 받는 대명사이다. 단어 어휘와 구문 끝에 '者'를 붙이면 명사 명사구 명사절이 된다. 來者. 善者. 禽獸者. 飮酒者. 欲修其身者.

<管鮑之交: 마음을 알아주는 교우>

관중이 말하기를 내가 처음 곤란했던 시절에 일찍이 포숙과 장사를 하여 재물의 이득을 나누면서 내가 갖는 것이 더 많았는데 포숙이 나를 탐욕쟁이로 여기지 않은 것은 나의 가난함을 알았기 때문이다. 내가 일찍이 포숙과 일을 도모할 적에 더 부족하고 곤궁했는데 포숙이 나를 어리석은 사람으로 여기지 않은 것은 때에 따라 유리하기도 하고 불리하기도 함이 있다는 것을 알았기 때문이다. 내가 일찍이 세 번 벼슬에 나가 세 번 인금에게 쫓겨났는데 포숙이 나를 어리석게 여기지 않는 것은 내가 때를 만나지 못했음을 알았기 때문이다. 내가 일찍이 세 번 전쟁에 나가 세 번 도망을 하였는데 포숙이 나를 비겁한 사람으로 여기지 않은 것은 나에게 모셔야할 늙은 어머니가 있다는 것을 알았기 때문이다. 공자 규가 패하자 그 밑에 신하 소홀은 규를 위해 목숨을 바쳐 죽었지만, 나는 살아서 감옥에 갇히어 창피함을 무릅쓰고 있었는데, 포숙이 나를 염치도 없는 놈으로 여기지 않은 것은 내가 작은 절개는 부끄럽게 여기지 않고 공명이 천하에 들어나지 않음을 부끄럽게 여긴다는 것을 알았기 때문이다. 나를 낳아준 자는 부모요, 나를 알아준 자는 포숙이다.

<梁上君子>

時歲荒民儉 有盜夜入其室 止於梁上 寔陰見 乃起自整拂 呼命子孫 正色訓之曰 夫人不可不自勉 不善之人未必本惡 習以性成 遂至於此 梁上君子是矣 盜大驚 自投於地 稽顙 歸罪 寔徐譬之曰 視君狀貌 不似惡人 宜深剋己反善 然此 當由貧困 令遺絹二匹 自是一縣無復盜竊.『後漢書』

【어구풀이】

⊙ 寔 = 是 : 주인을 지칭한 대명사.

⊙ 止於梁上 : 들보 위에 머무르다(그치다). 於 : 장소 전치사.

⊙ 夫人不可不自勉. 夫 : 무릇, 일반적으로, 대개. '可'는 때로 명령의 뜻을 나타낼 때가 있다. 여기에서도 그렇게 쓰였다. 父母之年 不可不知 : 부모의 나이는 알지 않으면 안 된다.

⊙ 遂至於此. 遂 : 마침내, 드디어.

【문법연구】

⊙ 然此當由貧困 : 그러나 이것은 마땅히 빈곤으로 말미암은 것이다.

⊙ 由貧困 : 빈곤으로부터 나왔다(come from poverty). 빈곤에서 유래했다. 빈곤 때문이다. 由 = from.

⊙ 自是一縣無復盜竊 이로부터(이 시점부터) 한 고을에는 다시는 도둑질(절도)하는 일이 없었다.

自是 : from the time.

自 : from.

自初至終 : 처음부터 끝까지(끝에 이르기까지).

⊙ 乃起自整拂 : 여기의 '自'는 부사로 쓰였다. 마침내 일어나 '스스로' 몸

가짐을 정돈하고 추스르다.

'自'와 '由' 외에 'from'의 뜻으로 쓰이는 詞는 '從'이다. 白雲從山谷出 : 흰 구름이 산골자기에서 나온다. '從'은 현대 중국어에서 잘 쓴다. 從北京到上海 : 북경에서 상해까지. 從現在起 : from now on.

<梁上君子: 들보위의 군자>

이때에 한 해의 흉년이 들어 백성들은 먹을 것을 제대로 못 먹었는데, 어떤 도둑놈이 밤에 그 집안으로 들어와 집안의 대들보 위에 이르렀다. 주인이 이를 몰래 알아차리고 잠자리에서 일어나 스스로 단정한 모습을 취하고 나서 큰 소리로 자손들을 불러 분부하면서 낯빛을 바르게 하고 훈계하며 말하기를 "무릇 사람은 스스로 부지런하지 않으면 안된다. 착하지 않은 사람이 꼭 근본적으로 악한 것은 아니니다(선함이 있다). 나쁜 습관이 성격처럼 되어서 마침내 여기에까지 오게 된 것이다. 저 대들보 위의 군자가 바로 그런 사람이다."라고 하니, 도둑이 크게 놀라 스스로 땅으로 내려와서 머리를 조아리고 죄를 자신에게 돌렸다. 이에 주인이 서서히 비유하며 말하기를 "그대의 생긴 모습을 보니 나쁜 사람 같지가 않으니 마땅히 깊이 자신의 사욕을 이기고 착한 사람으로 돌아가라. 그러나 이것은 마땅히 빈곤으로 말미암아 발생한 일이니 비단 두 필을 주도록 하겠다."라고 하였다. 이로부터 한 고을에는 다시는 도둑질하는 일이 없었다.

※ 梁上君子 : 집안에 들어온 도둑을 君子라고 美稱함.

<緣木求魚>

曰然則王之所欲 可知已 欲辟土地 朝秦楚 莅中國而撫四夷也 以若所爲 求若所欲 猶緣木而求魚也 王曰若是其甚與 曰殆有甚焉 緣木求魚 雖不得魚 無後災 以若所爲求若所欲 盡心力而爲之 後必有災. <孟子;梁惠王章句上篇>

【어구풀이】

⊙ 欲辟土地. 토지를 넓히려고 하다.

⊙ 朝秦楚 : 진나라 초나라를 조회 바치도록 하다(朝:동사). 朝 : 諸侯國이 天子의 나라(天子에게)에 선물이나 조공을 바치고 찾아가 뵙고 알현하는 일.

⊙ 可知已. 알 수 있을 뿐이다(따름이다). '~已.' : ~할 뿐이다. 어미조사.

⊙ 莅中國而撫四夷 : 중앙의 나라에 왕으로 임하여 사방의 오랑캐를 주무르다.

⊙ 緣木而求魚. 나무에 올라가서 물고기를 구하다. 해낼 수 없는 어리석음을 비유하는 말.

⊙ 若是其甚與 . 이와(그와) 같이 그렇게 심합니까? '其'는 형용사 '甚'을 수식하는 부사. '與'는 의문조사.

⊙ 王曰若是其甚與 曰殆有甚焉. 왕이 말하기를 "이와 같이 그렇게 심합니까?" (맹자가) 말하기를 "아마 그보다 더 심함이 있을 겁니다."

'與' : 文尾 의문조사. '歟'와 같이 쓰임.

'焉' : 문장 끝의 語氣詞. '焉'은 '於此' '於彼' '於是' '之'로 대체하여 보면 된다.

⊙ 以若所爲 求若所欲. 이와 같이 하는 바로 그와 같이 바라는 바를 요구하다.

若 = 如此, 如是.

⊙ 緣木求魚 雖不得魚 無後災. 나무에 올라가서 물고기를 잡는다면 비록 고기는 잡지 못할지라도 뒤의 재앙은 없습니다.

⊙ 雖 : '비록 ~일지라도', '비록 ~한다 해도'. 한문에서 양보절을 이끄는 대표적인 詞이다. 이와 같이 양보절을 이끄는 詞 : '縱', '使', '假使', '假令', '設使', '萬一', 등.

【문법연구】

◆ '所'의 用法

⊙ 王之所欲. 왕이 바라는 것.

⊙ 所 : 동사 앞에 붙여 명사구로 만드는 기능을 가지고 있다. 때문에 '所' 뒤의 글자는 먼저 동사로 풀이를 하여 명사구형으로 만들어야 한다. '所'는 영어의 선행사를 포함하는 관계대명사 'what'의 용법과 같은 성격을 가지고 있다.

▶ 王所欲 : 왕이 바라는 바(것). = What you(I,He) want. What to want. Something to want.

▶ 所見 : 보는 것(아는 것). = What you see.

▶ 所食 : 먹는 것. = What to eat.

일상에서 주로 명사(형용사 포함)로 사용하는 字일지라도 '所' 뒤의 자는 동사로 풀이를 해야 한다. 왜냐하면 '所'는 동사 앞에 붙이고, 뒤의 자를 동사로 간주하고 쓰기 때문이다. 所人 : 사람으로 여기는 것. 사람인 것. 所人人者 以其有五倫也. 사람을 사람으로 여긴 것은 그가 오륜을 지니고 있기 때문이다. '所' 바로 뒤의 '人'은 동사.

간혹은 부사어를 동사 앞에 붙이기도 한다. 所大欲 : 크게 바라는 것. '所'가 이끄는 명사구에 '者'를 잘 붙여 쓴다: 所謂士者. 선비라고 이른 바 자는, 선비라고 말한 것은.

'所'를 어휘 끝에 붙이면 '장소'를 나타낸다: 訓練所, 託兒所, 理髮所 등.

◆ '而'의 用法

曰然則王之所欲 可知已 欲辟土地 朝秦楚 莅中國而撫四夷也 以若所爲 求若所欲 猶緣木而求魚也. <孟子·梁惠王章句上篇>

⊙ 莅中國而撫四夷 : 중앙의 나라에 왕으로 임하여 사방의 오랑캐를 주무르다.

⊙ 緣木而求魚. 나무에 올라가서 물고기를 구하다.

⊙ '而'는 다만 앞뒤의 말을 이어주는 역할만 한다. 문장의 서술부호 중에 쉼표(,)의 작용과 같은 것으로 보면 편하다. 문장에서 쉼표 부호는 끝마침이 아니고 더 이어진다는 뜻이다. 한글이나 영어에서 쉼표를 보면 보기가 쉽듯이 '而'도 쉼표로 간주하고 보면 없는 것보다 훨씬 보기가 편하다.

莅中國撫四夷 = 莅中國而撫四夷 = 莅中國, 撫四夷.

영어의 'and' 쓸 곳에 '而'를 쓸 수 있고, 'but' 쓸 곳에 '而'를 쓸 수 있다. 그렇다고 '而'가 'and'와 'but'의 뜻을 가지고 있는 것은 아니다. 앞뒤의 내용이 상호 순응하기도 하고 반대로 대치하기도 할 뿐이지 '而'가 그 뜻을 가지고 문장의 내용을 그렇게 만드는 것은 아니다. 영어는 앞뒤 말의 내용이 순응이면 'and' 반대면 'but'을 쓰는 구별이 있지만 한문에서는 '而'하나로 연결을 한다. 이들은 앞뒤의 말을 이어주는 연결사일 뿐이다. 아래에서 더 살펴보자.

<風樹之嘆>

喩親亡不得侍養也. 樹欲靜而風不止, 子欲養而親不待.
<韓詩外傳, 九>.

'風樹之嘆'은 부모님이 돌아가시면 모실 수 없음을 깨우쳐주는 말이다(효행을 타나내는 말). 나무는 가만히 있고 싶지만 바람이 그치지 않고, 자식은 봉양하고 싶지만 부모는 기다려주지 않는다.

⊙ 樹欲靜而風不止, 子欲養而親不待.

위의 예문을 보면 '而'의 전과 후의 말이 긍정과 부정의 내용으로 상대적이다. 흔히 이럴 때 '而'의 쓰임을 두고 역접관계라고 말한다. 내용이 역으로 접속한다는 말이다. 사실 '而'가 내용을 그렇게 만드는 것이 아니고 내용이 상호 연관성이 있는 그런 관계인데 '而'가 그들을 이어주고 있을 뿐이다. 설령 '而'를 빼버리고 본다고 해도 뜻은 같다. 그러나 '而'를 사용함으로써 글자의 정렬을 가지런히 맞추고, 양자의 구별을 쉽게 하여 그 뜻을 분명하게 알도록 만든다.

⊙ 樹欲靜, 風不止. = 樹欲靜而風不止.
貧無諂 富無驕. = 貧而無諂 富而無驕.

⊙ 人而不如鳥乎. 사람이(사람으로, 사람이면서) 새만 같지 못하는가?
이와 같이 '而'앞에 '명사(보통 一字)'가 오면 이를 '신분', '자격', '성격'을 나타내는 것으로 보면 된다.

⊙ '而'는 접속기능 외에 글자의 뜻으로 '너' '당신' '그대' 와 같은 二人稱代名詞로 쓸 때가 있다. 문장의 내용을 보고 구별을 잘해야 한다.

▶老人云我而所嫁婦人之父也. <結草報恩>

노인이 이르기를 "나는 네(而)가 출가(재가)시켜준 부인의 아버지이다."

▶旦暮 吏來而曰 : 官命促爾耕 勗爾植 督爾穫. 蚤繰而緒 蚤織而縷 字而幼孩 遂而鷄豚. 柳宗元 <古文眞寶,種樹郭橐駝傳>

아침저녁으로 관리가 와서 말하기를 "기관의 명으로 너(爾)의 밭갈이를 재촉하고, 너의 심는 것을 힘쓰게 하고, 너의 수확을 살핀다. 어서 너(而)의 실을 뽑아내고, 빨리 너(而)의 실을 짜고, 너(而)의 어린아이를 기르고(字), 너(而)의 닭과 돼지를 길러내라(遂)!" 而 = 너, 그대, 당신. 字 : 양육하다. 번식시키다. 사랑하다.

七. 連詞(接續詞)

<老馬之智>

管仲 隰朋 從於桓公 而伐孤竹 春往冬反 迷惑失道. 管仲曰 "老馬之智 可用也", 乃放老馬而隨之 遂得道. 行山中無水, 隰朋曰 "蟻冬居山之陽 夏居山之陰, 蟻壤一寸而仞有水", 乃掘地 遂得水. 以管仲之聖與隰朋之智 至其所不知 不難師於老馬與蟻, 今人不知以其愚心而師聖人之智 不亦過乎. <韓非子>

【어구풀이】

⊙ 桓公 : 齊나라 王. 春秋時代에 諸侯들의 覇權을 장악한 盟主 다섯 사람 중의 한 사람.

春秋五覇 : 齊桓公, 晉文公, 秦穆公, 宋襄公, 楚莊王.

⊙ "老馬之智 可用也"는 "可用老馬之智也"의 도치이다.

⊙ 蟻壤一寸而仞有水 : 개미집의 흙무더기가 일촌이면 아래로 깊숙한 곳에 물이 있다. 仞(인) : 8尺인, 길이, 깊을 인, 높을 인.

⊙ 不難師於老馬與蟻 : 노마와 개미에게 스승삼기를 어렵게 여기지 않다.

⊙ 不知以其愚心而師聖人之智 : 그의 어리석은 마음으로 성인의 지혜를 스승 삼을 줄 모른다.

※ 문장을 연결해주는 중간 접속사는 대략 '與' '及' '暨' '若' '而' '則' '遂' '乃' '亦' '且' '又' '兼' '故' '然' '是故' '是以' '然而' '而亦' '而且' 등의 단어가 잘 사용된다.

이들 중에 '與' '及' '曁' '若'은 명사와 명사를 연결하는 데 잘 쓰이고, 나머지는 대부분 문장과 문장을 이어주는 접속사로 사용한다. 접속사에는 虛詞에 해당한 자들이 많다: '與' '及' '曁' '若' '而' '則' '乃' 등.

'管仲之聖與隰朋之智' : 관중의 성스러움과 습붕의 지혜. '명사 與 명사'

不難師於'老馬與蟻' : 노마와 개미. '명사 與 명사'

'予及汝'偕亡 : 나는 너와 함께 망하겠다. '명사 及 명사'

王出獵, 羣臣及五部兵士皆從 : 왕이 사냥하러 나가니, 많은 신하 및 오부병사들이 모두 따라갔다.

'子曁孫(子若孫)' : 자식과 손자. '명사 曁(若) 명사'. 與, 及, 曁, 若 : and.

管仲 隰朋 從於桓公 而伐孤竹 春往冬反 迷惑失道. ※ '而'용법은 虛詞篇 참고.
乃放老馬而隨之 遂得道. 蟻壤一寸而仞有水", 乃掘地 遂得水.
以管仲之聖與隰朋之智 至其所不知 不難師於老馬與蟻,
今人不知以其愚心而師聖人之智 不亦過乎.

<老馬之智: 쓸모없는 사람도 때로는 유용하게 쓰일 때가 있다>
관중과 습붕이 환공을 따라 고죽의 나라를 치러 갔다. 봄에 갔다가 겨울에 돌아오는데 미궁에 빠져 헤매다가 길을 잃었다. 이때에 관중이 말하기를 "늙은 말의 지혜를 이용해야 한다"하고, 마침내 늙은 말을 풀어놓고 따라가다가 드디어 길을 찾았다.
산속을 가는데 물이 없었다. 습붕이 말하기를 "개미는 겨울에는 산의 양지쪽에 살고 여름에는 산의 음지쪽에 산다. 개미집의 흙무더기가 일촌 정도 되면 아래 깊숙한 곳에 물이 있다"고 하고 땅을 파서 마침내 물을 얻었다.
관중의 성스러움과 습붕의 지혜로움으로도 알지 못한데 이르러서는 늙은 말과 개미에게 스승삼기를 어려워하지 않는데, 지금의 사람들은 어리석은 마음 때문에 성인의 지혜를 스승 삼을 줄을 모르니 또한 잘못이 아닌가?

※ 주로 문장을 이어주는 접속사는 '而' '則' '遂' '乃' '亦' '且' '及' '又' '兼' '故' '然' '是故' '是以' '然而' '而亦' '而且' '由此觀之' 등이 잘 사용된다.

鳧脛雖短 續之則憂 鶴脛雖長 斷之則悲 故性長非所斷 性短非所續. <莊子·外篇>

오리의 다리는 비록 짧지만 이어주면 근심을 하고 학의 다리는 비록 길지만 잘라주면 슬퍼한다. 그러므로 본성이 긴 것은 잘라줄 것이 아니요, 본성이 짧은 것은 이어줄 것이 아니다.

居士曰鏡之明也 妍者喜之 醜者忌之 然妍者少醜者多. <鏡說>

거사가 말하기를 "거울이 밝으면 예쁜 사람은 좋아하고, 못생긴 사람은 싫어한다. 그러나 예쁜 사람은 적고 못생긴 사람은 많다."

父欲立叔齊 及父卒 叔齊讓伯夷

아버지는 숙제를 왕으로 세우려고 하였다. 아버지가 죽음에 이르러(죽게 되자) 숙제는 형 백이에게 (왕위를) 양보하였다.

<三遷之教>

孟軻之母 其舍近墓, 孟子之少也 嬉戲 爲墓間之事 踊躍築埋, 孟母曰 "此非所以居子也", 乃去舍市 其嬉戲 爲賈衒, 孟母曰 "此非所以居子也", 乃舍學宮之傍 揖讓進退, 孟母曰 "此眞可以居子矣", 遂居之. <司馬遷 · 史記>

【어구풀이】

▶ 孟軻(맹가): 軻는 孟子의 이름.

▶ 嬉戱(희희) : 즐기고 놀다.

▶ 乃去舍市 : 마침내 그 곳을 떠나 시내에 집을 마련하다. 舍 : 동사. 乃去之而舍於市.

▶ 爲賈衒 : 장사하는 행위를 함. 賈 : 장사고. 衒 : 팔 현.

▶ 揖讓進退 : 예절에 맞게 揖하고 讓하며 나가고 물러나고 함. 揖과 讓은 만나고 헤어질 때 예의를 표시하는 인사.

※ 결과를 나타내는 접속사는 대개 '遂' '終' '乃' '竟' '卒' '果' 등이 잘 쓰인다.

乃去舍市 : 마침내 그곳을 떠나 시장에다 집을 마련하였다

乃舍學宮之傍 : 마침내 학교의 곁에다 집을 마련하였다.

遂居之 : 마침내 그 곳에서 살았다.

<三遷之敎: 교육은 환경이 중요하다>

맹가의 어머니는 묘지가 가까운 곳에 집을 두고 살았는데, 맹자가 어릴 적에 놀면서 묘지에서 행하는 일을 흉내 내며 왔다갔다하고 무덤을 만들고 파묻고 하니, 맹자의 어머니가 "이곳은 그런 행동 때문에 자식을 기를 곳이 아니다"라고 하고 마침내 그곳을 떠나 시장에다 집을 마련하였다. 이제는 그 아이가 놀면서 장사하는 흉내를 내니, 맹자의 어머니가 말하기를 "이곳은 그 때문에 자식을 기를 곳이 아니다"라고 하고, 마침내 학교의 곁으로 옮겨 집을 마련하였다. 이에 학자들처럼 공손히 인사하고 나가고 물러나고 하니, 맹자의 어머니가 말하기를 "이곳은 참으로 자식을 기를 만한 곳이다"라고 하고 마침내 그 곳에서 살았다.

<助長>

宋人有閔其苗之不長而揠之者 芒芒然歸 謂其人曰 今日病矣 余助苗長矣. 其子趨而往視之 苗則枯矣. 天下之不助苗長者寡矣, 以爲無益而舍之者 不耘苗者也, 助之長者 揠苗者也, 非徒無益 而又害之. <孟子, 公孫丑上>

【문법연구】

非徒無益 而又害之 : 무익할 뿐만 아니라 또한 해롭게 한다.

不(非)徒 甲 而又 乙 : not only '갑' but also '을'.

非(不)但 甲 而且 乙 : '甲'뿐만 아니라 '乙'도 ~하다.

非(不)惟 甲 亦 乙 : 〃

非(不)唯 甲 又 乙 : 〃

不(非)獨 甲 兼 乙 : 〃

不(非)特 甲 〃 乙 : 〃

不(非)僅 甲 〃 乙 : 〃

不(非)啻 甲 〃 乙 : 〃

'不' '非' = not. '徒' '但' '惟' '唯' '獨' '特' '僅' '啻' = only.

<助長: 인위적인(그릇된) 성장>

송나라 사람 중에 그의 밭에 苗가 크지 않은 것을 안타깝게 여기어 그것을 뽑아 올려주는 자가 있었다. 그리고는 아무런 생각도 없이 집으로 돌아와서 그 식구들에게 이르기를 "오늘 피곤하다. 내가 苗가 크는 것을 도와주었다."라고 말했다. 그 아들이 빨리 달려가 보니 밭에서 자란 묘는 말라버렸다. 천하의 사람들이 苗의 성장을 도와주지 않은 사람은 거의 없다. 그런데 보면, 그 도움이 무익(無益)하다고 내버려두는 자는 묘를 김매주지 않은 자이고, 그 성장을 도와주려는 자는 묘를 뽑아 올린 자이니, 이들은 苗에 무익할 뿐만이 아니라 또한 묘를 해치는 것이다.

八. 語順

1. 平敍文의 語順

1) 주어+동사(주동)

▶ 鳥飛. 새가 난다.

▶ 草木生. 초목이 자란다.

▶ 舟已行矣. 배는 이미 지나갔다.

2) 주어+형용사술어(주형)

▶ 水淸. 물이 맑다.

▶ 鳧脛短, 鶴脛長. 오리의 다리는 짧고, 학의 다리는 길다.

▶ 所用群臣 如宋弘等 皆重厚正直. 기용하는 많은 신하들 중에 송홍같은 사람들은 모두가 신중하고(重) 후덕하고(厚) 바르고(正) 솔직(直)하였다.

3) 주어+명사술어(주명)

▶ 曾子, 孔子弟子, 名, 參, 字, 子輿. 증자는 공자의 제자이니, 名은 參이고, 字는 子輿이다.

▶ 生我者父母 知我者鮑叔. 나를 낳아준 사람은 부모요, 나를 알아주는 사람은 포숙이다.

▶ 仁,人心也, 義,人路也. 仁은 人心이고, 義는 人路이다.

4) 주어+동사+보어(주동보)

▶君爲臣綱, 父爲子綱[9]. 임금은 신하의 벼리이고, 아버지는 자식의 벼리이다.

---

9) 綱(벼리) : 사물의 핵심. 고기 잡는 그물을 예로 들면, 하나의 그물망을 총괄하

▶愼是護身之符. 신중함은 몸을 보호하는 부합(符合)이다.

▶我非生而知之者. 나는 태어나면서 아는 자가 아니다.

※ 上記 문장의 동사는 爲, 是, 非.

5) 주어+동사+목적어(주동목)

▶ 母育吾身. 어머니가 내 몸을 길렀다.

▶ 群臣 皆畏趙高. 많은 신하들이 모두 조고를 무서워하였다.

▶ 宋有狙公者 愛狙 養之成群, 能解狙之意 狙亦得公之心. 송나라에 저공(狙公)이라는 자(원숭이 기르는 사람)가 원숭이를 사랑하여 그들을 길러 무리를 이루었다. 원숭이의 뜻을 이해할 수 있었고, 원숭이도 공의 마음을 얻었다. 狙公(주어) 愛(동)狙(목), 養(동)之(목)成(동)群(목), 能(조동)解(동)狙之意(목)이며, 狙(주어)亦(부)得(동)公之心(목)의 구조이다.

6) 주어+조동사+동사+목적어(주조동목)

▶ 五歲兒能作文 : 다섯 살 아이가 글을 지을 수 있다.
五歲兒(주어)能(조동사)作(동사)文(목적어).

▶ 嬰兒不可入其室 : 어린 아이는 그 실내에 들어갈 수 없다.
嬰兒(주어)不(부사)可(조동사)入(동사)其室(목적어).

▶ 古之學者 必有師 : 옛날의 학자들은 반드시 스승이 있었다.
古之學者(주어) 必(조동사)有(동사)師(목적어).

7) 주어+부사+동사+목적어(주부동목)

▶ 有盜夜入其室 : 어떤 도둑이 밤중에 그 집에 들어갔다.
有盜(주어)夜(부사)入(동사)其室(목적어).

▶ 公大悟 遂不復言人之長短. 공이 크게 깨닫고 마침내 사람들의 장단

는 핵심의 매듭을 '벼리'라고 한다. 이 매듭까지는 한 줄의 끈으로 손잡이가 되고, 이 매듭(벼리)부터 그물이 펼쳐져나가 확장된다.

점을 다시는 말하지 않았다.

公(주어)大悟(부사) 遂(부사)不(부사)復(부사)言(동사)人之長短(목적어).

문장에서 '公'이 주어이고 핵심 동사는 '言'이다. 그러면 주어와 동사 사이, 즉 동사 앞은 모두가 동사를 수식하는 부사가 된다.

▶ 今先生乃不遠千里而臨寡人. 지금 선생은 천리를 멀게 여기지 않고 寡人(나)에게 왔습니다.

핵심 내용은, 先生이 寡人(임금)에게 臨하게 된 것이다. 즉, 先生(주어) 臨(동사)寡人(목적어)이다. 이렇게 본다면 주어와 동사 사이에 쓰인 '乃不遠千里而'는 동사를 수식하는 부사어가 된다.

한문에서 부사는 어순상의 위치가 유동적이다. 문장 전체에 해당한 부사는 문장 앞에 위치한다. 예를 들면, '夫' '蓋' '凡' '伏惟' '昔者' '古者' 등과 같은 것으로 대개 말을 시작할 때에 잘 쓴다. 그리고 개사 구문의 부사는 앞과 뒤에 모두 위치한다.

예) 以心傳心(주어는 人). 陽春招我以煙景. 福生於淸儉. 於我善者 我亦善之.

반드시 알아두어야 할 중요한 것은 동사 바로 앞에 쓰는 부사이다. 문장 중에 동사 바로 앞의 부사를 잘 처리해야 번역을 잘 할 수 있다. 한문의 문장은 동사 앞에 오는 자는 주어가 아니면 조동사나 부사이다. 조동사는 '能' '可' '得' '必' 등 잘 알 수 있는 몇 개에 불과하지만 부사는 거의 모든 자가 부사로 작용할 수 있다고 보아야한다. 예를 들면, 馬疾走 : '馬'가 주어이고 '走(달리다)'가 동사이다. 이때 동사 앞의 '疾'은 부사로 처리해야 한다. 여기서 '疾'을 '질병'의 뜻으로 보면 말이 안 통한다. 이때는 자전을 찾아보아야 한다. 자전에 '疾'은 '빠를 질'의 풀이가 있다. 그래서 '말이 빨리 달린다.'의 뜻임을 알 수 있다. '兒善唱歌'도 마찬가지이다. '善'이 부사임을 알 수 있으니, 아이가 노래를 부르는데 '善하게' 부르는 것이다. '善'을 찾아보면 '善'은 '잘할 선'의 뜻이 있다. 그러면 '아이가 노래를 잘 부른다.'라는 뜻임을 알 수 있다. 이와 같이 한문은 동사 바로 앞에 부사를 써서 동사의 뜻을 다양하게 나타낸다. '疾'이나 '善'자는 이미 잘 알고 있는 글자이지만 이와 같은 문장을 처음 접하게 되면 해석하기가 어렵다. 그러나 한문의 문법을 아는 사람은 '疾'과 '善'이 뒤의 동사를 수식하는 부사라는 것을 안다. 그리고는 자전을 찾아서 해결하려고 한다. 그래서 한문을 좀 아는 사람이 오히려 '一'이나 '天'같이 쉬운 자라도 획일적인 고정관념으로 보지 않고 여러 가지 쓰이는 의미를 알기 위하여 자전을 더 찾는다.

부사는 동사뿐만 아니라 형용사도 수식을 잘 하므로 형용사 앞에서도 그 뜻에 맞도록 해석을 잘 해야 한다. 天氣酷寒 : 날씨가 지독하게(酷) 춥다.

8) 贈與文의 어순

주어+증여동사+간접목적어+직접목적어(주동간목직목)

▸王賜人酒 : 왕이 사람들에게 술을 주다.

▸授與文(贈與文)의 어순이다. 《本書》 動詞篇 贈與動詞 참고.

9) 使役文의 어순

ⓐ주어+사역동사+사동목적어+동사+목적어(주동목동목)

ⓑ주어+사역동사+사동목적어+동사 형용사술어

▸ 趙使平原君求救合從於楚 : 조나라가 평원군으로 하여금 초나라한테 구제를 바라며 합종을 하도록 하였다.

▸ 無使名過實 : 명성(소문)으로 하여금 사실을 넘어서게 하지 말라. 無, 毋也

.▶ 五色令人目盲 : 오색(수많은 색)은 사람의 눈을 어둡게 한다.
사역문은《本書》 動詞篇 使役動詞 참고.

10) 疑問文의 어순

주어+의문사+동사+목적어+의문어기사(乎,哉,與,歟,耶)

주어+의문사+동사+목적어/. 주어+의문사+동사

※한문에서 의문사는 일반적으로 동사 앞에 위치한다.

주어+동사+목적어+의문어기사(乎,哉,耶,與,歟,否,不,無,未)

▶ 此何遽不爲福乎. 이게 어찌 바로 복이 되지 않겠는가?

▶ 子奚不爲政. 그대는 어찌 정치를 하지 않소?

▶ 子安能畵蛇足 : 그대는 어찌 뱀의 다리를 그릴 수 있는가?

▶ 子能飮酒乎. 그대는 술을 마실 수 있는가?

▶ 求劍若此 不亦惑乎. 칼을 찾기를 그와 같이 하면 또한 이상하지 않은가?

▶ 豈不難哉. 어찌 어렵지 않은가?

이상은 일반적인 문장의 어순을 제시한 것이다. 한문은 영문에 5형식이 있는 것처럼 공식적으로 규정한 형식은 없다. 그러나 살펴보면 일반적인 유형이 있다. 짧은 구문에서 반복되고 도치되고 생략되는 현상이 빈번하여 형식을 확정할 수 없는 것처럼 보이지만 잘 살펴보면 두고 쓰는 정해진 형식이 있다. 특히 문장 중에 수식어(부사구 절 및 형용사)를 빼버리고 보면 문장의 구조는 매우 간단한 형식들이다.

九. 倒置

<百結先生>

新羅慈悲王時 有百結先生者 居狼山下 家貧衣百結 故人號謂東里百結先生. 常以琴自隨 凡喜怒哀樂 有怫于心者必於琴宣之. 歲暮隣里舂粟 爲迎歲之資 其妻無粟可舂 聞之竊歎, 先生曰 "死生有命 富貴在天, 來不可拒 往不可追 庸何傷乎" 乃鼓琴作杵聲 以慰之, 世傳碓樂是也. <東史綱目>

【어구풀이】

⊙ 以琴自隨 : 거문고를 자신의 몸에 지니고 다님.

⊙ 怫 : 끓어오름. ▶舂粟 : 곡식을 방아 찧다.

⊙ 竊歎 : 몰래 탄식하다. ▶庸何 : 어찌.

【문법연구】

⊙ 以琴自隨. 항상 거문고를 몸에 지니고 다니다.

앞에서도 설명한 바가 있지만 '自'는 동사의 목적어일지라도 동사 뒤에 위치하지 않고 꼭 동사 앞에 위치한다. '以琴自隨'를 '自' 대신 같은 뜻의 '己' '身'으로 대체하여 나타내면 '以琴隨己' '以琴隨身'으로 나타내야 한다. '거문고가 몸을 따르다(거문고를 가지고 다니다).'

⊙ '必於琴宣之'는 '必宣之於琴'의 도치이다. '반드시 거문고에 나타냈다.' '之'는 '凡喜怒哀樂'이 마음에 돋아나는 감정이다.

'於+명사' 구를 간혹 앞으로 위치하는 경우가 있다.

예) 於我善者 我亦善之, 於我惡者 我亦善之. 나에게 착하게 해준 자에게는 나도 착하게 대해주고, 나에게 악하게 한자라도 나 또한 착하게 대해준다. 於我善者 : 善於我者./ 於我惡者 : 惡於我者.

⊙ '來不可拒 往不可追'는 '不可拒來 不可追往'의 도치이다.

오는 것을 거부할 수 없고 지나간 것을 좇을 수가 없다.

이와 같이 동사의 목적어를 앞으로 도치하는 경우가 있다. 앞으로 위치하여 강조하기 위해서이다.

⊙ 世傳碓樂是也. = 是世傳碓樂也. 세상에 전래한 대악이 이것이다. = 이것이 세상에 전래한 대악이다.

<백결선생>

신라 자비왕 때에 백결선생이란 분이 있었다. 낭산 아래에 살았는데 집안이 가난하여 백 여 군데나 깁은(꿰맨) 옷을 입고 살기 때문에 사람들이 '동리 백결선생'이라고 불렀다. 항상 거문고를 가지고 다니면서 무릇 기쁘고 화나고 슬프고 즐거운 감정이 마음에 솟아남이 있으면 반드시 거문고로 그 뜻을 나타냈다. 한 해가 저물면 이웃마을 사람들은 곡식을 찧어 새해를 맞이하는 음식을 만드는데 그 아내는 방아 찧을 곡식이 없으니 남의 방아 찧는 소리만 듣고 몰래 탄식을 하였다. 이에 선생이 말하기를 "죽고 사는 것은 운명이 있고, 부귀는 하늘에 달려 있으니, 다가오는 것을 거부할 수 없고, 지나간 것은 쫓아 잡을 수 없는 것인데, 어찌 슬퍼하는가?"하고, 마침내 거문고를 울려 방아 찧는 소리를 내서 아내를 위로하였으니, 세상에 전래한 대악(碓樂:방아타령)이 이것이다.

<守株待兎>

宋人 有耕田者. 田中有株 兎走觸株 折頸而死. 因釋其耒而守株 冀復得兎 兎不可復得 而身爲宋國笑. 今欲以先王之政 治當世之民 皆守株之類也. <韓非子>

【어구풀이】

⊙ 田中有株 : 밭 가운데에 나무그루가 있었다.

⊙ 兎走觸株 : 토끼가 달려가다 나무그루에 부딪혔다. '走'와 '觸'은 '달려가고' '부딪히고' 따로가 아니고, '走'는 '觸(동사)'에 영향을 주는 부사이다. 부딪치는 유형도 여러 가지가 있겠지만 뛰어가다가 부딪혔다는 말이다.

【문법연구】

⊙ 以A治B : A로 B를 다스리다. 先王之政=A 當世之民=B : 以先王之政 治當世之民. 개사 '以'는 빈어(목적어)를 취한다. 그리고 그 구문중의 동사와 연계하여 하나의 문장을 이룬다. 여기에서 '以'의 빈어는 '先王之政' 이고, 구문의 동사는 '治'이다. 개사 '以'는 영문의 전치사(with, by)와 같이 빈어를 취하여 문장 중의 동사와 연관하게 된다.

以熱治熱 : 열로 열을 다스리다.
以德爲政 : 덕으로 정치를 하다. 도치하면, 治熱以熱, 爲政以德.

⊙ 有 ~ 者 : 한문에서 아주 많이 사용하는 표현구이다. "어떤 자가(사람 사물) 있다"는 말이다.

⊙ 因釋其耒而守株 : '因'자는 원인을 나타내는 접속사로 잘 쓴다. '因'자는 앞의 목적어를 생략하고 쓰는 경우가 많다. 여기서 '因'의 목적어는 '토끼가 나무에 부딪혀 죽은 것', 즉 토끼를 잡은 것이 '因'자의 목

적어가 된다. 여기서 그것을 대명사 '之'로 나타낼 수 있는데 생략하였다 : "因(之)釋其耒而守株. 이와 반면에 목적어를 직접 붙이고 표현하는 경우도 많다:

家若貧 不可因貧而廢學 : 집이 가난할지라도 가난함을 因하여(가난함 때문에) 배움을 그만두어서는 안된다. <明心寶鑑>

⊙ 冀復得兎 兎不可復得. 다시 토끼를 잡고자 했으나, 토끼를 다시 잡을 수가 없었다.

⊙ '兎不可復得'은 '不可復得兎'를 도치한 것이다.

<守株待兎: 나무그루를 지키고 있으면서 토끼 잡히기를 기다림>
송나라 사람 중에 밭을 가는 사람이 있었다. 밭 가운데에 나무그루가 있었는데 토끼가 달려가다가 나무그루에 부딪혀 목이 부러져 죽었다. 인하여 그 갈던 쟁기를 풀어 놓고 나무그루를 지키면서 다시 토끼를 더 잡으려고 하였다. (그러나) 토끼를 더 잡을 수 없게 되어 그 자신은 송나라의 웃음거리가 되었다. 지금 선대의 왕이 행했던 정책으로 당세의 백성을 다스리고자 하는 것은 모두가 (밭가는 사람이) 나무그루를 지키고 있는 행위와 같다.
※ 守株待兎: 현실을 직시하지 못하고 융통성이 없는 고지식한 행위.

✽ 부정어와 동사가 결합된 형에서 그 목적어가 代名詞이면 동사와 대명사를 도치한다.

⊙ 日月逝矣 歲不我延 : 날과 달은 지나가니 세월은 나를 연장시켜주지 않는다. <明心寶鑑>

⊙ 國其莫我知 : 나라는 그렇게 나를 알아주지 않는다. <弔屈原賦>

⊙ 不患人之不己知 : 다른 사람이 자기를 알아주지 못할까를 걱정하지 말라. <論語,學而>

⊙ 失其身而能事其親者 吾未之聞也. 그 자신을 잃고서 부모를 섬길 수 있는 사람이 있다는 것을 나는 아직 들어보지 못했다. <孟子,離婁章>

위에서부터 보면, '歲不我延'은 '歲不延我'를 도치한 것이고, '國其莫我知'는 '國其莫知我'를 도치한 것이고, '不患人之不己知'는 '不患人之不知己'를 도치한 것이고, '吾未之聞也'는 '吾未聞之也'를 도치한 것이다. 모두가 대명사 '我' '己' '之'가 부정어 '不' '莫' '未'와 함께 쓰였기 때문에 도치한 것이다. '未有之也'를 '未之有也'라고 《孟子》에 보면 간혹 나온다. 만약에 대명사가 아니면 도치하지 않는다. 歲不延人命. 吾未聞其聲.

十. 省略

한문의 문장에서는 생략을 매우 많이 한다. 작자는 독자가 알아볼 수 있다고 생각되면 가능한대로 생략을 하고 기록을 한다. 그러니까 생략할 수 있는 데까지 생략하고 간결하게 기록을 한다.[10] 이점이 한문의 해석을 어렵게 만드는 큰 요인이라고 할 수 있다. 간결한 표현에 깊은 내용이 담긴 글을 좋은 작품으로 보았던 것이다.

한문을 제대로 보려면 생략된 부분을 살려서 볼 줄 알아야 한다. 생략된 표현을 마음으로 삽입하고 보면 더 정확하고 쉽게 독해를 할 수가 있다.

<立身揚名>

▷孔子謂曾子曰 身體髮膚 受之父母 不敢毁傷 孝之始也. 立身行道 揚名於後世 以顯父母 孝之終也. <小學, 明倫篇>

【문법연구】

위 문장의 생략된 부분을 ( )안에 살려 나타내면 아래와 같다.

⊙ 孔子謂曾子曰 身體髮膚 受之(於)父母 不敢毁傷(之) 孝之始也. 立身行

---

10) 오늘날 現代語는 이와는 달리 거의 생략 없이 기술하여 상세하게 표현을 한다. 일상생활에서 통용하는 언어를 그대로 기록하기 때문에 중복되고 복합적인 어휘가 많고 장황한 표현도 많다. 古文만 보는 사람에게는 자세한 표현이 오히려 수선스럽게 느껴질 수도 있다.

道 揚名於後世 以(之)顯父母 孝之終也. (省略字)

⊙ 受之(於)父母 : '於'는 구문 중에서 생략이 잘되는 대표적인 자이다. 전후 문구의 글자 수를 맞추어 표현할 때에 생략하는 경우가 많다. 이때는 생략된 것으로 보고 그 곳에 넣고 보아야 한다.

⊙ 立身行道 揚名於後世 以(之)顯父母 : '以'의 용법중에 '以'의 목적어가 동사가 들어있는 긴 문장이면 앞에 나타내게 되어 있다. '以'의 목적어(立身行道 揚名於後世)가 앞에 있기 때문에 뒤에서 생략하고 바로 동사(顯)가 온 것이다. 그 목적어를 대명사 '之'로 나타내는 경우도 있으나 보통 생략하고 표현한다.

韓愈 <原道> : 其爲道 易明而 其爲敎 易行也 是故 以之爲己則順而從 以之爲人則愛而公… '之'는 '道와 敎(유가에서 도리로 삼고 가르침으로 삼는 것)'. 그 도리로 삼는 것은 밝히기가 쉽고, 그 가르침으로 삼는 것은 이행하기가 쉽다. 그러므로 그것(그 도리와 가르침)으로 자기를 위하면 하는 일이 순조롭게 잘되고, 그것으로 남을 위하면 아껴주고 공정하게 된다.

<立身揚名: 몸을 세워 이름을 날리다(출세함을 이름)>

공자가 증자에게 이르기를 "신체와 그 머리털이나 피부까지도 부모에게 받은 것이니 함부로 훼상하지 않는 것이 효도의 시작이고, 몸을 세워 도를 행하여 후세에 이름을 떨쳐 부모를 드러내는 것이 효의 마무리이다."라고 말씀하였다.

<伯兪泣杖>

伯兪有過 其母笞之 泣. 其母曰 他日笞 子未嘗泣 今泣 何也. 對曰 兪得罪 笞常痛 今母之力 不能使痛 是以泣. <小學, 稽古篇>

【문법연구】

생략된 부분을 살려서 ( )안에 나타내면 아래와 같다.

伯兪有過 其母笞之 (伯兪)泣. 其母曰 他日笞(子) 子未嘗泣 今泣 何也. 對曰 兪得罪 (母)笞(我)常痛 今母之力 不能使(我)痛 是以(我)泣. <小學, 稽古篇>

⊙ 其母笞之 泣 : '之'는 伯兪. '泣' 앞에 백유가 생략되었다. 즉, 其母笞兪 兪泣.

⊙ 不能使痛 : 不能使我痛 : 나를 아프게 할 수 없다. 사역동사(使) 뒤에 피사역자를 흔히 생략한다. 앞부분에 그 신분(사물)이 나와 있으면 생략을 한다. 그러므로 생략대상을 넣고 보아야 한다.

<伯兪泣杖: 백유가 회초리에 울다: 효심을 나타내는 말>

백유가 잘못이 있어서 그의 어머니가 회초리로 때리니, 울었다. 어머니가 말하기를 "다른 날은 때려도 네가 울지 않더니 지금 우는 것은 무슨 까닭이냐?"하고 물으니, 대답하여 말하기를 "제가 잘못을 하여 매를 맞을 때면 항상 아팠는데, 지금은 어머니의 힘이 약하여 저를 아프게 때리지 못하니 그래서 웁니다."라고 하였다.

<狐假虎威>

楚王 問群臣 "北方 畏昭奚恤 何如", 江乙 曰 "虎求百獸而食之 得狐 狐曰 '子無敢食我也. 天帝使我長百獸, 今子食我 是逆天帝之命也. 子以我爲不信 吾爲子先行 子隨我後 觀百獸之見我而敢不走乎', 虎以爲然, 故 遂與之行 獸見之皆走, 虎不知獸畏己而走也 以爲畏狐也. 今北方 非昭奚恤 實畏王甲兵也". <戰國策>

【어구풀이】

⊙ 昭奚恤 : 북방을 지키는 소해휼 장군. 江乙 : 楚王의 신하 이름.

⊙ 子無敢食我也 : 그대는 감히 나를 잡아먹지 말라.

⊙ 子以我爲不信 : 그대가 나를 믿지 못할 자로 생각한다면.

⊙ 觀百獸之見我而敢不走乎 : 모든 짐승들이 나를 보고 감히 달아나지 않는 가를 관찰해 볼래?

【문법연구】

⊙ 北方 = 北方人. '人(民)'이 생략되었다. 대개 사람을 생략하고 표현하는 예가 많다. 예를 들면 '天下' '天地' '四海' '世上' '上下' 등은 뒤에 '人'을 생략하고도 사람들을 나타낼 때가 많다. 天下=天下人. 四海=四海人.

⊙ 非昭奚恤 : 非(畏)昭奚恤 實畏王甲兵也. '畏'가 생략되었다.

<狐假虎威: 여우가 호랑이의 위세를 빌려 쓰다>

초나라 왕이 여러 신하들에게 "북방지역 사람들이 소해휼(將帥 이름)을 두려워함은 무슨 일인가?"하고 물으니, 강을이 말하기를 "호랑이가 많은 짐

승들을 찾아 잡아먹다가 여우를 만나게 되었는데, 여우가 말하기를 '그대는 감히 나를 잡아먹지 말라. 하느님이 나를 모든 짐승들의 어른으로 삼았으니 지금 그대가 나를 잡아먹으면 이것은 하느님의 명령을 거역하는 일이다. 그대가 나를 믿지 못할 자로 생각한다면 내가 그대 앞에 걸어갈테니 그대는 나의 뒤를 따라오며 모든 짐승들이 나를 보고 감히 도망가지 않은지 살펴볼래?'하니, 호랑이가 '그렇게 하겠다'고 하므로 마침내 여우와 같이 걸어가니 짐승들이 그를(호랑이를) 보고 모두 도망을 가는데 호랑이는 짐승들이 자기를 보고 도망간 줄도 모르고 여우를 무서워하여 도망간 것으로 생각했습니다. 지금 북방 사람들은 소해휼이 아니라 실제로 (뒤에 있는) 왕의 군사를 무서워 한 것입니다"

<食玉炊桂>

蘇秦之楚三日 乃得見乎王. 談卒 辭而行, 楚王曰 "寡人聞先生若聞古人. 今先生乃不遠千里而臨寡人 曾不肯留, 願聞其說", 對曰 "楚國之食貴於玉, 薪貴於桂, 謁者難得見如鬼, 王難得見如天帝, 今令臣食玉炊桂 因鬼見帝" 王曰 "先生就舍 寡人聞命矣".

<戰國策>

【어구풀이】

⊙ 蘇秦 : 戰國時代의 策士. 六國을 合從하는 合從策을 주장하여 秦과 대항하고 六國의 宰相이 되었음. 반면에 張儀는 秦나라를 중심으로 連衡策을 주장함.

⊙ 蘇秦之楚 : 소진이 초나라에 가다. 之 : 가다.

⊙ 辭而行 : 인사하고 떠나가다. ▶聞古人 : 옛 사람에게 들어 아는 것이 있다.

⊙ 其說 : 머무르려 하지 않고 가려는 이유. ▶就舍 : 집으로 들어가자는 말.

【문법연구】

생략 중에 대등어구의 생략이 매우 많다. 이러한 표기는 기본 작법으로 되어 있다. 공동 주어, 공동 동사, 공동 형용사 부사, 공동 목적어, 공동 전치사로 간주하고 표현하기 때문에 대등구문마다 생략된 어휘를 대입하고 보아야 한다.

아래의 (   )안은 생략된 부분을 살려서 나타낸 것이다.

⊙ 楚國之食貴於玉, 薪貴於桂 = 楚國之食貴於玉, (楚國之)薪貴於桂,

⊙ 謁者難得見如鬼, 王難得見如天帝 = 謁者難得見如(難得見)鬼, 王難得見如(難得見)天帝

다른 예를 더 들면 아래와 같다.

⊙ 我衣縕袍人輕裘 = 我衣縕袍人(衣)輕裘. 衣 : 동사(입다)

⊙ **人居華屋我圭竇 = 人居華屋我(居)圭竇.** 崔瀣 詩 <東人詩話>

나는 누더기 도포를 입는데 다른 사람들은 가벼운(비싼) 옷을 입는다.

다른 사람들은 호화로운 집에서 사는데 나는 골방에서 산다.

⊙ 今陛下致昆山之玉, 有隨和之寶, 垂明月之珠, 服太阿之劍. 李斯 <諫逐客書>
= 今陛下致昆山之玉, (今陛下)有隨和之寶, (今陛下)垂明月之珠, (今陛下)服太阿之劍.

<食玉炊桂: 옥보다 귀한 밥을 먹고 계수나무보다 귀한 나무로 밥을 짓다>

소진이 초나라로 간지 3일만에야 왕을 뵐 수 있었다. 이야기를 마치고 작별 인사를 하고 떠나려하자 초왕이 말하기를 "나는 들었는데, 선생은 옛 사람들에게 배워 아는 것이 있는 것 같다고 하더라. 지금 선생은 마침내 천리 길을 멀게 여기지 않고 나에게 와 놓고서 더 이상 머무르려고 하지 않으니 그에 대한 말을 듣고 싶소."라고 하니, 대답하여 말하기를 "초나라의 음식은 옥보다도 귀하고, 땔 나무는 계수나무보다 귀하고, 말을 아뢰어 알려 주는 자를 만나기 어려운 것은 귀신과 같고, 왕을 만나기 어려움은 하느님과 같으니, 지금 나로 하여금 (3일 동안) 옥을 먹게 하고 계수나무를 땔감으로 하라 하고 귀신을 인해서 하느님을 만나라고 했습니다."라고 하니, 왕이 말하기를 "선생은 집으로 들어갑시다. 내가 당신의 가르침을 듣겠소."라고 하였다.

十一. 對偶

한문은 대우의 표현구조가 매우 많다. 문체를 크게 운문과 산문으로 나눌 수 있는데 운문은 대부분 五言이나 七言 또는 대등구문으로 글자 수를 맞추면서 起句와 偶句로 짝을 이루면서 상호 대우관계를 구성한다. 그리고 산문에서도 구구절절 대우관계를 이루어 표현하는 형식을 쉽게 찾아볼 수 있다. 대우의 구조는 엄밀한 騈儷文은 물론이고 일반 산문에서도 수시로 발견할 수 있다. 운문 산문을 종합해서 한문은 전체의 70% 이상이 대우의 표현 방법을 수용하고 있다고 해도 과언이 아니다. 따라서 한문은 대우의 안목을 가지고 보지 않을 수가 없다. 天하면 地를, 山하면 水를, 上하면 下를, 大하면 小를, 陰하면 陽을 내용면으로 또 표현형식상으로 조화를 이루어 작성하는 것이 한문의 기본적인 수사법이다. 이는 상대적인 한 마디를 추가하여 대비시킴으로써 독자가 더 쉽게 이해할 수 있게 만드는 방법이라고 본다.

대우의 수사법을 중시한 요인은 陰이나 陽 어느 일편(一片)보다는 陰陽 調和의 美를 추구하는 중국인의 생활의식에서 나온 것이라고 볼 수 있다.

<昏定晨省>

曲禮曰 凡爲人子之禮 冬溫而夏凊 昏定而晨省, 出必告反必面, 所遊必有常 所習必有業, 恒言 不稱老. <小學, 明倫篇>

【어구풀이】

⊙ 『小學』: 학동들에게 가르치는 인륜 도리의 지침서. 宋나라 朱熹의 編이라 하나, 실은 그의 문인 劉子澄이 經書나 傳記 중에서 수신 인륜 도덕에 관한 내용의 글을 편집한 책이다.

⊙ 必有常: 常은 상시의 처소, 떳떳한 곳. 必有業: 業은 正業, 바르게 나가는 일.

⊙ 恒言: 平常의 言語.

⊙ 不稱老: 부모 앞에서 내가 늙었다고 말하지 않는다. 자식이 늙었다고 말하면 부모는 너무 늙은 입장이 되어버림.

【문법연구】

⊙ 冬溫而夏凊
昏定而晨省
冬溫과 夏凊, 昏定과 晨省이 내용으로 대를 이루고, 冬溫而夏凊과 昏定而晨省이 표현형식으로 완전한 대우를 이루었다.

⊙ 出必告反必面
出必告와 反必面이 내용으로 상대적인 대를 이루었다.

⊙ 所遊必有常
所習必有業
두 문구가 내용과 형식으로 相對하고 있다.

《禮記》의 <曲禮>에 기록된 표현인데 古典 經書와 문헌에 나타난 표현형식에는 이와 같이 짝을 맞춘 형식이 매우 많다. 漢나라 후반부터 魏晉南北朝시대에 와서는 이와 같이 對偶와 調和의 美를 추구한 수사법이 극도로 유행하여 騈儷體의 문장이 나온다. 내용으로나 형식으로나 상호 대비 조화를 중시한 修辭技法이 한문의 가장 대표적인 표현기법이라고 말할 수 있다.

<昏定晨省: 부모님을 모시는 지극한 효행>

곡례에 이르기를 "무릇 사람의 자식 노릇하는 예는, 겨울에는 따뜻하게 해드리고 여름에는 시원하게 해드리며, 밤이 되면 자리를 정해드리고 아침이면 잘 주무셨나 살펴보아야 하며, 밖에 나갈 때는 반드시 알리고 돌아오면 반드시 대면해야 하며, 다니는 곳은 반드시 일상적인 곳이 있어야하고, 익히는 것은 반드시 바르게 하려는 일이 있어야 하며, (부모 앞에서) 평상시 언어는 자신이 늙었다고 칭하지 않아야 한다.

<法不阿貴>

法不阿貴 繩不撓曲. 法之所加 智者不能辭 勇者不能爭. 刑過不避大臣 賞善不遺匹夫 故矯上之失 詰下之邪 治亂決繆 絀羨齊非. 一民之軌 莫如法 屬官威民 退淫殆 止詐僞 莫如刑. 刑重則不敢以貴易賤 法審則上尊而不侵 上尊而不侵 則主强而守要. 故先王貴之而傳之人. 主釋法用私 則上下不別矣 <韓非子>

【어구풀이】

⊙ 阿 : 언덕아. 아첨(아부)할 아. 阿諂. 阿附.

⊙ 法不阿貴 : 법은 귀한 사람에게 아부하지 않는다. 높은 사람이라고 해서 그에게 굽실거리지 않는다는 말. 높은 사람을 위해주지 않는다.

⊙ 莫如法 : 법만 한 것이 없다. 법이 최고다.

⊙ 先王貴之而傳之人 : 선왕이 법을 귀하게 여기어 사람들에게 그것을 전해주었다. 先王貴之而傳之人 = 先王貴法而傳法於人.

【문법연구】

法不阿貴　智者不能辭　刑過不避大臣

繩不撓曲　勇者不能爭　賞善不遺匹夫

矯上之失　治亂決繆　上尊而不侵

詰下之邪　絀羨齊非　主强而守要

위의 문장구조를 살펴보면, 거의가 起句 偶句의 상대적인 구문을 형성하여 자구의 형식을 정확히 맞추어 표현하였고, 몇 군데 맞지 않은 듯한 부분도 유심히 살펴보면 전후 유사한 표현을 구사하고 있다. 古代 戰國時代에 韓非子에 의해 지어진 문장인데 이미 고대로부터 騈儷體의 수사기법을 활용하고 있었던 것이다. 산문 중에 처음부터 끝까지 대우구조를 유지하는 騈儷文을 제외하고 經書와 諸子書를 비롯하여 모든 산문의 작품을 살펴보면 중간 중간에 字句의 對偶를 이루어 표현하는 수사법을 쉽게 찾아볼 수 있다. 이처럼 한문은 대우의 표현기법을 기본으로 적용하고 있기 때문에 한문을 볼 때는 항상 대우의 안목을 가지고 보아야 한다.

<法不阿貴: 법은 귀한 사람에게도 아첨하지 않는다>

법은 귀한 사람(높은 신분)에게 아부하지 않으며, 먹줄은 곡선을 위해 굽어주지 않는다. 법이 가해지는 곳에는 지혜로운 자도 피할 수 없고 용기 있는 자도 다툴 수 없다. 잘못을 처형하는 데는 높은 신하라고 피해서는 안 되고, 선행을 상주는 데는 일반 서민이라고 빼놓아서는 안 된다. 그러므로 법은 윗사람의 잘못을 바로잡고 아래 사람의 간사함을 힐책하며, 혼란을 다스리고 얽힌 것을 풀며, 탐욕을 물리치고 그릇됨을 바로 잡는다. 백성들의 법도를 통일시키는 일은 법처럼 좋은 것이 없다. 관료를 단속하고 백성을 바르게 만들며, 음란하고 위태함을 물리치고, 사기와 거짓을 저지하는 것은 형벌만한 것이 없다. 형벌이 엄중하면 감히 귀족이 천민을 얕보지 못하고, 법으로 살피면 윗사람을 존중하고 침범하지 않으며, 윗사람을 존중하고 침범하지 않으면 임금이 강해지고 지키는 것도 간결하다. 그러므로 선왕이 법을 귀하게 여겨 사람들에게 전해준 것이니, 임금이 법을 놓아버리고 자기의 뜻대로 하면 위아래가 구별되지 않을 것이다.

<孫子夜夜讀書不>

蔡壽有孫 曰'無逸'. 年纔五六歲 壽夜抱無逸而臥 先作一句詩 曰"孫子夜夜讀書不" 使無逸 對之 對曰"祖父朝朝飮酒猛". 壽又於雪中 負無逸而行 作一句 曰"犬走梅花落" 語卒無逸對曰"鷄行竹葉成". <於于野談>

【어구풀이】

⊙ 年纔(년재) : 나이 겨우.

⊙ 犬走梅花落 : 개가 달리니 매화꽃이 떨어진다. 눈밭에서 개의 발자국 모양을 보고 표현한 것이다.

⊙ 鷄行竹葉成 : 닭이 걸어가니 대나무 잎이 생긴다. 닭의 발자국이 마치 대나무 잎과 같은 모양.

【문법연구】

"孫子夜夜讀書不"

"祖父朝朝飮酒猛".

상호 표현구조를 살펴보면 형식과 내용까지 완전한 대우를 이루고 있다(孫子:祖父. 夜夜:朝朝. 讀書:飮酒. 不:猛). '讀書不'는 '讀書不讀書'를 줄인 말이다: '책을 읽는가? 책을 읽지 않는가?' 긍정과 부정을 합쳐서 의문문을 만드는데 부정어(不) 뒤를 생략하고 표현하는 것이다. 대개 '동사+목적어'구조 끝에 부정어(不, 否, 無, 未 등)를 붙이면 의문문이 된다. 즉, '孫子夜夜讀書不'는 '손자가 밤마다 책을 읽는가?(안 읽는다는 뜻)'의 표현이다(=不讀書). '讀書'와 '飮酒'가 어법구조로 정확히 맞고 그 뒤에 '不(안하는 것)'과 '猛(지나치게 하는 것)'을 字對로 맞추었다.

"犬走梅花落"

"鷄行竹葉成".

'走'와 '行'(달려가고 걸어가고), '花'와 '葉'(꽃과 잎), '落'과 '成'(떨어지고 만들어지고), 字句의 對는 물론 내용으로도 대우를 맞추려고 깊이 생각하였음을 알 수 있다. 이것은 漢詩의 구문이므로 당연히 대우의 수사를 기본으로 취하여 지은 것이다.

文을 韻文과 散文으로 나눌 때 五言과 七言詩는 물론 辭賦를 비롯하여 압운을 하는 모든 운문류는 기본적으로 字數를 맞추고 대우 구조를 이룬다. 산문도 절반정도가 字數를 맞추는 대등구문을 이루고 있다고 보면 한문의 70% 이상은 騈儷 對偶의 형식을 취하고 있다고 해도 과언은 아닐 것이다.

<孫子夜夜讀書不: 손자가 밤마다 책을 읽지 않는다>

채수는 손자가 있는데 이름이 '무일'이라고 한다. 나이 겨우 5, 6세쯤에 채수가 밤에 무일이를 껴안고 잠을 자다가 먼저 한 구절의 시 "손자가 밤마다 책을 읽는가?(책을 읽지 않는다.)"를 지어놓고 손자 무일이로 하여금 여기에 응대해 보라고 하니, 대답으로 이르기를 "할아버지는 아침마다 술 마심이 지나치다"고 하였다. 채수가 또 눈밭에서 무일이를 업고 가다가 한 구의 시를 지어 "개가 달려가니 매화꽃이 떨어진다."라고 하니, 말이 끝나자 무일이가 "닭이 걸어가니 대나무 잎이 생겨난다."라고 응대하였다.

十二. 比較

《詩經》에 作詩의 방법으로 賦 比 興의 기법이 있듯이 비교(比)에 의한 표현은 인간이 의사전달을 하는 데에 고대로부터 사용했던 수법이다. 이는 상대가 뜻을 쉽게 이해하도록 하려는 방법이기도 하지만, 한편으로 직언하기 어려운 사항을 사물에 가탁하여 대비하는 경우도 있다.

비교의 유형으로는 보통 원급 비교급 최상급으로 분류한다.

<他山之石>

取他山之石可以錯物 猶異國之賢可以理國, 國家得賢臣匡輔以成治 如寶玉得石錯琢以成器也. 今多以喩朋友之能規己過者.
<詩小雅, 彤弓篇, 鶴鳴>: 他山之石 可以攻玉.

【어구풀이】

⊙ 錯 : 꾸밀 착, 줄 착(쇠붙이를 깎는 연장), 숫돌 착.

⊙ 錯物 : 보물 같은 물건을 문지르고 다듬다.

⊙ 匡輔 : 바르게 보조하고 잘못을 바로 잡음.

⊙ 錯琢 : 갈고 쪼아 다듬다.

【문법연구】

⊙ 取他山之石可以錯物 猶異國之賢可以理國,

⊙ 國家得賢臣匡輔以成治 如寶玉得石錯琢以成器也.

A 猶 B : A는 B와 같다. 猶 : 같을 유.

A 如 B : A는 B와 같다. 如 : 같을 여. '若'도 '如'와 같이 쓰인다.

'猶'와 '如'를 사용하여 상호 같은 類로 비교하였다. 비교 중에 원급 비교라고 할 수 있다.

'猶'는 앞의 구문을 이어 뒤의 구문을 접속하면서, '그런데도', '오히려', '게다가' 등의 연결사로 쓰이는 경우가 많다. 年三十二猶不從人 : 나이가 32세인데도 시집을 가지 않았다.

<他山之石: 다른 산의 나쁜 돌도 자기의 玉을 가는 데 쓸모가 있다>

다른 산의 돌을 취하여 물건을 다듬을 수 있는 것은 다른 나라의 어진 사람을 취하여 나라를 다스릴 수 있는 것과 같고, 국가가 어진 신하를 얻어 바르게 도움을 받아 제대로 다스려지게 되는 것은 보옥(寶玉)이 돌을 만나 갈고 다듬어져서 그릇이 되는 것과 같다.

지금은 많은 사람들이 이것을 '친구가 자기의 잘못을 바로 잡아줄 수 있다'는 뜻으로 알고 있다.

<孝女知恩>

孝女知恩 韓岐部百姓連權女子也. 性至孝 少喪父 獨養其母. 年三十二猶不從人 定省不離左右 而無以爲養. 或傭作或行乞 得食以飼之, 日久不勝困憊 就富家 請賣身爲婢 得米十餘石. 窮日行役於其家 暮則作食歸養之. 如是三四日其母謂女子曰 "向食麤而甘 今則食雖好 味不如昔 而肝心若以刀刃刺之者 是何意耶", 女子以實告之 母曰 "以我故使爾爲婢 不如死之速也", 乃放聲大哭 女子亦哭 哀感行路. 時孝宗郎 出遊見之 歸請父母 輸家粟百石 及衣物予之又償買主以從良, 郎徒幾千人 各出粟一石爲贈. 大王聞之亦賜租五百石家一區 復除征役, 以粟多 恐有剽竊者 命所司 差兵番守, 標榜其里 曰孝養坊. <三國史記列傳>

【어구풀이】

⊙ 猶不從人 : 아직도 다른 사람을 따라가지 않다. 아직도 시집을 가지 않았다는 말.

⊙ 定省不離左右 : 昏定晨省하면서 어머니 곁을 떠나지 않다.

⊙ 向食 麤而甘 : 지난날의 음식은 거칠지만 맛이 좋았다. 向(嚮) : 지난날, 저번에.

⊙ 償買主以從良 : 知恩이를 종으로 샀던 주인에게 보상해주고 평범한 사람이 되게 하다.

⊙ 差兵番守 : 병사를 가려서 순번에 따라 지키게 하다.

【문법연구】

今則食雖好 味不如昔 而肝心若以刀刃刺之者 是何意耶",

女子以實告之 母曰 "以我故使爾爲婢 不如死之速也", 乃放聲大哭 女子亦哭 哀感行路.

⊙ 味不如昔 : 맛이 옛날 것만 같지 않다. 맛이 옛 것보다 못하다.

⊙ 肝心若以刀刃刺之者 : 간과 심장이 칼날로 찌르는 것과 같다.

⊙ 以我故使爾爲婢 不如死之速也" : 나 때문에 너를 노비로 만들었으니 빨리 죽는 것이 낫겠다.

A不如B : A보다 B가 낫다. 한문에서 '不如'는 대부분 비교로 사용된다. 간혹은 원급의 뜻으로 'A不如B'가 'A는 B와 같지 않다'로 쓰일 때도 있다. 그러나 거의가 비교법으로 쓰인다. 百聞不如一見.

⊙ 不如死之速의 '死之速'은 '速死'의 구조로 보면 편하다. 강조하기 위하여 뒤의 '死'를 앞으로 위치하고 그 사이에 개사 '之'를 사용한 표현법이다(본서 之의 용법 참고). 대개 동사의 목적어를 앞으로 위치하고 그 사이에 '之'를 삽입한다. 그렇게 보면 여기에서 '速死'는 '동사+목적어'의 구조로 '죽기를 빨리 하다'로 풀이하는 것이 맞겠으나, '死'가 핵심인 표현이므로 '速'을 부사로 하여 '빨리 죽다'로 풀이하는 것이 좋다고 본다.

<孝女知恩: 효녀 지은>

효녀 지은이는 한기부의 백성 연권의 딸이다. 본성이 지극한 효녀로 어려서 아버지를 잃고 홀로 어머니를 봉양하였다. 나이가 32세인데도 시집을 가지 않고 어머니에게 효도를 다하며 곁을 떠나지 않았고 어머니를 봉양할 양식이 없으면 때로는 품팔이 일을 하기도 하고 때로는 다니며 구걸을 하여 음식을 마련하여 어머니에게 제공하였다. 날짜가 오래 지나자 고달픔을 이기지 못하여 부잣집에 찾아가서 체력을 팔아 종이 되기를 요청하고 쌀 10여 석을 받기로 하였다. 해가 지도록 그 집에서 일을 하고 날이 저물면 음식을 만들어 집으로 돌아와 어머니를 부양했다. 이와 같이 삼사일을 보내고 나니

어머니가 딸에게 이르러 말하기를 "지난날의 음식은 거칠지만 맛이 좋았는데 지금은 음식은 비록 좋으나 맛은 옛날 것만 못하고 뱃속의 간과 심장을 마치 칼날로 찌르는 듯한 것은 무슨 뜻이 있느냐?"하고 물으니, 딸이 사실을 고백하니, 어머니가 말하기를 "나 때문에 너를 종으로 만들었으니 죽기를 빨리 하는 것이 낫겠다."하고 마침내 소리 나는 대로 크게 우니 딸도 슬프게 울어 슬픈 소리가 길가에 퍼졌다. 이때 효종랑이 밖에 나가 놀다가 이것을 알고 집으로 돌아가 부모에게 요청하여 곡식 백석과 입을 옷을 실어다 주고, 또 고용주에게 빚을 갚아주고 평민 신분이 되게 하였다. 낭도 몇 천 명도 각자 곡식 한 석을 제출하여 증여하였다. 대왕도 이 소식을 듣고 벼 오백석과 집 하나를 하사하고, 다시 더 정역(征役)까지 면제해주고, 곡식이 많으므로 훔쳐가는 자가 있을까 두려워서 담당 벼슬아치에게 명령하여 병사를 가려 번갈아 지키게 하고, 그 마을에 표지판을 만들게 하여 '효양방'이라고 써 붙이게 하였다.

<鏡說>

居士有鏡一枚 塵埃侵蝕 掩掩如月之翳雲 然朝夕覽觀 似若飾容貌者 客見而問曰鏡所以鑒形 不則君子對之以取其淸 今吾子之鏡 濛如露如 旣不可鑑其形 又無所取其淸 然吾子尙炤不已 豈有理乎 居士曰鏡之明也 姸者喜之 醜者忌之 然姸者少醜者多 若一見必破碎後已 不若爲塵所昏 塵之昏寧蝕其外 未喪其淸 萬一遇姸者而後磨拭之 亦未晚也 噫古之對鏡 所以取其淸 吾之對鏡 所以取其昏 子何怪哉 客無以對. 李奎報, <鏡說>

【어구풀이】

⊙ 似若 : 마치 ~인듯하다. ~인 것 같다.

⊙ 濛如露如 : 가랑비에 젖은 듯 이슬에 젖은 듯하다. 여기의 '如'는 접미사로, '~인듯하다'. '然'도 이와 같이 쓴다. 濛然露然. '~如' '~然' : 그와 같은 모양을 나타낼 때 접미사로 쓰인다.

【문법연구】

⊙ **鏡一枚 塵埃侵蝕, 掩掩如月之翳雲.** 거울 하나가 먼지가 끼어 엄엄(掩掩)하여 달이 달무리를 띠고 있는 것과 같다.

掩掩 : 가려서 어두운 모양. 어두워 보이지 않는 모양.

거울이 주어이고 동사는 '如'이다. '塵埃侵蝕 掩掩'은 동사 '如'를 수식하는 부사(부사절)이다. 이 부분을 빼버리면 '鏡一枚 如月之翳雲'이 문장의 기본 구조이다.

⊙ 不則君子對之以取其淸. '不則'은 '不鑒形則'의 생략된 표기이다.

⊙ 若一見必破碎後已, 不若爲塵所昏. 만약에 한 번 (거울을) 보면 반드시 부수어버리고야 말 것이니 먼지에 덮여 어두운 것이 더 낫다.

不若 : A不若B : A보다는 B가 낫다. '不如'와 같다.

⊙ 爲塵所昏 : 주어+爲A所B : 주어는 A에게 B의 행위를 당하다. 수동태의 뜻을 나타내는 숙어이다.

鏡爲塵所昏 : 거울은 먼지가 어둡게 한 바가 되다(직역). '거울이 먼지에 덮여서 어둡게 되었다'는 말이다. 먼지에 의해 어두워지다.

<鏡說: 거울 이야기>

거사에게는 거울이 하나 있었다. 먼지가 끼어 덮여서 마치 달이 달무리를 하고 있는 상태와 같았다. 그러나 아침저녁으로 거울을 쳐다보곤 하니, 마치 용모를 꾸미는 사람인 것 같았다. 어떤 손님이 그걸 보고 묻기를 "거울은 형체를 살피는 것이고, 그렇지 않으면 군자가 그걸 보고 맑은 성질을 취하는 것이다. 그런데 지금 그대의 거울은 가랑비가 묻은 듯 이슬이 묻은 듯 흐려서 몸체를 비추어볼 수도 없는데다가 그 맑은 성질조차도 취할 수가 없다. 그런데도 그대는 오히려 비추어보기를 그만두지 않으니 어찌 그러한 이치가 있는가?"하고 물었다. 거사가 말하기를 "거울이 밝으면 잘생긴 사람은 좋아하고, 못생긴 사람은 싫어한다. 그러나 잘생긴 사람은 적고 못생긴 사람이 많아서 만약에 한번 보면 부셔버리고 말 것이니 먼지에 가려 어두운 것이 낫다. 먼지가 끼어 어둡다고 어찌 그 외면을 좀먹는가?(먼지가 끼어 있을 뿐 거울을 상한 것은 아니니), 아직 그 맑은 성질은 사라진 것이 아니다. 만에 한 번이라도 잘생긴 사람을 만나고 난 뒤에 그 먼지를 닦아내도 늦지가 않다. 아아! 옛날에 거울을 대하는 사람은 (군자로) 그 맑은 성질을 취하였고, 내가 거울을 대하는 것은 (못나서) 그 어두운 것을 취한 것인데 그대는 어찌 이상하게 여기는가?"하고 물으니, 손님은 이 말에 대답이 없었다.

<青出於藍>

學不可以已 青取之於藍而青於藍 氷水爲之而寒於水. 木直中繩 輮以爲輪 其曲中規 雖有槁暴 不復挺者 輮使之然也. 君子博學而日參乎己 則智明而行無過矣. 故不登高山 不知天之高也 不臨深谿 不知地之厚也 不聞先王之遺言 不知學問之大也. 干越夷貉之子 生而同聲 長而異俗 敎使之然也. <荀子>

【어구풀이】

⊙ 木直中繩 輮以爲輪 : 이 구문의 내용을 제대로 이해할 필요가 있다. '木'은 수레바퀴에 덧입히기 위해 적당히 얇은 두께로 곧고 바르게 깎아놓은 나무이다. '中'은 딱 맞을 中. '繩'은 팽팽한 먹줄로 줄쳐진 줄선.

木直中繩 : 木이 直한 것은 繩에 中한 것이다.

목수들이 나무를 직선으로 자르기 위해 만들어 쓰는 도구를 繩이라고도 한다. 이 도구 안에 먹물을 흡수한 솜뭉치와 실타래가 들어있고, 통 밖에는 실끈에 묶은 뾰쪽한 핀이 달려 있다. 繩통에서 핀을 잡고 실을 끌어내어 나무위에 줄 양쪽을 당겨 고정하고 중간쯤에서 팽팽한 줄을 들어 튕기면 직선의 먹줄이 그려진다.

'輮'는 나무를 깎아서 둥근 수레바퀴 표면에 덧씌우는 작업이다. 바퀴의 폭에 맞는 넓이와 적당한 두께가 필요하므로 먹줄을 이용하여 곧게 자르고 나서 물이나 불을 이용하여 원형의 곡선으로 휘어 수레바퀴에 붙여 씌우는 것이다. 輮以爲輪 : 輮를 하여 輪을 만들다.

⊙ 其曲中規 : 其曲이 規에 中하다. 덧씌워 曲한 것이 바퀴의 동그라미(規)에 딱 맞다.

【문법연구】

◉ 靑取之於藍而靑於藍 : 어느 판본에는 '靑出於藍而靑於藍' 으로 기록되어 있다. 같은 '靑'字라도 앞의 '靑'자는 명사이고 뒤의 '靑'자는 형용사이다. '於'도 앞의 것은 전치사(개사)로 from 과 같은 의미이나 뒤의 '靑於藍'의 '於'는 비교할 때 대표적으로 사용되는데 'than' 과 같은 것으로 볼 수 있다.

靑出於藍 : Blue colour comes from 藍. 靑取之於藍而靑於藍 : Blue colour takes it from 藍 but (it is) bluer than 藍. 주어+형용사+於+명사(비교대상) = 대표적인 비교의 형식이다. 日光明於月光 : 햇빛이 달빛보다 밝다. 楓葉紅於血 : 단풍잎이 피보다 붉다.

◉ 氷水爲之而寒於水 : 氷은 水가 그것(之=氷)을 만들지만 水보다 寒하다. '爲'는 한문에서 대동사로 사용한다. 표현 내용의 그 상황과 성격 및 사리에 맞는 동사로 바꾸어 풀이하면 된다. 여기에서 '爲'는 '作'의 동사와 같다고 볼 수 있다. '爲之' = '作氷'.

<靑出於藍: 제자가 스승보다 낫다>

배움은 그만 두어서는 안 된다. 푸른색은 쪽풀에서 취하지만 쪽풀보다 더 푸르고, 얼음은 물이 만들지만 물보다도 더 차갑다. 나무조각이 직선으로 곧은 것은 먹줄에 맞추어 자른 것이고, 그것을 바퀴에 덧씌워서 둥근 수레바퀴를 만드는데 그 휘어지는 곡선이 둥근 바퀴의 동그라미에 딱 맞아 굳어지면 비록 나중에 말려서 건조시킬지라도 다시는 곧게 펴지지 않는 것은 덧씌워 곡선으로 굳어진 성질이 그렇게 만든 것이다. 군자가 널리 배우고 자신을 살펴보면 지혜는 밝아지고 행동은 잘못이 없을 것이다. 그러므로 높은 산에 오르지 않으면 하늘이 높은 줄을 모르고, 깊은 계곡에 가보지 않으면 땅의 두터움을 모르며, 선왕이 남긴 말을 듣지 않으면 학문의 위대함을 모른다. 간 월의 나라에 오랑캐의 자녀가 태어나면서는 같은 소리를 내지만 어른이 되어 풍속을 달리 한 것은 교육이 그들로 하여금 그렇게 하게 만든 것이다.

<不言人之長短>

黃相國喜 微時行野 憩于路上 見田夫駕二牛而耕者 問曰 "二牛何者爲勝", 田夫不對 輟耕而至 附耳細語 曰"此牛勝". 公怪之曰 "何以附耳相語", 田夫曰 "雖畜物 其心與人同也 此勝則彼劣 使牛聞之 寧無不平之心乎", 公大悟 遂不復言人之長短. <芝峰類說>

【어구풀이】

⊙ 黃相國喜: 나라의 재상(相國) 黃喜.

⊙ 附耳細語: 귀에 대고 말을 작게 함.

⊙ 二牛何者爲勝. 두 마리의 소 중에 어느 소가 더 낫습니까?
 曰 此牛勝. 이 소가 더 낫습니다.

⊙ 此勝則彼劣 使牛聞之 寧無不平之心乎. 이쪽 소가 낫다고 하면 저쪽 소는 못난 것이 되니, 만약에 소가 듣는다면 어찌 불평하는 마음이 없겠습니까?

【문법연구】

'주어+형용사+於+명사(비교대상)'의 형식 외에도 비교의 표현방법은 몇 가지가 있다.

⊙ 勝은 '이기다'의 뜻이 基本意이지만 '어느 것보다 낫다'는 우등비교의 자로 쓰인다.

 柔勝剛 : 부드러움이 강함보다 낫다(부드러움이 강함을 이긴다).

⊙ A比B益C : A는 B보다 더 C(형용사,성질)하다. 鐵比鑞益剛 : 철은 납보다 더 강하다.

⊙ 牛心與人心同 : 소의 마음은 사람의 마음과 같다. A與B同 : A는 B와 같다. A與B不同 : A는 B와 같지 않다.

⊙ 與其 A寧B : A보다는 차라리 B가 낫다. 與其奢 寧儉 : 사치보다는 차라리 검소함이 낫다.

⊙ 비교지만 최상급의 의미를 나타낼 때는, 莫, 莫若, 莫如, 孰若, 孰如의 어휘를 사용한다.

罪莫大於不孝. 죄는 불효보다 더 큰 것이 없다. 불효가 가장 큰 죄이다.
罪孰若不孝. 죄 중에 무엇이 불효와 같은 것이 있겠는가?
至樂莫如讀書 : 지극히 즐거움은 독서만한 것이 없다(독서가 제일이다).

<不言人之長短: 다른 사람의 단점을 말하지 않는다>

황 상국 희가 어린 시절에 들판을 가다가 길가에서 쉬는 중에 농부가 두 마리 소에 멍에를 씌우고 밭갈이하는 것을 보고 "두 마리 소중에 어느 것이 더 낫습니까?하고 물었다. 농부는 대답을 하지 않으며 밭가는 일을 잠시 멈추고 이르러 와서 귀에다 대고 작은 소리로 "이쪽 소가 낫습니다."하고 답하였다. 公(황희)이 이상하게 여기며 "무엇 때문에 귀에다 대고 말을 합니까?"하고 물으니, 농부가 "비록 기르는 가축이지만 그 마음은 사람과 같습니다. 이 소가 낫다고 하면 저 소가 못난 것이 되니 만약에 소가 듣는다면 어찌 불평하는 마음이 없겠습니까?"하고 말하니, 공이 크게 깨닫고 마침내 다시는 다른 사람의 장단점을 말하지 않았다.

第 Ⅱ 장

散文篇

散文은 그 종류가 매우 다양하다. 散體로 쓰는 형식이 모두 散文이지만 그래도 각종 주제에 따라 작성하는 문투가 있다. 산문의 원조인《書經》을 비롯하여 각종 제자백가서가 古代散文의 주류를 이루고, 이어서 인간생활에 필요한 분야에 따라 작성한 글이 각 종류별로 서식을 이루게 되어 마침내는 여러 종류의 산문격식이 나타나게 되었다. 淸代의 姚鼐는 그의《古文辭類纂》에서 古文의 종류를 13종류로 분류하였는데: 論辨類 奏議類 傳狀類 雜記類 序跋類 贈序類 書簡類 詔令類 哀祭類 碑誌類 辭賦類 頌讚類 箴銘類이다. 箴銘類 頌讚類는 押韻하는 경우가 많고 辭賦類는 韻文이므로 이들을 순수한 散文이라고 볼 수는 없지만 그러나 이들 문장의 篇幅과 體裁가 散文性이 많으므로 산문으로 분류했다고 본다. 여기 13종의 분류는 각 종류마다 그의 해당 범위가 넓어서 산문을 모두 포괄하기에 족하다고 본다. 經書와 諸子書를 비롯하여 13종류의 文體別로 두 작품 정도를 발췌하여 그 내용과 서식을 살펴보기로 한다. 한문을 이해하는 데 도움이 되리라 믿는다.

一. 經書 및 諸子類

1. 《書經》

曰若稽古帝堯한대 曰放勳이시니 欽明文思ㅣ 安安하시며 允恭克讓하사 光被四表하시며 格于上下하시니라. 克明俊德하사 以親九族하신대 九族旣睦이어늘 平章百姓하신대 百姓昭明하며 協和萬邦하신대 黎民ㅣ 於變時雍하니라.

<虞書, 堯典>

【어구풀이】

曰若 : 發語詞로 뜻은 없음.

稽古帝堯 : 옛날의 제왕인 堯를 상고해 보건대.

曰放勳 : 방훈이라 하였다. 堯의 功勳이 사방으로 퍼져나갔다고 해서 붙인 이름.

欽明文思 : 堯(주어)에 대한 형용사 술어이다. 堯 임금은 欽하고 明하고 文하고 思하다(공경하고 현명하고 문채가 나고 사려가 깊다).

安安 : 편안하고 온유한 모양.

允恭克讓 : 진실로 공손하고 능히 사양하다. 克: 能.

光被四表 : 惠光이 사방에 미쳐갔다.

格于上下 : 천지에 이르렀다. 格은 至. 上下는 天地.

克明俊德 : 능히 큰 덕을 밝히다. 修身을 말함.

以親九族 九族既睦 : (修身을 하고나서) 구족을 친히 하자 구족이 화목해지다. 齊家를 말함. 九族 : 高祖에서 玄孫까지.

平章百姓 百姓昭明 : 백성들을 공평하게 다스리고(平) 밝게 가르치니(章) 백성들이 모두 도리와 예의에 밝게 되었다. 治國을 말함.

協和萬邦 黎民 於變時雍 : 제후의 만방을 합하고 평화롭게 하니 백성들이 오(於)!(감동하고) 변화하여 이에 평화롭게 되었다. 平天下를 말함. 黎民: 黎는 黑. 백성들의 머리가 모두 검은 색이므로 일반 백성을 黎民이라고 함. 於(오) : 감탄사. 時: 是也. 雍: 和也.

【해석】

옛날의 제왕인 堯를 상고해 보건대, 방훈이라 하였다. 이분은 공경하고 현명하고 문채가 나고 사려가 깊으시어 편안한 모습이었으며, 진실로 공손하고 능히 사양하여 그 빛이 사방을 덮어서 天地에 이르렀다.
능히 큰 덕을 밝혀 九族을 친하게 하시니 구족이 모두 화목해졌고, 백성들을 공평하게 다스리고 밝게 가르치니 백성들이 모두 도리와 예의에 밝게 되었으며, 제후의 만방을 합하고 평화롭게 하니 백성들이 오(於)!(감동하고) 변화하여 이에 평화롭게 되었다.

《書經》은 《尙書》라고도 하며 중국에서 가장 오래된 書이다. 중국뿐만 아니라 세계적으로도 가장 오래된 古書라고 할 수 있다. 지금으로부터 약 五千年 前의 글이다. 堯 舜 禹 등 古代 帝王들의 공적을 칭송하는 내용과 帝王이 臣下들에게 訓戒하는 名言과 格言이 많다. 여러 왕조의 공적을 기술하는 점에서 歷史書로 분류하기는 하나 德治에 의한 政治哲學을 강조하고 아울러 인간의 道義와 善行을 중시하는 내용들은 후세의 政治와 德行의 指針書이기도 하다. 인간

생활에 가장 기본이 되는 내용을 담고 있기에 오래도록 사라지지 않고 오늘날까지 보존되었다고 할 수 있다.

또한《書經》은 漢文의 文章을 작성하는 데 修辭的 先例가 되는 책이다. 고대로부터 중국인은 문장을 구성할 때에 의식적인 수사법을 강구했음을 살필 수 있다.

"允恭克讓 光被四表 格于上下 克明俊德 以親九族 九族既睦 平章百姓 百姓昭明 協和萬邦 黎民 於變時雍".

《書經》의 맨 처음에 나온 위의 한마디만 보아도 지극히 다듬어진 표현의 문장임을 발견할 수 있다. 이것은 일상에서 보통 사용하는 언어적 표현이 아니라 기록을 위한 표현임을 알 수 있다. 네 글자 句의 배열과 두 구절씩 對를 이루어 내용을 맞추어 나가는 방법과 '德' '族' '睦' 및 '姓' '明' '邦' '雍'의 압운과, 접미사를 생략한 簡潔性 등 일반적으로 통용하는 언어는 아니다. 처음부터 일상어와는 다른 기록을 위한 문장을 추구했던 것이다. 후세에 한문의 作文上 수많은 修辭法의 始原은《書經》에서부터 비롯되었다고 할 수 있다.

2.《周易》<繫辭上>

天尊地卑하니 乾坤이 定矣요. 卑高以陳하니 貴賤이 位矣요. 動靜有常하니 剛柔斷矣요. 方以類聚하고 物以群分하니 吉凶生矣요. 在天成象하고 在地成形하니 變化見矣라.[1]

---

1)《周易》의 後尾에 <繫辭上下傳>이 있다. 이 <繫辭傳>은《周易》본문의 卦辭

【어구풀이】

天尊地卑 乾坤定矣 : 하늘은 높고 땅은 낮으니, 그 이치로 周易에서 乾과 坤의 卦가 정해졌다. 天地는 陰陽形氣의 實體이다. 乾坤은 周易에서 純陰과 純陽의 卦名이다.

卑高以陳 貴賤位矣 : 낮고 높은 위치로 펼쳐지니, 貴와 賤이 자리를 잡는다. 卑高는 천지 만물의 上下의 위치이다. 貴賤은 周易에서 卦爻의 上下의 위치를 말한다. 卦의 여섯 爻가 아래위로 진열되니 賤民의 位와 貴公의 位가 있다.

動靜有常 剛柔斷矣 : 陽氣의 動과 陰氣의 靜이 常存하니, 陽爻의 剛과 陰爻의 柔가 나누어진다.

方以類聚 物以群分 吉凶生矣 : 방향(자리)에 따라 같은 류(君子類, 小人類)로 모으고, 사물은 끼리끼리 分類되니, 즉 사물의 善하고 惡한 것이 각자 유형으로 분류되니, 여기에서 좋고 나쁜 일이 생긴다.

在天成象 在地成形 變化見矣 : 하늘에서는 해 달 별 같은 형상을 이루고, 땅에서는 산천 동식물의 형체를 이루니, 여기에서 易의 변화가 나타난다.

變化 : 陰이 陽으로 陽이 陰으로 움직이는 현상.

【해석】

하늘은 높고 땅은 낮으니 그 이치로 易에서 乾과 坤卦가 정해졌다. 천지 만물이 낮고 높은 위치로 펼치니 易에서 卦爻가 上下로, 즉 卦의 여섯 爻가 아래위로 진열되어 賤의 位와 貴의 位가 자리잡게 되었다. 陽氣의 動과 陰氣의 靜이 常存하니, 陽爻의 剛과 陰爻의 柔가 나누어진다. 방향(자리)에 따라 같은 류(君子類, 小人類)로 모으고, 사물은 끼리끼리 分類되니, 즉 사

爻辭 전체를 통틀어 논술한 것이다.

물의 善하고 惡한 것이 각자 유형으로 분류되니, 여기에서 좋고 나쁜 일이 생긴다. 하늘에서는 해 달 별 같은 형상을 이루고, 땅에서는 山川 動植物의 형체를 이루니, 여기에서 易의 변화가 나타난다.

《周易》은 한문의 文理를 터득하기 위하여 읽을 책은 아니다. 한문의 문장 독해력을 갖추고 나서 註釋을 보면서 읽어야 할 책이다. 후미에 있는 <繫辭傳> 약간은 전체를 해설하는 글이지만 본문은 점(占)을 치는 책으로서 점에 나타난 卦爻를 설명하는 글인데, 문장은 簡潔하고 奇異하여 註釋이 없으면 읽기 어려운 글이다. 점(占)은 미래에 대한 예언으로 결과를 확신할 수 없는 것이다. 다만 주역의 기본원리는 天地自然의 變化現象으로 인간 세상의 변화현상을 설명하려는 것이다. 인간이 자연의 섭리를 따르면 吉하고 역행하면 兇하게 된다는 논리이다.

陰陽의 原理를 중심으로 기술한 최초의 문헌은 《周易》이다. 《주역》은 중국의 사상과 예술 문화 등 다방면에 절대적인 영향을 미쳤다. 그 영향은 天地 陰陽의 相對와 調和의 원리이다. 모든 만물의 始原은 陰陽 調和에서 비롯된다고 본 것이다. 중국인의 생활 속에 깊이 배어든 음양조화의 사상은 자연히 문학작품으로 나타날 수밖에 없었는데, 우선 내용면에서 相對적인 對比와 對偶의 修辭法을 선호하고, 표현 형식면에서 짝을 맞추어 調和를 이루는 對句의 표현기법을 추구하게 된 것이다. 그러므로 한문을 볼 때는 天地 陰陽 剛柔 善惡 高低 長短 등 문장의 내용이나 형식면에서 대우 조화의 안목을 꼭 가지고 볼 필요가 있다. 이 原理를 그대로 수용한 것이 곧 한문의 文理라고 해도 과언이 아니다.

3.《論語》[1] -節錄-

1) 學而(卷之一)

子曰: 學而時習之면 不亦說乎아 有朋이 自遠方來면 不亦樂乎아 人不知而不慍이면 不亦君子乎아.

子曰: 弟子 入則孝하고 出則弟하며 謹而信하며 汎愛衆호대 而親仁이니 行有餘力이어든 則以學文이니라.

子曰: 君子 食無求飽하며 居無求安하며 敏於事而愼於言이오 就有道而正焉이면 可謂好學也已니라.

【어구풀이】

▸ 《論語》: 孔子의 사상이 담긴 책이다. 대부분 공자의 말이 기록되어 있으며, 공자의 제자들과 당시 주요 인물들의 질문에 대한 공자의 답변도 있고, 제자들의 말도 몇 군데 있고, 공자의 생활 태도와 行事에 대한 기록도 있다.

▸ **自遠方來**: 먼 곳(遠方)으로부터 찾아오면. 自: 으로부터.

▸ **人不知而不慍**: 다른 사람들이 알아주지 않아도 불평하지 않으면.

▸ **行有餘力 則以學文**: '行'은 앞에 말한 孝·弟·謹愼·愛衆·親仁 등의 행동을 말한다. 餘力은 餘暇와 같다. 以'餘暇'學文.

▸ **就有道而正焉**: 道가 있는 사람을 찾아가서 자기의 事·言行을 바로잡으라는 말이다.

就: 나갈 취. 有道: 道가 있는 사람.

---

1) 論語 孟子 大學 中庸 四書는 원문에 한글 토를 달고, 아래에 어구풀이를 첨가하고, 원문해석을 생략함.

2) 爲政(卷之二)

子曰: 道之以政하고 齊之以刑이면 民免而無恥니라 道之以德하고 齊之以禮면 有恥且格이니라.

子曰: 吾十有五而志于學하고 三十而立하고 四十而不惑하고 五十而知天命하고 六十而耳順하고 七十而從心所欲하야 不踰矩호라.

子曰: 溫故而知新이면 可以爲師矣니라.

子曰: 學而不思則罔하고 思而不學則殆니라.

【어구풀이】

- 道之以政 齊之以刑 : 백성들을 政策으로 이끌고 刑罰로 잡아나가면. 道, 導也.
- 民免而無恥 : 백성들이 잘못하고서 刑罰 받는 것을 면하려고만 할 뿐이고, 범행을 했어도 부끄럽게 여기는 마음은 없다는 말이다.
- 有恥且格 : 惡行에 대해 부끄러워하는 마음이 있고, 또 善으로 이르게 된다. 格, 至也.
- 十有五 : 有는 又와 같다. 十하고 또 五니, 十五歲란 말이다.
- 三十而立 : '立'은 마음이 定立되어 흔들리지 않게 되었다는 말이다.
- 耳順 : 귀에 들어오는 소리마다 마음으로 통하여 알 수 있게 되었다.
- 從心所欲 不踰矩 : 마음이 하고 싶은 대로 하여도 법도를 넘어섬이 없다.
- 思而不學則殆 : 혼자 생각만하고, 스승을 찾아가 글을 배우지 않으면 그가 궁리하는 생각은 위태롭다는 말이다. 생각이 객관성이 없으므로 잘못된 길로 빠질 수 있다는 말이다.

3) 八佾(卷之三)

林放이 問禮之本한대 子曰 大哉라 問이여 禮與其奢也론 寧儉이오 喪與其易也론 寧戚이니라.

定公이 問君使臣하며 臣事君호대 如之何잇고 孔子 對曰君使臣以禮하며 臣事君以忠이니이다.

【어구풀이】

▶ **禮與其奢也 寧儉** : 與其 A 寧 B : A하는 것보다는 차라리 B하다. 禮는 奢하는 것보다는 儉이 낫다.

▶ **喪與其易也 寧戚** : 喪禮는 호화롭게 치르는 것보다 슬퍼하는 태도가 낫다. 易 : 호화로운 갖춤.

▶ **君使臣 臣事君** : 임금이 신하를 부리고 신하가 임금을 섬기다.

▶ **君使臣以禮 = 君以禮使臣.**

4) 里仁(卷之四)

子曰: 里仁이 爲美하니 擇不處仁이면 焉得知리오.

子曰: 富與貴 是人之所欲也나 不以其道로 得之어든 不處也하며 貧與賤이 是人之所惡也나 不以其道로 得之라도 不去也니라 君子 去仁이면 惡乎成名이리오 君子 無終食之間을 違仁이니 造次에 必於是하며 顚沛에 必於是니라.

子曰: 士 志於道而恥惡衣惡食者는 未足與議也니라.

子曰: 放於利而行이면 多怨이니라.

子曰: 父母之年은 不可不知也니 一則以喜오 一則以懼니라.

子曰: 君子는 欲訥於言而敏於行이니라.

子曰: 德不孤라 必有隣이니라.

【어구풀이】

▶ 焉得知 : 어떻게 지혜로운 사람이 될 수 있으리오.

▶ 不以其道 得之 不去也 : 貧賤을 당연한 방도로 얻게 되지 않았다 하더라도(억울하게 얻었다 해도) 그것을 버리지 않는다. 나의 잘못 없이 빈천하게 되었다 하더라도 빈천을 버리려고 하지 않아야 한다.

▶ 顚沛 必於是 : 앞으로 넘어지고 뒤로 자빠지는 순간이라도 반드시 仁대로 해야 한다.

▶ 放於利而行 : 이욕만 따라 행동하면. 放, 依也.

5) 雍也(卷之六)

子曰: 知之者 不如好之者요 好之者 不如樂之者니라.

子曰: 知者는 樂水하고 仁者는 樂山하나니 知者는 動하고 仁者는 靜하며 知者는 樂하고 仁者는 壽니라.

【어구풀이】

▸ A 不如 B : A는 B만 같지 못하다. A보다 B가 낫다.

▸ 樂山樂水 : 樂: 좋아할 요.

▸ 壽 : 오래 산다. 제 목숨대로 산다는 뜻.

6) 述而(卷之七)

子曰: 默而識之하며 學而不厭하며 誨人不倦이 何有於我哉오.

子曰: 德之不修와 學之不講과 聞義不能徙하며 不善不能改 是吾憂也니라.

子曰: 志於道하며 據於德하며 依於仁하며 游於藝니라.

子曰: 飯疏食飮水하고 曲肱而枕之라도 樂亦在其中矣니 不義而富且貴는 於我에 如浮雲이니라.

子曰: 三人行에 必有我師焉이니 擇其善者而從之하고 其不善者而改之니라.

子는 釣而不綱하시며 弋不射宿이러시다.

【어구풀이】

▸ 默而識之 : 마음속으로 기억해 두다.

▸ 何有於我哉 : 이 세 가지 중 어느 것이 나에게 있느냐? 어느 것 하나를 제대로 하고 있지 못하다는 말로 謙辭의 표현이다.

▸ 德之不修 學之不講 : 不修德, 不講學. '德之不修'는 '之'자의 용법중의 하나이다.

▸ 據於德 : 덕을 굳게 지키고 흔들리지 않는 다는 말이다.

▸ 飯疏食飮水 : 거친 밥(疏食:소사)을 먹고 맹물마시다.

▸ 曲肱而枕之 : 팔꿈치를 굽혀 베고 눕는다는 말. 벨 것조차 여유롭지 않다는 뜻.

▸ 釣而不綱 : 낚시질은 해도 싹쓸이 그물질은 안하다.

▸ 弋不射宿 : 활은 쏘되 잠자는 짐승은 쏘지 않았다.

7) 泰伯(卷之八)

子曰: 興於詩하며 立於禮하며 成於樂이니라.

子曰: 篤信好學하며 守死善道니라 危邦不入하고 亂邦不居하며 天下有道則見하고 無道則隱이니라 邦有道에 貧且賤焉이 恥也며 邦無道에 富且貴焉이 恥也니라.

子曰: 學如不及이오 猶恐失之니라.

【어구풀이】

▸興於詩 : 詩를 읽고 善한 感興을 느껴받는다는 말이다.

▸篤信好學 : 돈독하게 성인을 믿고 배우기를 좋아한다는 말이다.

8) 顔淵(卷之十二)

顔淵이 問仁한대 子曰克己復禮 爲仁이니 一日克己復禮면 天下 歸仁焉하나니 爲仁이 由己니 而由人乎哉아 顔淵이 曰請問其目하노이다 子曰非禮勿視하며 非禮勿聽하며 非禮勿言하며 非禮勿動이니라 顔淵이 曰回雖不敏이나 請事斯語矣로리이다.

仲弓이 問仁한대 子曰出門如見大賓하며 使民如承大祭하고 己所不欲을 勿施於人이니(면) 在邦無怨하며 在家無怨이니라 仲弓이 曰雍雖不敏이나 請事斯語矣로리이다.

齊景公이 問政於孔子한대 孔子 對曰君君臣臣父父子子이니이다. 公이 曰善哉라 信如君不君하며 臣不臣하며 父不父하며 子不子면 雖有粟이나 吾得而食諸아.

季康子 問政於孔子한대 孔子 對曰政者는 正也니 子帥以正이면 孰敢不正이리오.

曾子曰: 君子는 以文會友하고 以友輔仁이니라.

【어구풀이】

▸ 克己復禮 : 자기의 欲情을 이기고 禮를 履行한다는 말이다.

▸ 非禮勿視 : 예에 맞지 않은 것은 보지 말라.

▸ 君君臣臣 : 임금은 임금답고 신하는 신하다워야 한다.

▸ 以友輔仁 : 벗함으로써 仁을 보충하여 나간다는 말이다.

9) 衛靈公(卷之十五)

子曰: 志士仁人은 無求生以害仁이오 有殺身以成仁이니라.

子曰: 人無遠慮면 必有近憂니라.

子曰: 過而不改 是謂過矣니라.

子曰: 吾嘗終日不食하며 終夜不寢하야 以思호니 無益이라 不如學也로다.

【어구풀이】

▶ 無求生以害仁 : 生을 구하려고(살기위하여) 인을 해치는 일이 없다.

▶ 過而不改 是謂過矣 : 잘못하고도 고치지 않는 것, 바로 이것이 잘못이다.

10) 季氏(卷之十六)

孔子曰: 益者三友요 損者三友니 友直하며 友諒하며 友多聞이면 益矣요 友便辟하며 友善柔하며 友便佞이면 損矣니라.

孔子曰: 君子有三戒하니 少之時엔 血氣未定이라 戒之在色이오 及其壯也하야 血氣方剛이라 戒之在鬪요 及其老也하얀 血氣旣衰라 戒之在得이니라.

【어구풀이】

▶ 友直 友諒 友多聞 益矣 : 벗이 강직하고, 벗이 진실하고, 벗이 아는 것이 많으면 이익을 준다.

▸ **友便辟 友善柔 友便佞 損矣**: 벗이 겉모습만 다듬고 정직하지 못하고, 벗이 주관이 없이 나약하고, 벗이 말재주만 가지고 있으면 손해를 준다.

11) 陽貨(卷之十七)

子路 曰君子尙勇乎잇가 子 曰君子는 義以爲上이니 君子 有勇而無義면 爲亂이오 小人이 有勇而無義면 爲盜니라.

【내용풀이】

子路가 "君子도 勇猛을 숭상합니까?"하고 물으니까, 공자가 이르기를 "君子는 義를 最上으로 삼으니, 君子가 勇만 있고 義理가 없으면 亂賊을 부리고, 小人이 勇만 있고 義理가 없으면 盜賊질을 한다."고 하였다.

4.《孟子》-節錄-

1) 何必曰利

孟子見梁惠王하신대 王曰: 叟 不遠千里而來하시니 亦將有以利吾國乎잇가 孟子 對曰王은 何必曰利잇고 亦有仁義而已矣니이다 王曰何以利吾國고하시면 大夫 曰何以利吾家오하며 士庶人이 曰何以利吾身고하야 上下 交征利면 而國이 危矣리이다 萬乘之國에 弑其君者는 必千乘之家오 千乘之國에 弑其君者는 必百乘之家니 萬取千焉하며 千取百焉이 不爲不多矣언마는 苟爲後義而先利면 不奪하야난 不饜이니이다 未有仁而遺其親者也며 未有義而後其君者也니이다 王은 亦曰仁義而已矣시니 何必曰利잇고. <梁惠王章句上>

【어구풀이】

▶ 孟子 : 姓은 孟 이름은 軻이며 鄒國 사람이다. 孔子의 사상을 계승하여 儒家思想을 더욱 발전시켰다. 그의 사상이 담긴 책으로 《孟子》가 있다.

▶ 叟 : 어르신, 늙은이, 그대.

▶ 上下 交征利 : 위와 아래가 서로 利欲만을 취하면. 征, 取也.

▶ 萬乘之國 : 병사의 수레 萬乘(만대)을 낼 수 있는 나라. 天子의 國이다. 乘, 車數也.

▶ 千乘之家 : 天子아래 公卿의 집안이다.

▸ 千乘之國 : 天子國 아래 여러 諸侯의 나라이다.

▸ 百乘之家 : 諸侯아래 大夫의 집이다.

▸ 不爲不多矣 : 많지 않은 것이 아니니다. 많다는 말.

▸ 不饜(불염) : 만족하지 않는다. 饜, 足也.

2) 四端

惻隱之心은 仁之端也요 羞惡之心은 義之端也요 辭讓之心은 禮之端也요 是非之心은 智之端也니라. 人之有是四端也는 猶其有四體也니 有是四端而自謂不能者는 自賊者也요 謂其君不能者는 賊其君者也니라. 凡有四端於我者를 知皆擴而充之矣면 若火之始然하며 泉之始達이니 苟能充之면 足以保四海요 苟不充之면 不足以事父母니라. <公孫丑章句上>

【어구풀이】

▸ 惻隱: 불쌍하게 여기는 마음. 仁한 마음.

▸ 羞惡: 부끄럽게 여김. 羞: 부끄러워할 수. 惡: 싫어할 오.

▸ 四體: 양팔과 두 다리. 四肢

▸ 擴: 확장하다. 넓히다.

▸ 始然: 타오르기 시작하다. 然: 불탈 연.

3) 求其放心

孟子曰仁은 人心也요 義는 人路也니라 舍其路而不由하며 放其心而不知求하나니 哀哉라 人이 有鷄犬이 放則知求之호대 有放心而不知求하나니 學問之道는 無他라 求其放心而已矣니라. <告子章句上>

【어구풀이】

▶ 舍其路而不由 : 그 義로운 人路를 버리고 따르지 않는다. 舍, 捨也.

▶ 放其心而不知求 : 그 仁한 人心을 내버리고 찾을 줄을 모른다.

▶ 求其放心而已矣 : 그 놔버린 본래 仁한 人心을 찾는 것일 뿐이다.

4) 君子三樂

孟子曰 君子 有三樂而王天下 不與存焉이니라. 父母俱存하며 兄弟無故 一樂也요. 仰不愧於天하며 俯不怍於人이 二樂也요. 得天下英才而敎育之 三樂也니. 君子 有三樂而王天下 不與存焉이니라. <盡心章句上>

【어구풀이】

▶ 王天下 不與存焉 : 천하에 왕노릇하는 것도 그 三樂에 들어가지 못한다.

▶ 仰不愧於天 : 우러러 보아 하늘에 부끄럼이 없다.

▶ 俯不怍於人 : 고개 숙여 사람들에게 부끄러움이 없다.

5.《大學》-節錄-

大學之道는 在明明德하며 在親民하며 在止於至善이니라. 知止而后有定이니 定而后能靜하고 靜而后能安하고 安而后能慮하고 慮而后能得이니라. 物有本末하고 事有終始하니 知所先後면 則近道矣리라.
古之欲明明德於天下者는 先治其國하고 欲治其國者는 先齊其家하고 欲齊其家者는 先修其身하고 欲修其身者는 先正其心하고 欲正其心者는 先誠其意하고 欲誠其意者는 先致其知하니 致知는 在格物하니라.
物格而后에 知至하고 知至而后에 意誠하고 意誠而后에 心正하고 心正而后에 身修하고 身修而后에 家齊하고 家齊而后에 國治하고 國治而后에 天下平이니라.
自天子로 以至於庶人히 壹是皆以修身爲本이니라. 其本亂而末治者 否矣며 其所厚者薄이오 而其所薄者厚하리 未之有也니라. <經一章>

【어구풀이】

▶《大學》: 中國 古代의 學校 이름. 나이 8세가 되면 小學에 들어가고, 15세가 되면 大學에 들어가는데, 王子, 高官의 長子, 庶民의 秀才들을 입학시켜 가르쳤다.

▶明明德 : 앞의 明은 동사이고, 뒤의 明은 德을 수식하는 형용사이다.

▶親民 : '親'자는 '新'자의 잘못으로 여기고, '新民'으로 본다. '新民'은 백

성들을 교화시켜 새롭게 혁신시킨다는 말이다.

▸ 止於至善 : 지극한 善에 머물러 변치 않는다는 뜻이다.

▸ 知止 : 止於至善을 안다는 말이다.

▸ 能得 : 행동의 세밀한 방법을 알게 되는 것을 말한다.

▸ 事有終始 : 事는 모든 일. 여기서는 止於至善을 안 뒤에 定하고 靜하고 安하고 慮하고 能得할 수 있다는 순서와, 다음의 格物 致知에서 天下平까지의 始終을 말하고 있다.

▸ 明明德於天下 : 선한 덕을 밝힌 영향이 온 천하에 미쳐가게 한다는 말이다. 明明德 한 효과가 新民을 하게 되고 그 영향이 天下에까지 이르게 됨을 말한다.

▸ 格物 : '사물의 이치를 연구하여 極에 도달한다'는 뜻이다. 格, 窮也.

▸ 其本亂 : 本은 修身爲本의 本을 말한 것으로, 其本亂은 修身이 되어 있지 않은 것을 말한다. 末治者 否矣 : 末은 家 國 天下이니, 修身이 안되면 家 國 天下가 다스려지지 않는다는 말이다.

▸ 所厚者 : 齊家하는 일을 말한다.

▸ 所薄者 : 治國 平天下의 일을 말한다.

其所厚者薄 而其所薄者厚 未之有也 : 齊家하는 데에 薄하고 治國 平天下하는 데에 厚할 사람은 있지 않다. 즉 齊家를 잘한 사람이라야 治國과 平天下를 잘할 수 있다.

6. 《中庸》-節錄-

天命之謂性이오 率性之謂道요 修道之謂敎니라. 道也者는 不可須臾離也니 可離면 非道也라 是故로 君子는 戒愼乎其所不睹하며 恐懼乎其所不聞이니라.
莫見乎隱이며 莫顯乎微니 故로 君子는 愼其獨也니라
喜怒哀樂之未發을 謂之中이요 發而皆中節을 謂之和니라
中也者는 天下之大本也요 和也者는 天下之達道也니라
致中和면 天地位焉하며 萬物育焉하니라. <第一章>

【어구풀이】

▶《中庸》: 孔子의 손자인 子思가 지은 것으로 알려져 있다. 儒家思想의 근본인 道理의 源流를 설명한 책이다.

▶ 性 : 性은 理, 理는 性이다. 性은 하늘이 모든 物에게 부여한 使命을 말한다. 예를 들면; 개는 주인을 따르는 性, 염소는 풀을 먹는 性이 있듯이, 인간의 性은 善한 性으로 단정한 것이다.

▶ 率性之謂道 : 性 그대로 하는 것을 道라고 이른다.

▶ 須臾 : 잠깐의 짧은 순간.

▶ 戒愼乎其所不睹 : 보이지 않은 데에서부터 경계하고 조심한다.

▶ 莫見乎隱 : 남이 안보는 곳에서보다 더 나타난 것이 없다. 혼자만 있는 곳에서 진실이 더욱 잘 나타난다.

▶ 莫顯乎微 : 미세한 데에서 가장 잘 드러난다. 미미한 일에서 제일 잘

나타난다.

▶ 謂之中 : 感情이 發하기 전에 마음이 어느 한쪽으로 치우치지 않은 상태를 '中'이라 한다. '中' : 無過不及之差也('中'은 過나 不及의 差이가 없는 것이다).

▶ 中節 謂之和 : 감정이 발하여 모두 節度에 딱 맞는 것(中)을 和라고 한다.

▶ 天地位焉 萬物育焉 : 천지가 제자리를 잡고 만물이 제대로 육성된다. 모든 것이 질서를 잡고 제대로 이루어진다는 말이다.

7.《老子》-節錄-

1) 上善若水

上善若水하니 水善利萬物而不爭하고 居衆人之所惡하니 故幾於道矣라.
居善地하고 心善淵하고 與善仁하고 言善信하고 政善治하고 事善能하고 動善時니라. 夫唯不爭하니 故無尤니라. 道德經 <第八章>

【어구풀이】

▸《老子》: 春秋時代의 思想家이며 道家의 創始者인 老子가 남긴 經典이며, 이를《道德經》이라고도 부른다. 儒家思想은 인간의 상호 공존을 위한 인위적인 제도를 중시하는 데에 반해 道家思想은 인위적인 제도의 구속을 부정하고 자유로운 본연의 無爲 自然을 강조한다.

▸ 上善若水 : 가장 잘 한 것은 물같이 하는 것이다.

▸ 居善地 : 여기서 '善'은 動詞로 풀이하는 것이 좋다. 善 : 좋아하다. 水가 居하는 것은 地를 좋아하고, 心善淵 : 물의 마음은 연못을 좋아하고, 與善仁 : 물이 베풀어 주는 것은 인자함(仁)을 좋아하고. 사람은 마음을 물처럼 낮은 곳에 두는 것이 좋다는 말이고, 베풀어 주는 것은 인자함이 좋다는 말이다. (居善地 :居는 地를 上善으로 여기다. 心善淵 : 心은 淵을 上善으로 여기다. 與善仁 : 與는 仁을 上善으로 여기다. 上善: 가장 좋게 여기다. 가장 좋아한다).

【해석】

<上善若水>

최고의 善은 물과 같이 행동하는 것이니, 물은 만물을 이롭게만 해주지 자기를 위해 다투지 않고, 사람들이 가장 싫어하는 곳에 처한다(아래 낮은 곳, 더러운 곳에 居한다). 그러므로 물의 행동은 거의 道에 가깝다.

물이 居하는 것은 안전한 地를 좋아하고(地를 가장 좋은 곳으로 여기고), 물의 마음은 낮은 연못을 좋아하고(가장 좋은 곳으로 여기고), 베풀어 주는 것(與)은 仁을 좋아하고, 물의 뜻(言)은 믿음(信)을 좋아하고, 다스리는 일은 혼란 없는 治를 좋아하고, 하는 일은 能을 좋아하고, 움직임은 흘러야 할 때와 머물러야 할 時를 좋아한다. 오직 물은 다투지 않는다. 그러므로 허물이 없다.

※사람이 하는 '居' '心' '與' '言' '政' '事' '動'의 행위가 물이 '地' '淵' '仁' '信' '治' '能' '時'를 좋아하는 것처럼 해야 한다는 것이다.

2) 大成若缺

▷大成若缺하니 其用不弊하고 大盈若冲하니 其用不窮하니라. 大直若屈하고 大巧若拙하며 大辯若訥이니라. <第四十五章>

【어구풀이】

▸大成若缺 其用不弊 : 정말로 완성된 사람은 부족한 듯하여, (넘치지 않으므로) 그 쓰임이 소멸되지 않는다.

▸若冲 : 빈 것처럼 보이다. 물이 가득차면 손실을 갖게 되듯이 가득찬 행동을 경계한 것이다.

▶ 大直若屈 : 참으로 곧은 것은 굽은 것처럼 보인다.

▶ 大辯若訥 : 정말 위대한 말은 감언이설보다 어눌한 듯한 말이다

<大成若缺>

크게 이루어진 자는 부족한 듯하니 (넘쳐남이 없으므로) 그 쓰임이 다함이 없고, 크게 채워진 자는 빈 것처럼 보이니 그 쓰임이 끝나지 않는다. 크게 곧은 자는 굽은 듯하고, 크게 교한 자는 옹졸한 듯이 보이고, 큰 변론은 어눌한 듯 한 표현이다(어눌한 말속에 진실이 더 들어 있다는 말). ※老子는 剛보다는 弱의 장점을 대변한다. 그래서 男보다는 女를, 盈보다는 虛를, 그리고 '赤子之心'이나 '水'와 같은 柔弱의 장점을 강조한다. 柔가 剛을 이기고, 더 낫다는 처세술을 강조한다(柔勝剛).

3) 自見者不明

▷ 自見者는 不明하고 自是者는 不彰하고 自伐者는 無功하고 自矜者는 不長이니라. <第二十四章>

【어구풀이】

▶ 自見者 不明 : 자기 자신을 드러내는 자는 빛이 나지 못한다.

▶ 自伐者 : 자신을 자랑하는 사람.

▶ 自矜者 不長 : 스스로 잘난 체 하는 사람은 명성이 오래가지 못한다.

<自見者 不明>

자신을 들어낸 자는 빛이 나지 못하고, 자신이 옳다고 주장하는 자는 드러

나지 못하고, 자신을 자랑하는 자는 공적이 없고, 스스로 잘난 체 하는 사람은 명성이 오래가지 못한다. ※노자는 항상 겸허한 처세를 강조한다. 겸손하면 얻고 넘치면 잃는다는 것이다(滿招損,謙受益).

4) 五色令人目盲

▷五色은 令人目盲하고 五音은 令人耳聾하고 五味는 令人口爽하고 馳騁畋獵은 令人心發狂하고 難得之貨는 令人行妨이라 是以로 聖人은 爲腹不爲目하니 故去彼取此니라.
<第十二章>

【어구풀이】

▶ 五色 令人目盲 : 수많은 색깔들은 사람의 눈을 멀게 한다. 令 : 사역동사.

▶ 令人行妨 : 사람의 행동을 어긋나게 만든다.

▶ 爲腹不爲目 : 허기진 배를 채우는 데에 그치고 눈에 탐나는 것을 얻으려고 하지 않는다는 뜻.

▶ 去彼取此 : '彼'는 五色 五味와 같은 허욕적인 것. '此'는 '爲腹不爲目'하는 행위, 즉 허욕을 배제한 기본적인 생활.

▶ 五色 · 五音 · 五味 : 여기서는 수많은 색깔 · 소리 · 맛을 말함.

※ 참고 : 五色 : 青黃赤白黑. 五音 : 宮商角徵羽. 五味 : 酸鹹辛甘苦.

<五色令人目盲>
오색찬란한 색깔은 사람의 눈을 멀게 하고, 수많은 소리는 사람의 귀를 농아로 만들고, 수많은 맛은 사람의 입맛을 버리게 하고, 말달리고 사냥하는 일은 사람의 마음을 미치게 하고, 구하기 어려움 보물은 사람의 행동을 어긋나게 만든다. 이런 까닭에 성인은 배를 채우는 데에 그치고 눈에 탐나는 것을 얻으려고 하지 않는다. 그러므로 저 인위적인 장식을 버리고 이 소박함을 취한 것이다. ※지나치게 인위적인 가식과 장식을 하지 말라는 말이다. 儒家의 인위적인 수많은 禮節의 制度를 비판한 것이다. 인위적인 가식과 장식이 인간 본연의 순수한 모습을 말살시킨다는 것이다.

5) 罪莫大於可欲

▷罪莫大於可欲하고 禍莫大於不知足하고 咎莫大於欲得이니라.
<第四十六章>

죄는 욕심내는 데서 나온 것보다 더 큰 것이 없고, 재앙은 만족할 줄 모르는 데서 나온 것보다 더 큰 것이 없고, 허물은 취득하려고 욕심내는 데서 나온 것보다 더 큰 것이 없다.

8.《莊子》-節錄-

天道運而無所積，故萬物成；帝道運而無所積，故天下歸；聖道運而無所積，故海內服. 明於天，通於聖，六通四辟於帝王之德者，其自爲也，昧然無不靜者矣. 聖人之靜也，非曰靜也善，故靜也，萬物無足以撓其心者，故靜也. 水靜則明, 燭鬚眉，平中準，大匠取法焉. 水靜猶明，而況精神. 聖人之心, 靜乎，天地之鑒也，萬物之鏡也. 夫虛靜恬淡寂漠無爲者，天地之平而道德之至，故帝王聖人休焉. 休則虛，虛則實，實者 倫矣. 虛則靜，靜則動，動則得矣. 靜則無爲，無爲也則任事者責矣. 無爲則兪兪，兪兪者憂患不能處，年壽長矣. 夫虛靜恬淡，寂寞無爲者，萬物之本也. <天道>

【어구풀이】

▸ 莊子 : 名은 莊周이다. 戰國時代 宋나라 사람이며, 저서로《莊子》가 있다. 老子의 사상을 이어받아 無爲自然 사상을 이론적으로 더욱 확장한 인물이다. 그래서 道家思想을 老莊思想이라고도 한다. 장자는 自然哲學을 내세우면서 때로는 諧謔的이고 寓話的인 辯論과 虛構的인 漫談으로 문장을 이끌어 자신의 의견을 설파하기도 하였다.《老子》의 문장처럼 간결하고도 함축적인 문장이 아니고, 장황한 설명의 이야기 같은 문장이 대부분이다. 문학사에서 小說의 기원을 莊子에 두는 이유가 여기에 있다.

▸ 六通四辟 : 여섯 가지로 통하고 네 가지로 밝히다. 여섯 가지는 六感

을, 네 가지는 上下古今 또는 四方을 말함. 제왕의 덕(帝王之德)에 두루 통달한다는 말.

[해석]

하늘의 道가 운행하여 적체한 바가 없기 때문에 만물이 이루어지고, 제왕의 道가 운행하여 적체한 것이 없기 때문에 천하가 그곳으로 귀순하고, 성인의 道가 운행하여 적체한 것이 없기 때문에 온 세상이 복종한다. 天에 밝고 聖에 통하여 제왕의 德에 두루 통달한 자는 그 스스로 하는 것이 아무것도 모르는 것처럼 고요하지 않은 것이 없다. 성인의 고요함은 고요함이 좋기 때문에 고요한 것이 아니라 만물이 그 마음을 흔들만한 것이 없기 때문에 고요한 것이다.

물이 고요하면 밝아져서 수염(얼굴)을 비추고 수평면이 基準에 딱 맞아 목수가 거기에서 법을 취한다. 물이 고요해도 밝은데 하물며 사람의 정신이야! 성인의 마음은 고요하여 천지의 거울이요, 만물의 거울이다. 무릇 비우고(虛) 고요하고(靜) 편안하고 담박하고 적막하고, 인위적 행위가 없는 것(無爲)은 천지의 平準이며 도덕의 지극함이다. 그러므로 제왕과 성인은 일을 만들어 내지 않고 쉬나니, 쉬면 비우게 되고 비우면 채워지니 채워진다는 것은 윤리를 말한 것이다. 비우면 고요하고 고요하면 움직이고 움직이면 도를 얻는 것이다. 고요하면 인위적 행위가 없으니 인위적 행위가 없으면 일을 맡은 자가 책임을 맡는 것이다. 인위적 행위가 없으면 유유히 평화로우니 유유한자에게는 근심걱정이 따를 수 없다. 그러므로 수명을 오래 누린다. 무릇 비우고(虛) 고요하고(靜) 편안하고 담박하고 적막하고 인위적 행위가 없는 것은 만물의 근본이다.

9.《荀子》-節錄-

人之性惡，其善者僞也. 今人之性，生而有好利焉，順是故爭奪生而辭讓亡. 生而有疾惡焉，順是故殘賊生而忠信亡焉. 生而有耳目之欲，有好聲色焉，順是故淫亂生而禮義文理亡焉. 然則從人之性，順人之情，必出於爭奪，合於犯分亂理, 而歸於暴. 故必將有師法之化，禮義之道然後, 出於辭讓，合於文理，而歸於治. 用此觀之，然則人之性惡 明矣，其善者僞也. 故枸木, 必將待檃括烝矯然後直，鈍金, 必將待礱厲然後利. 今人之性惡，必將待師法然後正，得禮義然後治. 今人無師法則偏險而不正；無禮義則悖亂而不治. 古者聖王以人之性惡，以爲偏險而不正，悖亂而不治，是以爲之起禮義, 制法度，以矯飾人之情性而正之，以擾化人之情性而導之也. 使皆出於治，合於道者也. 今之人，化師法，積文學，道禮義者, 爲君子；縱性情，安恣睢而違禮義者, 爲小人. 用此觀之，然則人之性惡明矣，其善者僞也. <性惡篇>

【어구풀이】

▸ 荀子 : 名은 荀況이다. 그를 존중하는 뜻으로 荀卿 孫卿이라고도 호칭한다. 저서로《荀子》가 있다. 전국시대 趙나라의 儒學者이며 禮學을 역설하였다. 특히 孟子의 性善說을 부정하고 性惡說을 주장하였다. 그의 교육이론은 매우 탁월하다. 人性은 惡한점이 있다고 보았기 때문에 善化시키기 위해서는 교육과 그 방법이 무엇보다 중요하다고 보았던 것이다.

▸ 然則人之性惡明矣, 其善者僞也. 술어로 쓰인 '明'과 '僞'는 모두 형용사

이다. 그러나 여기에 '矣'와 '也'를 붙임으로써 그들의 풀이가 다르게 된다. '明矣'는 형용사성 술어가 되고, '僞也'는 명사적인 술어가 된다.

[해석]

인간의 性은 惡하다. 그 善하다는 것은 거짓이다. 이 인간의 性이 태어나면서부터 利를 좋아하는 본성이 있다. 그 본성대로 따르기 때문에 쟁탈이 생기고 사양이 없게 된다. 태어나면서 미워함(疾惡)을 지니고 나온다. 이것을 따르기 때문에 남을 해치는 일이 발생하고 충신(忠信)이 없게 된다. 태어나면서 귀와 눈의 욕구가 있어서 성색(聲色)을 좋아함이 있다. 그 욕구를 따르기 때문에 음란함이 생기고 예의와 아름다운 윤리가 없어진다. 그러하니 사람의 본성을 따르고 사람의 욕정대로 한다면 반드시 쟁탈을 하게 되고, 분수에 어긋나고 도리를 문란케 하여 포악한 데로 가게 된다. 그러므로 반드시 스승의 법에 따른 교화와 예의의 도리를 갖추고 난 후에야 사양을 하게 되고 아름다운 윤리에 부합하게 되어 다스려지게 된다. 이로써 본다면, 그렇다면 인간의 性이 악한 것이 분명하다. 그 善하다는 것은 거짓이다.

그러므로 굽은 나무는 반드시 서서히 펴고 쪄서 바로잡은 뒤에 곧아지고, 무딘 쇠는 반드시 갈고닦은 뒤에 날카로워진다. 이제 사람의 성은 악하니 반드시 스승의 가르침을 기다린 뒤에야 바로 잡히고 예의 올바름을 얻은 뒤에야 다스려진다. 이제 사람이 스승의 가르치는 법이 없으면 편벽하고 험하여 바르지 못하고, 예의가 없으면 어긋나고 혼란하여 다스려지지 않는다. 옛날에 성왕이 인간의 성이 악하여 편벽되고 험해서 바르지 못하고 패란하여 다스려지지 않으므로 이 때문에 그것을 위하여 예의를 일으키고 법도를 만들어서 사람의 정성을 교정하여 바르게 하고, 사람의 성정을 움직여 변화시켜서 인도하였으니, 그들로 하여금 모두가 다스려지고 도에 부합하게 했던 것이다. 지금의 사람들이 스승의 가르치는 법에 교화가 되고 학문과 배움을 쌓아가고 예의를 행한 자는 군자가 되고, 타고난 성정대로 행동하면서 방자하고 헐뜯는 데에 안주하며 예의를 거스르는 자는 소인이 된다. 이것으로써 본다면, 그렇다면 인간의 성이 악한 것이 분명하다. 그 선하다는 것은 거짓이다.

二. 論辨類

《논어》·《맹자》·《노자》·《장자》 등 제자백가서는 모두가 論辨類에 속한다. 이들 諸子書를 제외하고 하나의 주제를 설정하여 辯論하는 유형의 작품이 후세에 나오게 되었다. 어떤 事案에 대하여 자기의 소신과 견해를 밝히고, 또 어떤 문제에 대해 성격을 규명하고 이를 해결하기 위한 의견을 제시하는 내용들이다. 작자의 사상과 학문적 식견이 종합적으로 반영된 글이라 할 수 있다.

1. 師說

韓 愈[1]

古之學者, 必有師. 師者, 所以傳道·授業·解惑也. 人非生而知之者, 孰能無惑. 惑而不從師, 其爲惑也, 終不解矣. 生乎吾前, 其聞道也, 固先乎吾, 吾從而師之. 生乎吾後, 其聞道也, 亦先乎吾, 吾從而師之. 吾師道也, 夫庸知其年之先後生於吾乎. 是故無貴無賤, 無長無少, 道之所存, 師之所存也. 嗟乎. 師道之不傳也, 久矣, 欲人之無惑也, 難矣. 古之聖人, 其出人也, 遠矣, 猶且從師而問焉. 今之衆人, 其下聖人也, 亦遠矣, 而恥學於師. 是故, 聖益聖, 愚益愚. 聖人之所以爲聖, 愚人之所以爲愚, 其皆出於此乎. 愛其子, 擇師

---

1) 字는 退之(768-824), 河北 昌黎出身. 唐代의 文人, 散文의 大家. 修辭를 일삼는 美文을 배격하고 내용을 중시한 古文精神을 되살리자고 古文運動을 주도하였다. 儒家의 道를 지극히 옹호하고 역설한 작품이 많다.

而敎之. 於其身也, 則恥師焉, 惑矣.

彼童子之師, 授之書而習其句讀[2]者也, 非吾所謂傳其道, 解其惑者也. 句讀之不知, 惑之不解, 或師焉, 或不焉, 小學而大遺, 吾未見其明也. 巫醫, 樂師, 百工之人, 不恥相師. 士大夫之族, 曰師曰弟子云者, 則羣聚而笑之. 問之則曰 彼與彼年相若也, 道相似也. 位卑則足羞, 官盛則近諛. 嗚呼, 師道之不復, 可知矣. 巫醫, 百工之人, 君子不齒, 今其智, 乃反不能及, 可怪也歟. 聖人無常師. 孔子師郯子萇弘師襄老聃[3]. 郯子之徒, 其賢不及孔子. 孔子曰 三人行, 則必有我師. 是故, 弟子不必不如師, 師不必賢於弟子[4]. 聞道有先後, 術業有專攻, 如是而已.

李氏子蟠, 年十七, 好古文, 六藝經傳, 皆通習之, 不拘於時, 請學於余, 余嘉其能行古道, 作師說, 以貽之.

<스승에 대한 논설>

옛날의 배우는 자는 반드시 스승이 있었으니, 스승(師)이란 도를 전해주고 학업을 주고 의혹을 풀어주는 자이다. 사람이 태어나면서부터 아는 자가 아니라면 누가 의혹이 없을 수 있는가? 의심하면서도 스승을 따르지 않으면 그 의심됨이 끝내 풀어질 수 없다. 나의 앞에 태어나서 그 도를 들음(앎)이 진실로 나보다 앞서면 나는 찾아가서 그를 스승으로 삼고, 나의 뒤에 태어났어도 그 도를 들음이 또한 나보다 앞서면 나는 찾아가서 그를 스승으로 삼는다. 나는 도를 스승삼으니 어찌 그의 나이가 나보다 먼저 태어났는가 후에 태어났는가를 알아볼 것이 있는가? 이런 까닭에 귀한 사람도 없고 천한 사람도 없고 어른도 없고 젊은 사람 가릴 것 없이 도가 존재한 데에는 스승삼을 일이 존재한 것이다. 아아! 스승 삼는 방법이 전해지지 않은 지가 오

2) 句讀(구두) : 글귀의 읽어가는 단위, 글귀.

3) 郯子萇弘師襄老聃 : 孔子가 郯子에게는 官職에 대해 물었고, 萇弘에게는 樂을, 師襄에게는 琴을 배웠고, 老聃에게는 禮를 물었다고 한다.

4) 賢於弟子 : 제자보다 어질다.

래되었으니, 사람들의 의혹이 없기를 바라기가 어렵게 되었다. 옛날의 성인은 그 보통 사람보다 출중함이 원대하였는데도 오히려 스승을 찾아가서 물었는데 지금의 많은 사람들은 그 성인보다 아래 됨이 또한 심원한데도 스승에게 배우기를 부끄럽게 여긴다. 이런 까닭에 성인은 더욱 성인이 되고, 어리석은 사람은 더욱 어리석게 된 것이다. 성인이 성인되는 것과 어리석은 사람이 어리석게 되는 이유는 그 모두가 이런 점에서 나온 것인져! 그의 자녀를 사랑하여 스승을 가려서 가르치면서 그 자신에게는 스승 삼는 것을 부끄럽게 여기니 의심스럽다.

저 동자의 스승은 동자에게 책을 주어 글귀를 익히는 자이지, 내가 도를 전하고 의혹을 풀어준다고 말한 자가 아니다. 글귀를 알지 못하고 의혹을 풀지못하면 혹 스승삼기도 하고 혹 삼지 않기도 하니 이는 작은 것을 배우고 큰것을 놓친 것이니 나는 그의 현명함을 보지 못했다. 무당 의사 악사 그리고 많은 기술인들은 서로 스승삼는 것을 부끄럽게 여기지 않는데 선비 대부의 족속들은 누가 스승이다 제자다 라고 이르는 자만 있으면 무리로 모여 그들을 비웃는다. 이유를 물으면 말하기를 "저 스승과 저 제자는 나이가 서로 같고 도도 서로 비슷하다. 스승의 지위가 낮으면 매우 부끄러운 것이고, 벼슬이 높으면 가까이 가서 아부를 한다"는 것이다. 오호라! 스승삼는 방법을 회복할 수 없다는 것을 알 수 있겠다. 무당 의사 많은 기술인들을 군자들이 같은 신분으로 여겨주지 않으나 지금 그들의 지혜는 결국 반대로 그들에게 미칠 수 없으니 이상한 일이로다! 성인은 일정한 스승이 없다. 공자같은 성인도 담자 장홍 사양 노담같은 사람들을 스승삼은 적이 있다. 담자의 무리들은 그 어짊이 공자에게 미치지 못했었다. 공자가 말하기를 세 사람이 가는 데에는 반드시 내가 배울 스승이 있다고 하였다. 이런 까닭에 제자라고 반드시 스승보다 못한 것이 아니고, 스승이라고해서 반드시 제자보다 어진 것은 아니다. 도를 아는 데에 선후가 있고, 기술업에는 전공이 있으니 이와 같을 따름이다. 이씨의 아들 반이 나이 17세에 고문을 좋아하여 육예 경전을 모두 능통하게 익히고 시속(時俗)에 구애받지 않고 나에게 배우기를 요청하기에 나는 그가 능히 고도(古道)를 행할 수 있을 거라고 반기며 사설을 지어서 주게 된 것이다.

2. 論語辨

柳宗元[1]

或問曰 儒者稱論語孔子弟子所記 信乎. 曰 未然也. 孔子弟子 曾參最少 少孔子四十六歲 曾子老而死 是書記曾子之死 則去孔子也遠矣. 曾子之死 孔子弟子 略無存者已. 吾意曾子弟子之爲之也. 何也, 且是書載諸子必以字, 獨曾子有子不然. 由此言之 弟子之號之也. 然則 有子何以稱子, 曰 孔子之沒也 諸弟子以有子爲似夫子 立而師之. 其後不能對諸子之問 乃叱避而退 則固嘗有師之號矣. 今所記 獨曾子最後死 余是以知之 蓋樂正子春子思之徒 與爲之爾. 或曰 仲尼弟子嘗雜記其言. 然而卒成其書者 曾氏之徒也.

【어구풀이】

樂正子春 : 曾子의 弟子.

子思 : 孔子의 손자. 名은 伋.

<논어에 대한 변론>

어떤 사람이 "학자들이 《논어》는 공자의 제자들이 기록한 것이라고 말한

1) 柳宗元(773-819) : 唐代의 韓愈와 함께 浮靡한 수식위주의 문풍을 배격하고 古文運動을 전개하여 문풍개선에 기여하였다. 한유가 重道에 치중한 반면 유종원은 道와 文을 아울러 중시하였다. 조정에서 정치개혁에 참여하여 진행하다가 憲宗이 卽位하면서 좌천되어 남방지역 永州로 나가 귀양살이를 하였고 또 柳州로 옮겨 살다가 생을 마쳤다. 그의 대표적인 작품은 대부분 귀양생활 중에 나왔는데 합리주의에 기초한 이론이 주 내용이고, 특히 산수풍경을 묘사한 山水遊記와 民生苦를 담아 개선을 바라는 人物傳, 그리고 詠物託情의 詩가 유명하다.

데, 믿습니까?"하고 물었다. 이 질문에 나는 "그렇지 않다"고 대답했다. 공자의 제자 중에 증참(曾參)이 가장 어린데 공자보다 46세가 어리다. 曾子가 늙어서 죽었는데 이 책(논어)은 증자의 죽음을 기록하고 있으니 공자와의 거리가 멀다. 증자가 죽을 때에 공자의 제자는 거의 생존자가 없었다. 내 생각은 증자의 제자들이 쓴 것이라고 본다. 왜 그런가? 이 책은 여러 제자들을 기록하면서 반드시 자(字)를 썼지만 오직 曾子와 有子만은 그렇지 않았다. 이로 말미암아 보면 제자들이 그렇게 불렀던 것이다.[2] 그렇다면 有子는 어째서 子를 붙였는가? 말하건대, 공자가 죽게 됨에 여러 제자들이 有子가 孔子와 흡사하다고 여기고 그를 세워 스승으로 삼았던 것이다. 그 뒤로 여러 제자들의 질문에 능히 대답을 할 수 없게 되자 마침내는 제자들의 불평을 피하여 물러나게 되었으니, 진실로 일찍이 스승이란 호칭이 있었던 것이다. 지금의 기록엔 오직 증자가 가장 나중에 죽었는데, 나는 이것으로 알 수 있으니, 대개 樂正子春과 子思같은 학도들이 함께 논어를 만든 것이다. 어떤 사람은 "공자의 제자들이 일찍이 공자의 말을 두루 기록했다"고 말을 한다. 그러나 결국에 그 책을 완성한 자는 曾氏(曾子)의 학도들이다.

2) 스승에 대해서 성씨 뒤에 子를 붙임.

3. 朋黨論

歐陽修[1]

臣聞朋黨之說，自古有之，惟幸人君辨其君子小人而已. 大凡君子與君子以同道爲朋，小人與小人以同利爲朋，此自然之理也. 然臣謂小人無朋，惟君子則有之. 其故何哉？小人所好者祿利也，所貪者財貨也. 當其同利之時，暫相黨引以爲朋者，僞也；及其見利而爭先，或利盡而交疏，則反相賊害，雖其兄弟親戚，不能自保. 故臣謂小人無朋，其暫爲朋者，僞也. 君子則不然. 所守者道義，所行者忠信，所惜者名節. 以之修身，則同道而相益；以之事國，則同心而共濟；終始如一，此君子之朋也. 故爲人君者，但當退小人之僞朋，用君子之眞朋，則天下治矣.

堯之時，小人共工, 驩兜等四人爲一朋，君子八元, 八愷十六人爲一朋. 舜佐堯，退四凶小人之朋，而進元, 愷君子之朋，堯之天下大治. 及舜自爲天子，而皐, 夔, 稷, 契等二十二人並列於朝，更相稱美，更相推讓，凡二十二人爲一朋，而舜皆用之，天下亦大治.《書》曰："紂有臣億萬，惟億萬心；周有臣三千，惟一心." 紂之時，億萬人各異心，可謂不爲朋矣，然紂以此亡國. 周武王之臣，三千人爲一大朋，而周用以興. 後漢獻帝時，盡取天下名士囚禁之，目爲黨人. 及黃巾賊起，漢室大亂，後方悔悟，盡解黨人而釋之，然已無救矣. 唐之晚年，漸起朋黨之論. 及昭宗時，盡殺朝之名士，或投之黃河，曰："此輩淸流，可投濁流." 而唐遂亡矣. 夫前世之主，能使人人異心不爲朋，莫

---

1) 歐陽脩(1007-1072) : 宋初의 유미주의 문풍을 개혁하고 새로운 宋代의 문풍을 전개하는 데 결정적인 역할을 하여 宋代文學의 領袖로 칭한다. 唐 韓愈의 古文運動 정신을 계승하여 宋代에 실현시킨 인물이다. 부드럽고 온유한 표현 속에 유익한 교훈을 담아내는 작풍이 있다.

如紂；能禁絶善人爲朋，莫如漢獻帝；能誅戮淸流之朋，莫如唐昭宗之世；然皆亂亡其國. 更相稱美推讓而不自疑，莫如舜之二十二臣，舜亦不疑而皆用之；然而後世不誚舜爲二十二人朋黨所欺，而稱舜爲聰明之聖者，以能辨君子與小人也. 周武之世，擧其國之臣三千人共爲一朋，自古爲朋之多且大，莫如周；然周用此以興者，善人雖多而不厭也. 夫興亡治亂之迹 爲人君者 可以鑑矣.

<무리짓는 당을 논함>
저는 붕당(朋黨)의 말은 옛 부터 있는 걸로 알고 있습니다. 오직 임금께서 군자와 소인을 분별하시기 바랍니다. 대개 군자와 군자는 道를 같이 하기 때문에 벗을 하고, 소인과 소인은 이욕을 함께 나누는 것으로 벗을 삼으니 이것은 자연의 이치입니다. 그러나 저는 소인은 벗이 없고 오직 군자만이 벗이 있다고 말하겠습니다. 그 이유는 무엇일까요? 소인이 좋아하는 것은 봉록의 이득이요, 탐내는 것은 재물이니, 그 이득을 함께 나눌 때에 잠시 서로 무리를 이루어 벗이 되는 것은 거짓입니다. 그 이득을 발견하고는 먼저 차지하려고 다투다가 혹시라도 이득이 없어져 서로의 사귐이 멀어지게 되면 도리어 서로 해치기까지 하니 비록 형제 친척간일지라도 스스로 보호할 수도 없게 됩니다. 그러므로 저는 소인들은 벗이 없다고 말한 것이니, 잠깐 벗을 하는 것은 위선입니다. 군자는 그렇지 않습니다. 지키는 것은 도의(道義)이고, 실행하는 것은 충신(忠信)이고 아끼는 것은 명예와 절개입니다. 이런 것들로 몸을 닦으니 道를 함께하며 서로 이롭고, 이런 것들로 나라를 섬기게 되니 마음을 같이하고 함께 일을 하며, 시종 한결같이 나갑니다. 이것이 바로 군자가 사귀는 벗입니다. 그러므로 임금은 마땅히 소인들의 허위적인 벗 무리를 퇴치하고 군자의 진정한 벗들을 기용하면 천하가 제대로 다스려 질 것입니다.
堯임금 때에 소인으로 공공(共工) 환두(驩兜) 등 네 사람이 한 무리가 되었고, 군자로 팔원(八元) 팔개(八愷) 16명이 한 무리가 되었는데, 舜임금이

堯를 도와 네 명의 흉악한 소인의 무리를 퇴치하고 팔원과 팔개의 군자의 무리를 진용시키니, 요임금의 세상이 크게 다스려졌습니다. 舜임금이 천자가 되면서는 고요(皐陶),기(夔),후직(后稷),설(契) 등 22명이 조정에 나란히 들어서게 되었는데 서로 아름다움을 칭찬하고 서로 사양한 사람을 추천해 주면서, 무릇 22명이 하나의 벗 무리가 되었는데, 순임금이 모두를 등용하니 천하가 또 크게 다스려졌습니다.《書經》에 이르기를 "주(紂)왕은 신하가 억만명이나 있었지만 오직 억만가지 마음을 가지고 있었고, 주(周)나라는 신하 삼천명이 있었지만 오직 한 마음이었다."고 하니, 주(紂)왕의 때에 억만명의 사람들이 각자가 마음을 달리 하였으니, 같은 무리를 이루지 못했다고 말할 수 있습니다. 그러나 주(紂)왕은 그 때문에 나라를 잃었습니다. 周나라 武王의 신하들은 삼천 명이 한 마음의 큰 무리를 이루게 되었고, 周나라가 그들을 기용해서 나라를 세우게 되었습니다. 후한(後漢) 헌제(獻帝) 때에 천하의 유명한 선비들을 모두 모아서 감옥에 가두어 감금하고 무리를 지어 작당을 한 사람들(黨人)이라고 지목하였습니다. 이에 황건적이 봉기하게 되어 한나라 왕실이 큰 난리가 났는데, 나중에 잘못을 깨닫고 그 무리를 모두 풀어주고 석방을 했지만 그러나 이미 사태를 구제할 수가 없었습니다. 당(唐)나라의 만년에 붕당(朋黨)을 이룬다는 의론이 점차 일어나게 되었는데, 소종(昭宗) 시기에 이르러는 조정의 유명 신하들을 모조리 죽이고, 혹 황하(黃河)에 던져버리기도 하며 "이들 청류(淸流)의 무리들은 탁류(濁流)에 버린 것이 좋다."고 하였답니다. 그러나 당나라는 마침내 망했습니다. 전 세대의 군주 중에 사람들로 하여금 마음을 달리하여 한마음의 붕우가 되지 못하게 했던 것은 주(紂)와 같은 왕이 없고, 착한 사람들이 붕우가 되는 것을 못하게 금지했던 왕은 한(漢)나라 헌제(獻帝)와 같은 왕이 없고, 청렴한 신하의 무리를 죽였던 것은 당(唐)나라 소종(昭宗) 세대와 같은 적이 없습니다. 그러나 모두는 그 나라를 혼란케 하여 잃었습니다. 더욱더 서로 아름다움을 칭찬하고 사양한 사람을 추대해주며 스스로 의심하지 안했던 것은 순임금 아래의 22신하와 같은 이들이 없었으니, 순임금도 의심하지 않고 모두를 기용하였습니다. 그러나 후세에 순임금이 22인의 무리들에게 속았다고 꾸짖지 않고 순임금을 총명한 성인이라고 칭찬한 것은 능히 군자와 소인을 판별할 수 있었기 때문입니다. 주나라 무왕의 세대에 나라의 신하 삼천명이 함께 하나의 무리가 되었으니 옛날부터 붕우가 많고도 컸던 것은 주나라와 같은 적이 없습니다. 그러나 주나라가 이들을 기용하여 나라를 세웠던 것은 착한 사람이 비록 많을지라도 미워하지 않았기 때문입니다. 무릇 흥하고 망하고 다스려지고 어지러웠던 자취를 임금이 된 사람은 거울로 삼아야 합니다.

※ 이글은 論辨類이면서 임금에게 올리는 上疏文이기도 하다.

三. 奏議類

奏議類는 아래의 신하가 임금에게 자기의 뜻을 아뢰어 올리는 글이다. <出師表> <陳情表> <貴粟疏> <諫秦王逐客書> 같은 유명한 작품이 많다. '表' '疏' '奏' '議' '上書' '封事' 등의 호칭이 있다. 나라와 임금을 걱정하며 忠諫하는 내용이 많으며, 개인이나 특별한 사정을 살펴달라고 호소하는 내용도 있다.

1. 出師表

諸葛亮[1]

先帝創業未半而中道崩殂, 今天下三分[2], 益州疲弊, 此誠危急存亡之秋也. 然侍衛之臣, 不懈於內, 忠諫之士, 忘身於外者, 蓋追先帝之殊遇, 欲報之於陛下也. 誠宜開張聖聽, 以光先帝遺德, 恢弘志士之氣, 不宜妄自菲薄, 引喩失義, 以塞忠諫之路也. 宮中府中, 俱爲一體, 陟罰臧否[3], 不宜異同. 若有作奸犯科, 及爲忠善者, 宜付有司, 論其刑賞, 以昭陛下平明之理. 不宜偏私, 使內外異法也. 侍中侍郎郭攸之費禕董允等, 此皆良實, 志慮忠純. 是以先帝簡拔, 以遺陛下. 愚以爲宮中之事, 事無大小, 悉以咨之, 然後施行, 必

1) 諸葛亮 : 蜀나라의 丞相, 忠臣. 字는 孔明. 瑯琊 陽都人. 文武를 겸한 탁월한 政治家이다. 劉備가 三顧草廬하자 벼슬에 나아가 신하가 되었다.

2) 三分 : 蜀 吳 魏를 이름.

3) 陟罰臧否 : 잘한 이는 올려주고 못한 이는 벌주하다.

能裨補闕漏[4], 有所廣益. 將軍向寵, 性行淑均, 曉暢軍事, 試用於昔日, 先帝稱之曰能. 是以衆議擧寵爲督. 愚以爲營中之事, 事無大小, 悉以咨之, 必能使行陣和睦, 優劣得所也. 親賢臣, 遠小人, 此先漢所以興隆也. 親小人, 遠賢臣, 此後漢所以傾頹也. 先帝在時, 每與臣論此事, 未嘗不歎息痛恨於桓靈[5]也. 侍中尙書長史叅軍[6], 此悉貞亮死節之臣. 願陛下親之信之, 則漢室之隆, 可計日而待也. 臣本布衣, 躬耕南陽, 苟全性命於亂世, 不求聞達於諸侯. 先帝不以臣卑鄙, 猥自枉屈, 三顧臣於草廬之中, 諮臣以當世之事, 由是感激, 遂許先帝以驅馳. 後値傾覆, 受任於敗軍之際, 奉命於危難之間, 爾來二十有一年矣.

先帝知臣謹愼, 故臨崩, 寄臣以大事也. 受命以來, 夙夜憂嘆, 恐託付不效, 以傷先帝之明. 故五月渡瀘, 深入不毛, 今南方已定, 兵甲已足, 當奬率三軍, 北定中原. 庶竭駑鈍, 攘除姦兇, 興復漢室, 還于舊都, 此臣所以報先帝, 而忠陛下之職分也. 至於斟酌損益, 進盡忠言, 則攸之禕允之任也. 願陛下託臣以討賊興復之效, 不效則治臣之罪, 以告先帝之靈. 責攸之禕允等之咎, 以彰其慢. 陛下亦宜自謀, 以諮諏善道, 察納雅言, 深追先帝遺詔. 臣不勝受恩感激, 今當遠離, 臨表涕泣, 不知所云.

<군사를 이끌고 출정하며 임금에게 올림>

선제(劉備)께서 창업을 한 지 절반도 되지 않아 중도에 돌아가시고 지금 천하가 셋으로 나뉘어 익주는 피폐하게 되었으니 이는 진실로 위급하여 존속하느냐 망하느냐 할 때입니다. 그러나 임금을 모시고 호위하는 신하들이 안

---

4) 裨補闕漏 : 모자라고 뚫린 곳을 메우고 보충함.

5) 桓靈 : 後漢의 桓帝와 靈帝.

6) 侍中 尙書 長史 叅軍 : 모두 벼슬 명.

에서는 게을리 하지 않고, 충성으로 뜻을 바친 선비들이 밖에서는 몸을 아끼지 않은 것은 대개 돌아가신 선제의 특별한 대우를 추모하며 임금(劉禪)께 보답하고자 한 것입니다. 진실로 성스러운 덕을 펼쳐서 선제가 남긴 덕을 빛내고 지조있는 선비들의 사기를 키워주어야 할 것이요, 경망하게 스스로를 가볍게 여기고 핑계를 대며 대의를 잃고, 충성스럽게 간언하는 길을 막아서는 안됩니다. 궁중과 부중이 함께 일체가 되어 착한 자를 키워주고 착하지 않은 자를 벌주는 데 차별이 있게 해서는 안됩니다. 만약에 간사한 일을 하고 법을 위반하고, 또는 충성과 선행을 하는 자가 있으면 의당히 유사에게 맡기어 그들의 형벌과 포상을 논하여 폐하의 공평하고 분명한 다스림을 밝혀야 할 것이요, 사적인 정에 치우쳐 내외로 법을 다르게 해서는 안됩니다. 시중시랑 곽유지, 비위, 동윤 등은 이들은 모두가 진실하여 마음먹고 생각하는 것이 충성스럽고 순수하니 이런 까닭에 선제께서 간추려 선발하여 폐하에게 물려주었습니다. 저는 말하건대 궁중의 일은 일의 크고 작은 것 없이 모두를 그들에게 물은 연후에 시행하시면 반드시 궁궐의 정치적 누수를 막을 수 있어서 널리 이로운 바가 있을 것입니다. 장군 상총은 성품과 품행이 깨끗하고 공평한데다 군사에 밝아서 옛날에 시험삼아 기용했는데 선제께서 칭찬하며 능하다고 하셨습니다. 그래서 많은 사람들이 결의하여 상총을 도독으로 추대하였습니다. 저는 말하건대 군사진영의 일은 일의 크고 작은 것 모두를 그에게 자문하면 반드시 군사진영을 화목하게 만들 수 있고 위아래서열이 제자리를 잡게 할 수 있을 겁니다. 어진 신하를 친히 하고 소인을 멀리하였으니 이것은 선한이 그래서 흥융했던 것이요, 소인을 친히 하고 어진신하를 멀리하였으니 이것은 후한이 그래서 무너졌던 것입니다. 선제가 살아 있을 때에 저와 이 일을 논할 때마다 일찍이 환제와 영제에 대해 탄식하고 통탄하지 않은 적이 없었습니다. 시중 상서 장사 참군은 이들은 모두 곧고 진실하여 절개를 위해 목숨을 바칠 신하들이니 바라건대 폐하께서는 그들을 친히하고 믿으시면 한나라왕실의 흥융을 날자를 헤아려 기대할 수 있을 것입니다. 저는 본래 서민으로 몸소 남양에서 밭갈고 농사지으며 진실로 혼란한 세상에 타고난 목숨이나 보전하고 제후에게 벼슬을 요구하지 않으려했는데 선제께서 저를 비루하게 여기지 않으시고 외람되이 몸을 굽히고 찾아와서 초가집에 있는 저를 세차례나 찾아와서 저에게 당세의 일을 자문하시니 이로말미암아 감격하여 마침내 선제에게 신하되기를 허락했습니다. 그 후에 나라가 기우러질 처지에 이르렀는데 군대도 무너져가는 즈음에 임무를 맡고, 위험하고 험난한 기간에 명을 받들었으니 그 이래로 21년이 되었습니다.

선제께서는 제가 신중한 성격임을 아셨습니다. 그래서 돌아가실 적에 저에게 큰일을 맡기셨습니다. 명령을 받은 이래로 낮과 밤으로 근심하고 탄식을 하면서 부탁받은 일이 효과를 내지 못하여 선제의 현명함을 손상시킬까 두려워했습니다. 그러므로 5월에는 려(瀘)강을 건너가 깊이 불모지를 들어갔으니 지금 남방이 이미 안정이 되었고, 군사무기가 이미 만족하게 되었으니 마땅히 삼군을 거느리고 북쪽으로 중원을 평정해야합니다. 바라건대 노둔한 저의 능력을 다하여 간사한 흉노의 무리를 제거하고 한나라왕실을 부흥시켜 옛 도읍으로 귀환하는 일, 이것이 제가 선제에게 보답하고 폐하에게 충성하는 직분입니다. 손해인가 이익인가를 헤아려 충성스런 말을 모두 올리는 데에는 곽유지 비위 동윤의 임무입니다. 바라건대 폐하께서도 저에게 적을 토벌하고 나라를 다시 일으키는 성과를 맡기시어 성과가 나지 않으면 저의 죄를 다스리어 선제의 신령께 고하고, 곽유지 비위 동윤등의 잘못을 꾸짖어 그들의 태만을 들어내십시오. 폐하께서도 마땅히 스스로 도모하여 좋은 방법을 자문하시고 좋은 말을 살펴 받아들이셔서 깊이 선제가 남긴 부탁을 따르십시오. 저는 은혜를 받은 감격을 이기지 못하고 지금 멀리 떠남에 당하여 출사표를 바치며 눈물이 나서 무어라 이를 바를 모르겠습니다.

2. 陳情表

李 密[1]

臣以險釁, 夙遭愍凶, 生孩六月, 慈父見背, 行年四歲, 舅奪母志[2], 祖母劉閔臣孤弱, 躬親撫養, 臣少多疾病, 九歲不行, 零丁孤苦, 至于成立, 旣無叔伯, 終鮮兄弟. 門衰祚薄, 晩有兒息, 外無朞功[3]强近之親, 內無應門五尺之童. 煢煢孑立, 形影相吊, 而劉夙嬰疾病, 常在牀褥, 臣侍湯藥, 未嘗廢離. 逮奉聖朝, 沐浴淸化, 前太守臣逵[4], 察臣孝廉, 後刺史臣榮[5], 擧臣秀才, 臣以供養無主, 辭不赴命, 明詔特下, 拜臣郎中, 尋蒙國恩, 除臣洗馬, 猥以微賤, 當侍東宮, 非臣隕首所能上報. 臣具以表聞, 辭不就職, 詔書切峻, 責臣逋慢, 郡縣逼迫, 催臣上道, 州司臨門, 急於星火. 臣欲奉詔奔馳, 則以劉病日篤, 欲苟順私情, 則告訴不許, 臣之進退, 實爲狼狽. 伏惟聖朝以孝治天下, 凡在故老, 猶蒙矜育, 況臣孤苦, 特爲尤甚. 且臣少事僞朝[6], 歷職郎署, 本圖宦達, 不矜名節. 今臣亡國賤俘, 至微至陋, 過蒙拔擢, 寵命優渥, 豈敢盤桓, 有所希冀. 但以劉日薄西山, 氣息奄奄, 人命危淺, 朝不慮夕. 臣無祖母, 無以至今日, 祖母無臣, 無以終餘年, 母孫二人, 更相爲命, 是以區區不能廢遠. 臣密今年四十有四, 祖母劉今年九十有六, 是臣盡節於陛下之日長, 報劉之日短

---

1) 字는 令伯. 晉 武帝 때의 사람. 四川省 彭山縣 出身. 蜀漢과 晉에서 벼슬한 文人.

2) 舅奪母志 : 외삼촌이 어머니의 수절하려는 뜻을 빼앗다. 어머니를 다른 사람에게 再嫁시켰다는 말.

3) 朞功 : 朞 : 가까운 사이로 喪당한 후 1년간 입는 상복. 功 : 사촌 兄弟간으로 9개월간 입는 상복.

4) 臣逵 : 蜀나라 太守 賈逵.

5) 臣榮 : 吳나라 刺史 顧榮.

6) 僞朝 : 망한 蜀나라.

也. 烏鳥私情[7], 願乞終養. 臣之辛苦, 非獨蜀之人士, 及二州[8]牧伯所見明知. 皇天后土, 實所共鑑. 願陛下矜憫愚誠, 聽臣微志, 庶劉僥倖, 卒保餘年, 臣生當隕首, 死當結草. 臣不勝犬馬怖懼之情, 謹拜表以聞.

<실정을 진술하여 임금에게 아룀>
신하 이밀은 아뢰옵니다. 저는 기구한 운명으로 일찍이 불행함을 당하여 태어난 지 6개월 만에 사랑하는 아버지께서 세상을 떠나시고 나이 4세에 외삼촌이 어머니의 뜻을 빼앗아 다른 곳으로 출가해버리니 할머니 유씨가 저의 부모 없는 고약함을 불쌍하게 여기어 몸소 친히 어루만지며 길러주었습니다. 저는 어려서 질병이 많아서 9세까지 걷지도 못하였고, 외롭고 괴롭게 자라나 홀로 서게 되니 숙부나 백부도 없는 데다가 형이나 동생도 없었습니다. 집안이 쇠미한 데다 복도 없어서 늦게서야 자식을 가지고보니 밖으로는 기복이나 공복을 입어줄 가까운 친척도 없고 안으로는 심부름할 만한 어린 동자도 없이 외로운 독신의 몸으로 몸과 그림자가 서로 위로하는 신세였습니다. 그런데 할머니(劉氏)는 일찍이 병에 걸려 항시 침상의 이부자리에 누워 계시니 제가 시중들며 약을 달여 드리느라 일찍이 자리를 떠날 수가 없습니다. 그런데 성스러운 조정을 받들게 되어 씻고 닦아 깨끗한 변화에 젖어있는데 전에는 태수인 신하 규가 저를 효렴으로 살펴서 올리고, 후에는 자사인 신하 영이 저를 수재로 천거하였습니다. 저는 할머니를 공양할 사람이 없다는 이유로 사절하고 나가지 않았는데, 마침 임금의 조칙서가 특별히 하달되어 저를 낭중벼슬에 올리고, 거듭해서 나라의 은혜를 받게 되어, 저에게 세마 벼슬을 주었습니다. 외람되이 미천한 몸으로 세자가 있는 동궁을 마땅히 모셔야 할 신분이 되니, 제가 목숨을 바칠지라도 위로 보답할 수 있는 적은 은혜가 아닙니다. 그러나 제가 모든 사정을 갖추어 표문으로 알

7) 烏鳥私情 : 어미가 늙어서 거동을 못할 때 자식이 먹이를 물어다 준다는 까마귀의 정. 烏鳥 反哺之情: 孝行을 일컫는 말.

8) 二州(이주) : 梁州, 益州.

리고 사절하고 나가지를 않았는데 임금의 조서가 매우 엄하여 저의 태만함을 꾸짖으시고, 군현에서는 저를 핍박하며 제가 길에 나서줄 것을 재촉하고, 고을의 담당자가 저의 집에 찾아오는 것은 별빛보다 더 빠릅니다. 만약에 제가 조서의 명령을 받들어 조정으로 달려 나간다면 할머니의 병은 날마다 더 심해질 것이요, 진실로 저의 개인 사정을 따른다면 아무리 하소연해도 허락하지 않을 것이니, 제가 나가야할지 말아야할지는 참으로 낭패한 입장입니다.

엎드려 생각하옵건대 성스러운 조정은 효로써 천하를 다스리시어, 일반 늙은이들까지도 불쌍한 보살핌을 받는데 하물며 저는 외롭고 어려운 사정이 특별히 심한 처지인데야! 저는 젊어서 위조를 섬겨 낭서의 직을 역임한 일이 있으니, 본래 벼슬을 생각하고 있고 명절(名節)을 좋아한 것도 아닙니다. 지금 저는 망국의 미천한 포로의 몸으로 지극히 미천하고 지극히 비루한데도 과분하게 발탁을 받게 되었으니 어찌 감히 머뭇거리며 무엇을 바랄 것이 있겠습니까? 다만 할머니께서 해가 서산에 기울듯 호흡이 가물가물하니 사람의 목숨은 위태롭고 가벼운 것이어서 아침에 저녁을 헤아릴 수가 없습니다. 저는 할머니가 없었다면 오늘에 이를 수 없었고, 할머니는 제가 없으면 남은 여년을 마칠 수 없으니, 할머니와 손자 두 사람이 번갈아 서로 목숨을 위해주는 것입니다. 이런 까닭에 보잘 것 없는 몸이오나 할머니를 버려두고 멀리 떠나지를 못한 것입니다. 저 이밀은 금년 나이가 44세요 할머니 유씨는 금년 나이가 96세입니다. 이러니 제가 임금님께 충절을 다 할 수 있는 날은 길고 할머니에게 보답할 수 있는 날은 짧습니다. 까마귀 새의 반포지정으로 끝까지 봉양하기를 애걸하나이다. 저의 어려움은 촉의 인사나 두 고을의 목백들이 보아서 분명히 알 뿐만이 아니라 하늘과 땅도 실제로 함께 살펴보고 있는 바입니다. 바라건대 임금님께서는 저의 정성을 불쌍하게 여기시어 저의 적은 뜻을 들어주십시오. 할머니 유씨가 다행히 여년을 잘 마치게 되면 저는 살아서는 마땅히 목숨을 바칠 것이요, 죽어서는 결초보은 하겠나이다. 저는 두려운 심정을 이길 수 없어서 삼가 배하고 표문을 올리어 아뢰옵나이다.

3. <貴粟疏> -節錄-

鼂錯[1]

民貧則奸邪生, 貧生於不足，不足生於不農，不農則不地著，不地著則離鄕輕家, …中略… 夫腹饑不得食，膚寒不得衣，雖慈母不能保其子，君安能以有其民哉. 明主知其然也，故務民於農桑，薄賦斂，廣畜積，以實倉廩，備水旱，故民可得而有也. …中略… 夫珠玉金銀，饑不可食，寒不可衣，然而衆貴之者，以上用之故也. …粟米布帛, 生於地，長於時，聚於力，非可一日成也, 數石之重，中人弗勝，不爲奸邪所利, 一日弗得, 而饑寒至. 是故明君貴五穀而賤金玉.

<곡식을 귀중히 여길 것을 임금에게 아룀>

백성이 가난하면 간사함이 생깁니다. 가난은 부족한 데서 생기며 부족함은 농사짓지 않은데서 생깁니다. 농사짓지 않으면 한 지역에서 정착하지 않고 한 지역에서 정착하지 않으면 고향을 떠나고 집안을 가벼이 여깁니다. ...중략... 무릇 배가 고파도 먹을 수 없고 살갗이 추워도 옷을 입을 수 없다면 비록 자애로운 어머니일지라도 자식을 보호할 수 없는데, 임금이 어찌 그 백성을 가질 수 있겠습니까? 현명한 군주는 그러한 사정을 잘 압니다. 그러므로 백성들을 농사와 양잠에 힘쓰게 하고 세금징수를 줄여주며 식량을 더 축적하게 하여 창고를 채워서 홍수와 가뭄에 대비하도록 했습니다. 그러므로 백성들의 마음을 얻을 수 있었습니다. ...중략... 무릇 진주 옥 금 은 같은 것들은 굶주려도 먹지 못하고 추워도 옷으로 입을 수 없습니다. 그러나 민중들이 그것을 귀중히 여기는 것은 윗사람이 그것을 사용하기 때문입니다. ...중략... 쌀이나 베 비단은 땅에서 생겨나고 시절의 때에 따라 자라며 인력

---

1) 前漢 文帝 景帝時의 政治家이자 文人이다.

에 의해 모아지니 하루 만에 만들어 낼 수 없습니다. 식량 여러 가마니의 무게는 보통사람이 이기지 못하므로 간사한 사람에게 이용당하지 않지만 하루라도 식량을 얻지 못하면 배고픔과 추위가 이릅니다. 이런 까닭에 현명한 군주는 곡식을 귀중히 여기고 금옥(金玉)을 천하게 여깁니다.

四. 傳狀類

傳은 거의가 人物에 대한 기록이다. 傳은 한 사람의 인생 전반을 기록하는 것이 일반적인데, 그 사람의 개성적인 부분을 부각시켜 기술하는 종류가 많다. 한 사람의 出生부터 卒年까지의 행적과 아울러 조상의 내력 및 자손들까지 모두를 망라하여 기록한 것은 行狀이다. 어느 저자의 문집마다 후미에 그 사람에 대한 行狀이 실려 있다. 行狀은 대개 동료문인이나 문하인이 기록을 하는데 한 사람의 인적사항과 행적을 死後에 기록한 것이다. 행장을 보면 그 사람에 대한 자세한 내용을 알 수 있다. 行狀과 달리 傳은 그 사람의 非凡한 特長만을 취하여 기록하는 경우가 많기 때문에 흥미로운 내용이 많다. 이러한 특성이 증가되어 후세에는 小說類로 들어가는 작품도 많이 나오게 되었다. <麴醇傳> , <李生窺墻傳>, <許生傳>. 한글 <春香傳>, <洪吉童傳> 등.

1. 五柳先生傳

陶淵明[1]

先生[2]不知何許人, 亦不詳其姓字, 宅邊有五柳樹, 因以爲號焉. 閑靖少言, 不慕榮利, 好讀書, 不求甚解, 每有意會, 便欣然忘食. 性嗜酒, 家貧, 不能常得, 親舊知其如此, 或置酒而招之, 造飮輒盡[3], 期在必醉, 旣醉而退, 曾不吝情去留. 環堵[4]蕭然, 不蔽風日, 短褐穿結, 簞瓢[5]屢空, 晏如也. 常著文章自娛, 頗示己志, 忘懷得失, 以此自終. 贊曰, 黔婁有言, 不戚戚[6]於貧賤, 不汲汲於富貴, 極其言, 玆若人之儔乎. 酣觴賦詩, 以樂其志, 無懷氏[7]之民歟. 葛天氏[8]之民歟.

<오류선생 이야기>

선생은 어떤 사람인지 알 수가 없고 그 이름조차 자상하지가 않다. 집 주변에 다섯 그루의 버드나무가 있는데 그로 인하여 오류선생이라고 부르게 되었다. 여유롭고 침착하며 말이 적고 영예와 이욕을 바라지 않았다. 책읽기를 좋아하면서 깊은 이해를 바라지 않고, 뜻이 맞을 때가 있기만 하면 문득 기분이 좋아서 밥 먹는 것조차 잊어버리곤 하였다. 본성이 술을 좋아하였는데 집안이 가난하여 술을 항상 마실 수는 없었다. 친구가 이와 같은 사정을

1) 名은 潛. 字가 淵明. 江西省 潯陽縣 出生. 田園詩人이며 東晋時代의 대표적인 文人이다.

2) 五柳先生 : 도연명 자신을 일컫는 표현. 人名紹介 前見.

3) 造飮輒盡 : 가서 마시면 바로 다 마시다. 造其親舊家而飮酒,輒盡之.

4) 環堵 : 사벽으로 둘러싼 집, 또는 방안.

5) 簞瓢 : 대 밥그릇과 표주박 그릇, 가난을 상징하는 용기로 쓰임.

6) 戚戚 : 두렵거나 걱정하는 모양.

7) 無懷氏 : 太古적 태평성세를 이루었다는 전설상의 帝王.

8) 葛天氏 : 太古에 이상적인 세계를 이루었다는 帝王.

알고 간혹 술을 마련하여 초대하면 가서 마시는데 곧바로 다 마셔버리고 기대하는 것은 반드시 취하는 데에 있었다. 이미 취하여 물러나게 되면 일찍이 떠나고 머무르는 데에 주저하지 않았다. 담장 안은 쓸쓸하고 바람과 햇빛조차 가리지를 못했다. 짧은 옷은 구멍이 나 기워졌으며, 식량그릇이나 물그릇이 자주 비어도 태연한 모습이었다. 항상 문장을 지어 스스로 즐기며 자못 자기의 뜻을 나타내고, 득실을 마음 속에 두지 않고 이렇게 스스로 생을 마치려고 하였다.

찬으로 이르기를 "검루가 하는 말에 '가난함과 천함에 대해 걱정하지 않고, 부귀하려고 기를 쓰지 않는다.'"고 하였다. 그 말을 궁극해보면 이와 같은 사람의 짝인가? 술잔을 즐기며 시를 지어 그 뜻을 즐기니, 무회씨의 백성인가? 갈천씨의 백성인가?

2. 溫達傳

金富軾[1]

溫達, 高句麗平岡王時人也. 容貌龍鍾可笑, 中心則睟然, 家甚貧, 常乞食以養母, 破衫弊履, 往來於市井間, 時人目之爲愚溫達. 平岡王少女兒好啼, 王戲曰 : 『汝常啼聒我耳, 長必不得爲士大夫妻, 當歸之愚溫達』. 王每言之, 及女年二八, 欲下嫁[2]於上部高氏, 公主對曰 : 『大王常語「汝必爲溫達之婦」, 今何故改前言乎? 匹夫猶不欲食言, 況至尊乎? 故曰「王子無戲言」. 今大王之命謬矣, 妾敢不祗承』. 王怒曰『汝不從我敎, 則固不得爲吾女也. 安用同居? 宜從汝所適矣』. 於是公主 以寶釧數十枚, 繫肘後, 出宮獨行, 路遇一人, 問溫達之家, 乃行至其家, 見盲老母, 近前拜, 問其子所在, 老母對曰 : 『吾子貧且陋, 非貴人之所可近. 今聞子之臭, 芬馥異常, 接子之手, 柔滑如綿, 必天下之貴人也. 因誰之侜, 以至於此乎? 唯我息不忍饑, 取楡皮於山林, 久而未還. 』公主出行至山下, 見溫達負楡皮而來, 公主與之言懷. 溫達勃然曰 : 『此非幼女子所宜行, 必非人也. 狐鬼也. 勿迫我也』 遂行不顧, 公主獨歸宿柴門下, 明朝更入, 與母子備言之, 溫達依違未決, 其母曰 : 『吾息至陋, 不足爲貴人匹. 吾家至窶, 固不宜貴人居. 』公主對曰 : 『古人言「一斗粟猶可舂, 一尺布猶可縫[3]」則苟爲同心, 何必富貴然後可共乎?』乃賣金釧, 買得田宅奴婢, 牛馬器物, 資用完具.

---

1) 字는 立之, 號는 雷川, 諡號는 文烈. 高麗 文宗 睿宗 간에 文武를 겸비한 大臣. 當代를 대표하는 문인으로 睿宗實錄 仁祖實錄 三國史記 등을 편찬 저작하는 업적을 남겼다. 出典, 三國史記

2) 下嫁(하가) : 위에서 낮은 집안(臣下)으로 시집가는 것.

3) 出典『史記』「淮南王列傳」: 사물마다 생존을 위해 필요한 대상이 있다는 것. 세상 만물은 自生自存보다는 相生相存한다는 말.

初買馬, 公主語溫達曰 :『愼勿買市人馬, 須擇國馬病瘦而見放者, 而後換之』. 溫達如其言. 公主養飼甚勤, 馬日肥且壯. 高句麗常以春三月三日, 會獵樂浪之丘, 以所獲猪鹿, 祭天及山川神. 至其日, 王出獵, 羣臣及五部兵士皆從. 於是溫達, 以所養之馬隨行, 其馳騁常在前, 所獲亦多, 他無若者. 王召來問姓名, 驚且異之. 時後周武帝, 出師伐遼東, 王領軍逆戰於肄山之野, 溫達爲先鋒, 疾鬪斬數十餘級, 諸軍乘勝奮擊, 大克. 及論功, 無不以溫達爲第一. 王嘉歎之曰 :『是吾女婿也!』備禮迎之, 賜爵爲大兄[4]. 由此寵榮尤渥, 威權日盛. 及陽岡王卽位, 溫達奏曰 :『唯新羅 割我漢北之, 爲郡縣, 百姓痛恨, 未嘗忘父母之國, 願大王不以愚不肖, 授之以兵, 一往必還吾地』王許焉. 臨行誓曰 :『雞立峴竹嶺以西, 不歸於我, 則不返也』遂行, 與羅軍戰於阿旦城[5]之下, 爲流矢所中, 路而死. 欲葬柩不肯動, 公主來撫棺曰 :『死生決矣, 於乎歸矣!』遂擧而窆, 大王聞之悲慟.

<온달에 대한 이야기>

온달은 고구려 평강왕 때의 사람이다. 용모는 볼품이 없어 가소로우나 속마음은 밝았다. 집안이 매우 가난하여 항상 양식을 얻어다가 어머니를 봉양하였는데 떨어진 옷과 헤어진 신발을 신고 시내거리를 가고 오니 당시의 사람들이 그를 지목하여 '바보온달'이라고 하였다. 평강왕의 어린 딸 아이가 울기를 좋아하니 왕이 놀리면서 말하기를 "네가 항상 울며 나의 귀를 시끄럽게 하니 성장하면 반드시 사대부의 아내는 될 수 없고, 바보온달에게 시집을 보내겠다."라고 하며, 왕이 매번 그렇게 말하였다. 딸의 나이가 16세가 되어 상부의 고씨 집으로 시집을 보내려고 하자 공주가 왕에게 "대왕께서

4) 大兄 : 고구려 때의 벼슬이름.

5) 阿旦城 : 漢江 북쪽에 있으며, 百濟가 高句麗를 막기 위하여 쌓은 성.

항상 '너는 반드시 온달의 부인으로 삼겠다'고 말씀하셨는데, 지금 어찌 전에 하신 말을 바꾸십니까? 보통사람도 거짓말을 하려고 하지 않는데 하물며 왕께서야? 그러므로 왕의 자손은 말을 함부로 하는 일이 없는 것입니다. 지금 대왕의 명령은 잘못된 것입니다. 저는 감히 명령을 따르지 않겠습니다."라고 하니, 왕이 화를 내며 말하기를 "네가 나의 지시를 따르지 않는다면 진실로 나의 딸이 될 수 없으니, 어찌 함께 살 수 있겠는가? 마땅히 네가 갈 곳으로 가거라."고 명하였다.

이에 공주는 보배로운 귀금속 수십 매를 팔꿈치에 매어 걸고 궁궐을 나가서 홀로 걷다가 도로에서 어떤 사람을 만나 온달의 집을 물어보고 마침내 그 집으로 걸어갔다. 눈이 먼 온달의 늙은 어머니를 발견하고 가까이 앞으로 가서 절을 올리고 아들이 있는 곳을 물었다. 늙은 어머니가 공주에게 말하기를 "우리 아들은 가난한 데다 누추하기도 하니 귀한 사람이 가까이할 수 있는 자가 아닙니다. 지금 그대의 체취를 맡아보니 향기가 보통이 아니고 그대의 손을 만져보니 부드러움이 솜과 같으니 분명히 천하의 귀인입니다. 누구의 속임을 당하여 여기까지 왔습니까? 오직 우리 자식은 굶주림을 참지 못하여 산 숲속으로 느릅나무 껍질을 취하러 갔는데 오래 되었는데도 아직 돌아오지를 않고 있습니다."라고 하였다. 공주가 집을 나가 산 아래까지 걸어가서 온달이 느릅나무 껍질을 짊어지고 오는 것을 발견하였다. 공주가 온달에게 품고 있는 뜻을 말하니 온달이 깜짝놀라 말하기를 "이는 어린 여자에게 맞는 행동이 아니다. 분명히 사람이 아니다. 귀신이다. 나에게 가까이 오지말라."하고는 마침내 걸어가며 돌아보지도 않았다.

공주는 홀로 되돌아와 사립문 아래에서 잠을 자고 다음날 아침에 다시 집으로 들어가서 어머니와 아들(온달)에게 모든 것을 말하자 온달은 머뭇거리며 결단을 내리지 못하였다. 어머니가 말하기를 "나의 자식은 지극히 누추하여 귀인의 짝이 되기가 부족하고, 우리 집은 지극히 험루하여 진실로 귀인이 살기가 마땅하지 않다."라고 하니, 공주가 말하기를 "옛사람의 말에 '한 말의 곡식도 방아 찧을 수 있고, 한 자의 베도 바느질 할 수가 있다.' 고 하였으니, 진실로 마음이 같으면 되지 어찌 꼭 부귀한 뒤에 함께할 수 있습니까?" 하고는 마침내 금팔찌를 팔아서 전답과 집과 노비와 소 말 기물을 매입하니 사용할 재료가 완전히 갖추어졌다. 처음 말을 사올 적에 공주가 온달에게 말하기를 "삼가 시장사람의 말을 사지 말고 반드시 나라의 (혈통 있는) 말 중에 병이 나서 야위어 버림당한 말을 골라서 돈과 교환해야 합니다."하고 당부하였다.

온달은 그 말대로 따랐다. 공주가 말을 먹이고 사육하는 데 매우 부지런히 하니 말은 날로 살이 찌고 씩씩하게 되었다. 고구려는 항상 봄철 3월 3일에 낙랑의 언덕에 모여 수렵을 하였는데 여기서 잡은 멧돼지와 사슴으로 하늘과 산천신에게 제사를 지냈다. 그 날에 이르러 왕이 사냥을 나갔는데 많은 신하와 오부병사들이 모두 따라 나갔다. 이에 온달도 길러온 말을 가지고 따라서 나갔는데 그가 말을 타고 달리는 것은 항상 앞섰고, 잡은 것도 많았는데 다른 사람은 그와 같이 하는 자가 없었다. 왕이 오라고 불러서 이름을 물어보고는 놀라며 특이하게 여겼다. 이때에 후주 무제가 군사를 내어 요동지역을 쳐들어왔는데 왕이 군사로하여금 이산의 들판에서 맞붙어 싸우게 하였다. 온달이 선봉장이 되어 날래게 싸워 수십명의 목을 치니 여러 군대가 승세를 타고 용감하게 공격하여 크게 이겼다. 공적을 논하는데 이르러서는 온달을 제일로 여기지 않은 사람이 없었다. 왕이 기뻐하며 탄식하고 말하기를 "이 사람이 나의 사위이다."하고 예의를 갖추어 맞이하고 벼슬을 내려주어 대형으로 삼았다. 이로부터 왕의 총애와 영광이 더욱 넘치게 되고 권위도 날로 성대해졌다. 양강왕이 즉위하자 온달이 아뢰어 말하기를 "오직 신라가 우리의 한강 북쪽의 땅을 빼앗아 군현으로 삼고 있으니 백성들이 슬프고 한스럽게 여기면서 일찍이 부모의 나라를 잊지 못하고 있습니다. 바라건대 대왕께서는 저를 못난이로 생각하지 마시고 병력을 주신다면 한번 가서 반드시 우리의 땅을 되찾겠습니다."라고 하니, 왕이 허락하였다. 떠나면서 맹세하며 이르기를 "계립현 중령 서쪽을 우리에게로 귀속시키지 못하면 돌아오지 않겠다."라고 하고, 마침내 치러 가서 신라군과 아차성 아래에서 전투를 하다가 날라 온 화살에 맞게 되어 노상에서 죽었다. 묻으려고 하는데 관이 쉽게 움직이지 않자 공주가 와서 관을 어루만지며 "죽고 사는 것은 결정되었으니, 오! 돌아가십시오!"라고 말하고 나서야, 마침내 들어서 묻게 되었다. 대왕이 이 사실을 듣고 슬퍼하며 크게 울었다.

五. 雜記類

記는 주로 事物에 대한 記錄이다. 傳은 人物傳이고 記는 事物記라고 할 수 있다. 記는 기록하는 대상의 事物에 대한 來歷과 그 특징을 설명하는 것이 기본이다. 그러나 그 사물을 소재로 삼아 자신의 見聞이나 식견을 서술하는 紀事體 문장도 많고 紀行文 같은 遊覽記도 많다.

1. 岳陽樓記

范仲淹[1]

慶曆[2]四年春, 滕子京謫守[3]巴陵郡, 越明年, 政通人和, 百廢俱興. 乃重修岳陽樓, 增其舊制, 刻唐賢今人詩賦于其上, 屬[4]予作文以記之. 予觀夫巴陵勝狀, 在洞庭一湖. 銜遠山[5], 呑長江, 浩浩蕩蕩, 橫無際涯, 朝暉夕陰, 氣象萬千, 此則岳陽樓之大觀也, 前人之述備矣. 然則北通巫峽, 南極瀟湘,

---

1) 范仲淹(989-1052) : 字는 希文이며, 諡號는 文正이다. 江蘇省 蘇州人. 北宋의 政治 官僚이며 文人이다.

2) 慶曆(경력) : 宋 仁宗 연호.

3) 滕子京謫守(등자경적수) : 백거이와 함께 進士가 된 등자경이 유배가서 파능군의 태수가 되다.

4) 屬(속,촉) : 부탁하다.

5) 銜遠山(함원산) : 먼 산을 띄고 있는 뜻.

遷客騷人, 多會于此, 覽物之情, 得無異乎. 若夫霪雨霏霏[6], 連月不開. 陰風怒號, 濁浪排空, 日星隱曜, 山岳潛形, 商旅不行, 檣傾楫摧, 薄暮冥冥, 虎嘯猿啼, 登斯樓也, 則有去國懷鄕, 憂讒畏譏[7], 滿目蕭然, 感極而悲者矣. 至若春和景明, 波瀾不驚, 上下天光, 一碧萬頃, 沙鷗翔集[8], 錦鱗游泳, 岸芷汀蘭, 郁郁青青, 而或長煙一空, 皓月千里, 浮光躍金, 靜影沈璧, 漁歌互答, 此樂何極. 登斯樓也, 則有心曠神怡[9], 寵辱[10]俱忘, 把酒臨風, 其喜洋洋者矣. 嗟夫, 予嘗求古仁人之心, 或異二者之爲 何哉. 不以物喜, 不以己悲. 居廟堂之高, 則憂其民, 處江湖之遠, 則憂其君, 是進亦憂, 退亦憂. 然則何時而樂耶. 其必曰 先天下之憂而憂, 後天下之樂而樂歟. 噫, 微斯人[11], 吾誰與歸.

<악양루 누대에 대한 기록>

경력 4년 봄에 등자경이 귀양살이로 파릉군의 태수가 되었는데 다음해에 정치가 잘 되어 인민들이 화평하고 온갖 폐단도 사라지고 새롭게 일어나게 되었다. 그래서 마침내 악양루를 다시 수리하게 되었는데, 그 전의 규모보다 더 넓히고 당(唐)의 현인들과 지금 사람들의 시부(詩賦)를 그 위에다 새겨 붙이고 나에게 글을 지어 악양루기를 기록해달라고 부탁했다. 내가 보기에 파릉의 빼어난 모습은 동정의 호수에 있다. 먼 산을 안고 긴 강을 삼키며 크고도 넘치는 물결 쭉 뻗어 끝이 없는데다 아침에 햇살이 빛나면서부터 석양에 그늘이 질 때까지 그 생동하는 모습은 천태만상인데, 바로 이것이 악

6) 霪雨霏霏 : 장마비가 마구 내리다.

7) 憂讒畏譏 : 무고를 당하고 기만당할까 걱정하고 두려워함.

8) 翔集 : 날아서 모여든다.

9) 心曠神怡 : 마음이 태평하고 정신이 즐겁다.

10) 寵辱 : 총애와 굴욕, 출세와 좌천을 의미.

11) 微斯人 : 이러한 사람이 없다면.

양루의 대략적인 경관이며, 전인들이 그 경관을 술회한 기록이 구비되어 있다.

그렇다면 북쪽으로는 무협과 통하고 남쪽으로는 소상까지 이르는데 귀양살이로 천거해온 객들과 글을 짓는 사람들이 이곳에 모여들어 풍물을 보는 감정이 각자 다르지 않겠는가? 만약에 궂은비가 부슬부슬 내리면서 한두 달을 이어 개이지 않고, 비바람은 거칠게 불어 흐린 물결이 하늘로 솟구치며, 해와 별은 빛을 감추고 산악은 형체를 감추고 장사꾼도 다니지 않고, 돛대는 기울어지고 노도 부러지고, 저물어 어두운 곳에서 호랑이가 으르렁거리고 원숭이가 울적에 이 누대에 오르면, 나라를 떠난 신세로 고향을 그리워 할 것이며, 조정의 참소를 걱정하고 기롱하는 걸 두려워하고, 눈에 가득한 쓸쓸한 풍경에 감정이 극에 이르러 슬퍼함이 있을 것이다.

그러나 만약에 봄날이 화창하여 풍경이 청명하고 물결도 일어나지 않고 위아래가 하늘색으로 푸르른 만경창파를 이루면, 물가의 모래밭에 갈매기가 모여들고 비단같이 고운 물고기가 헤엄을 치고, 언덕위의 지초와 물가의 난초가 무성하게 푸르고, 혹 하늘에 긴 연기가 뻗어가고 하얀 달이 천리를 비추면, 물위의 빛은 금빛으로 반짝이고 고요한 달그림자는 물속에 구슬을 담가 놓은 것과 같다. 여기에 어부의 노래 주고받으면 이 즐거움을 어찌 다 할 수 있겠는가? 이 때에 이 누대에 오르면 마음이 넓어지고 정신이 좋아져서 총애와 욕됨을 모두 잊게 되고, 술잔을 들고 바람을 쐬면 그 기쁨 한없이 큰 느낌이 있을 것이다.

아! 나는 일찍이 옛날 어진 사람의 마음을 살펴보았는데 이상의 두 가지 행위와는 다르다. 왜 그런가? 어진 사람은 외물 때문에 기뻐하지 않고 자신 때문에 슬퍼하지 않기 때문이다. 조정의 높은 곳에 거처하면 백성들을 걱정하게 되고 강호의 먼 곳에 처해 있으면 그 임금을 걱정하니, 이는 조정으로 나가도 걱정을 하고 물러나도 걱정을 한 것이다. 그렇다면 "어느 때에 즐길 수 있느냐?"고 물으면, 분명히 "천하의 사람들이 걱정하는 것보다 먼저 걱정을 하고, 천하 사람들이 즐거워한 뒤에 즐긴다."고 말할 것이다. 아! 이런 사람이 없다면 나는 누구와 같이 가리오?

2. 醉翁亭記

歐陽修[1]

環滁[2]皆山也. 其西南諸峰, 林壑尤美, 望之蔚然而深秀者, 瑯琊也, 山行六七里, 漸聞水聲潺潺, 而瀉出于兩峰之間者, 釀泉也, 峰回路轉, 有亭翼然, 臨于泉上者, 醉翁亭也. 作亭者誰, 山之僧智僊也. 名之者誰, 太守自謂也. 太守與客, 來飮于此, 飮少輒醉, 而年又最高, 故自號曰, 醉翁也. 醉翁之意, 不在酒, 在乎山水之間也, 山水之樂, 得之心而寓之酒也. 若夫日出而林霏開, 雲歸而巖穴暝, 晦明變化者, 山間之朝暮也. 野芳發而幽香, 嘉木秀而繁陰, 風霜高潔, 水落而石出者, 山間之四時也. 朝而往, 暮而歸, 四時之景不同而樂亦無窮也. 至於負者歌于塗, 行者休于樹, 前者呼, 後者應, 傴僂提携, 往來而不絶者, 滁人遊也. 臨溪而漁, 溪深而魚肥, 釀泉爲酒, 泉冽而酒香. 山肴野蔌, 雜然而前陳者, 太守宴也, 宴酣之樂, 非絲非竹[3]. 射者中, 奕者勝, 觥籌[4]交錯, 起坐而諠譁者, 衆賓歡也, 蒼顔白髮, 頹[5]乎其間者, 太守醉也. 已而, 夕陽在山, 人影散亂, 太守歸而賓客從也, 樹林陰翳[6], 鳴聲上下, 遊人去而禽鳥樂也. 然而禽鳥知山林之樂, 而不知人之樂, 人知從太守遊而樂, 而不知太守之樂其樂也. 醉能同其樂, 醒能述以文者, 太守也, 太守謂誰, 廬陵歐陽修也.

---

1) 歐陽修(1007-1072) : 字는 永叔, 號는 醉翁 · 六一居士. 吉州 廬陵人. 宋代文學의 領袖로 稱하며, 唯美主義 문풍을 배격하고 古文運動을 전개하여 宋代文風을 唱導하였다.

2) 環滁 : 滁지역을 빙 둘러, 주변을 말함.

3) 非絲非竹 : 줄이 있는 絃樂器도 아니고, 竹管樂器도 아니다.

4) 觥籌 : 술잔과 술잔 세는 재료.

5) 頹(퇴) : 취하여 넘어져 쓰러진다는 뜻.

6) 陰翳 : 어두워지다.

<취옹정에 대한 기록>

저주 고을을 둘러싸고 있는 것들은 모두가 산이다. 그 서남쪽 여러 산봉우리의 숲과 골짜기가 더욱 아름다운데, 바라보면 초목이 우거져 매우 수려하게 솟아 있는 산이 낭야산이다. 그 산으로 육칠 리쯤 들어가면 점차 흐르는 물소리가 졸졸 들리는데 양쪽 산봉우리 사이에서 흘러나오는 것이 양천이라는 샘물이고, 산을 돌아 길을 따라가면 하나의 정자가 나래를 펴듯 우뚝 솟아 샘물가에 서 있는데 이것이 취옹정이다. 정자를 세운이가 누군인가? 이 산에 사는 승려 지선이다. 이름을 지은 자는 누구인가? 고을의 태수가 스스로 말한 것이다. 태수는 객과 함께 이곳에 와서 술을 마시는데 조금만 마셔도 바로 취하고 나이가 또한 가장 많다. 그래서 스스로 호를 취옹이라 하였다. 그러나 취옹의 뜻은 술에 있지 않고 산수의 사이에 있다. 산수에 도취한 즐거움을 마음속에서 얻은 것인데 이것을 술에다가 붙인 것이다.

해가 떠오르고 숲속의 안개가 걷히고, 구름이 돌아가고 바위의 틈새가 어두워지며, 어두웠다 밝았다 변화하는 것은 산간의 아침과 저녁이요. 야산에 꽃이 피어 그윽한 향기 피어나고, 아름다운 나무들이 우뚝 솟아 무성한 그늘을 이루며, 바람서리 고결하고, 물이 빠져 돌부리 들어나는 것은 산속의 사계절 풍경이다. 날이 새면 나갔다가 해가지면 돌아오는데, 사계절의 풍경이 모두 다르니 즐거움 또한 끝이 없다. 짐을 진 사람은 길에서 노래 부르고, 걷는 사람은 나무아래에서 쉬기도 하며, 앞에 가는 사람이 부르면 뒤에 가는 사람이 응답도 하고, 몸을 굽혀 서로 끌어주고 오르내리며 끊임없이 지속되는 것은 저주 사람들의 유람하는 모습이다. 시냇가에 가서 고기를 잡으니 물이 깊어 고기가 통통하고, 양천의 샘물로 술을 담그니 샘물의 맛이 좋아 술맛도 향기롭다.

산나물 안주에 야채의 푸성귀가 골고루 갖추어져 앞에 차려진 것은 태수의 잔치이다. 마시고 취하여 즐기는 것은 현악기나 관악기로 즐기는 것도 아니다. 활쏘는 자는 과녁을 맞추고 바둑두는 자는 이겨서, 큰 술잔과 젓가락이 어지럽게 뒤섞여 있는데, 일어섰다 앉았다 하며 왁자지껄 떠드는 것은 많은 손님들의 환호성이다. 창백한 얼굴에 백발의 늙은이가 그 사이에 넘어져 있는 것은 태수가 취한 것이다. 어느새 산에 해가 기울어 사람들의 그림자가 이리저리 흩어지는 것은 태수가 돌아감에 빈객들이 따라가는 것 때문이요, 나무의 숲에는 그림자도 지고 새들의 울음소리만 여기저기 들려옴은 놀았던 사람들이 떠나자 새들이 즐기는 소리이다. 그러나 새들은 산속에서 노는 즐거움은 알아도 사람들의 즐거움은 모를 것이다. 또 사람들은 태수를 따라 놀며 즐길 줄은 알아도 태수가 그들의 즐거움을 즐거워하는 것은 모를 것이다. 취하면 그 즐거움을 함께 할 수 있고 술이 깨면 글로 서술할 수 있는 자는 태수이다. 태수는 누구인가? 바로 여능(廬陵) 구양수이다.

六. 序跋類

作者의 작품을 모은 文集 序頭에 붙여 쓰는 것이 序文이고, 문집 끝에 붙여 쓰는 것이 跋文이다. 어떤 문집의 序文은 대개 다른 사람이 작성하는데 그 문집의 개요와 특징 및 저자의 개성을 소개하고 서문 작성자의 소감을 나타내는 것이 일반적이다. 또한 어떤 事案의 근본을 설명하거나 立言과 紀事의 성격을 가진 序文도 있다. 跋文은 대개 弟子나 後人이 작성하는데 주로 문집을 刊行할 때 또는 再出刊할 때에 문집 뒤에 붙인 글이다.

1. 蘭亭集序

王羲之[1]

永和[2]九年, 歲在癸丑, 暮春之初, 會于會稽山陰之蘭亭, 修禊事[3]也. 群賢畢至, 少長咸集, 此地有崇山峻嶺, 茂林脩竹[4], 又有淸流激湍, 映帶左右. 引以爲流觴曲水[5], 列坐其次. 雖

---

1) 字는 逸少. 王右軍이라고도 함. 東晋의 文人, 名筆家. 行書 草書에 뛰어 났음. 이글은 同好文人들이 蘭亭에서 宴會를 할 때 지은 詩에 序文으로 지은 것(蘭亭詩集序)이며, 이 글을 붓글씨로 쓴 筆體는 오늘날까지 行書의 敎本으로 전해지고 있다.

2) 東晋 다섯 번째 임금 穆帝의 연호

3) 음력 3월 3일에 물가에서 몸을 씻고 神에게 복을 빌며 제사를 올리는 행사.

4) 脩竹 : 긴 대나무.

5) 流觴曲水: 둘러 앉아 술잔을 띄우고 돌리며 마시는 굽은 물길.

無絲竹管絃之盛, 一觴一詠, 亦足以暢叙幽情. 是日也, 天朗氣淸, 惠風和暢. 仰觀宇宙之大, 俯察品類之盛, 所以遊目騁懷, 足以極視聽之娛, 信可樂也. 夫人之相與, 俯仰一世, 或取諸懷抱[6], 晤言一室之內, 或因寄所託, 放浪形骸之外, 雖趣舍萬殊, 靜躁不同, 當其欣於所遇, 暫得於己, 快然自得, 曾不知老之將至, 及其所之旣倦, 情隨事遷, 感慨係之矣, 向之所欣, 俛仰之間, 以爲陳迹, 猶不能不以之興懷, 況脩短[7]隨化, 終期於盡. 古人云 死生亦大矣, 豈不痛哉. 每覽昔人興感之由, 若合一契[8], 未嘗不臨文嗟悼, 不能喩之於懷. 固知一死生爲虛誕, 齊彭殤[9]爲妄作. 後之視今, 亦猶今之視昔. 悲夫, 故列叙時人, 錄其所述. 雖世殊事異, 所以興懷 其致一也. 後之覽者, 亦將有感於斯文.

<난정에서 지은 시를 모은 문집의 서문>

영화 9년 해는 계축년 늦은 봄 초기에 회계의 산음에 있는 난정에 모였는데 계사를 수행하기 위한 것이다. 많은 현인이 다 오고 젊은 사람 나이든 사람 모두가 모였다. 이곳에는 높은 산 높은 언덕과 무성하게 우거진 수림과 길게 자란 대나무가 있고, 또 맑게 흐르는 물과 여울목이 있어 반사되는 물빛이 좌우를 비추고 있다. 그 물을 끌어다가 유상곡수를 만들어 놓고 서열을 맞추어 차례에 따라 앉으니, 비록 사죽관현악기의 풍성함은 없을지라도 술잔을 한 번 기울이고 시 한 수를 읊으면 족히 깊은 감정을 펼칠 수 있다. 이 날 하늘은 맑고 공기는 맑으며 따뜻한 봄바람이 화창하게 펼쳐지니, 머리를 들어 우주의 큰 모습을 바라보고, 고개를 숙여 모든 품류의 왕성함을 살

6) 取諸懷抱 : 마음속의 회포에서 취함, 생각을 끌어냄.

7) 脩短 : 길고 짧음.

8) 若合一契 : 마치 하나의 符節을 맞추듯이 딱 맞다.

9) 齊彭殤 : 오래 살고 일찍 죽는 것이 같다. '彭'은 700년을 살았다는 傳說上의 彭祖를 말함.

필 수 있으니, 그러므로 눈이 가는 곳에 마음도 달려가면 족히 보고 듣는 즐거움을 다 할 수 있으니 참으로 즐길만 하다. 무릇 인간이 서로 더불어 살아가는 일세에 혹간 마음속에 간직한 회포에서 어떤 것을 가지고 하나의 집안에서 이야기하기도 하고 혹은 취미붙인 어떤 것에 빠져들어 형체를 잊고 방랑하기도 하니, 비록 취하고 버린 것이 만 가지로 다르고 안정되고 조급함이 다르지만, 자기가 만난 것에 기뻐하며 잠시라도 자기의 뜻을 얻게 되면 상쾌하게 자기만족을 느끼면서 일찍이 늙음이 장차 이르러 오는 줄도 모르다가, 그 나가는 것에 이미 권태감을 느끼게 되면 마음도 그 일에 따라 옮겨지게 되어 서글픈 감정이 거기에 매이게 된다. 그러면 지난번 기뻐했던 일이 잠깐 사이에 지나간 자취가 되어버리고 마니, 그래서 그로 인해 감회를 일으키지 않을 수가 없는 것이다. 하물며 오래 살고 일찍 죽는 일은 자연의 변화에 따라 마침내는 죽음을 기약하는 데야! 옛 사람이 이르기를 "죽고 사는 것은 또한 큰일이다."라고 하였으니, 어찌 슬프지 않은가? 옛 사람이 감회를 일으켰던 이유를 살펴볼 때마다 하나의 대쪽을 맞추듯이 딱 맞아서 글을 보고 슬퍼하지 않을 수가 없었으니 마음속에 깨우쳐 달랠 수가 없었다. 진실로 죽고 사는 것이 다 같이 허망한 일이고 오래 사나 일찍 죽으나 다 같이 쓸데없는 일이 된다는 것을 알았다. 후세에 지금을 보는 것은 또한 지금 옛날을 보는 것과 같을 것이니, 슬프도다! 그러므로 지금 여기에 모인 사람들을 차례로 쓰고 그들이 지은 글을 기록하나니, 비록 세대가 다르고 행사가 다를지라도 감회를 일으키는 그 이치는 동일한 것이다. 후세에 보는 사람도 역시 이 글에 느낌이 있으리라.

2. 昌黎文集序

李漢[1]

文者 貫道之器也 不深於斯道 有至者不也 易繇爻象 春秋書事 詩詠歌 書禮剔其僞 皆深矣乎 秦漢已前 其氣渾然 迨乎司馬遷相如董生揚雄劉向之徒 尤所謂傑然者也 至後漢曹魏 氣象萎荼 司馬氏以來 規範蕩悉 謂易以下爲古文 剽掠潛竊爲工耳 文與道蓁塞 固然莫知也. 先生生大曆戊申 幼孤 隨兄播遷韶嶺 兄卒 鞠於嫂氏 辛勤來歸 自知讀書爲文 日記數千百言 比壯 經書 通念曉析 酷排釋氏 諸史百子 搜抉無隱 汗瀾卓踔 奫泫澄深 詭然而蛟龍翔 蔚然而虎鳳躍 鏘然而韶鈞發 日光玉潔 周情孔思 千態萬狀 卒澤於道德仁義 炳如也. 洞視萬古 愍惻當世 遂大拯頹風 教人自爲時人始而驚 中而笑且排 先生益堅 終而翕然隨以定 嗚呼先生於交 摧陷廓淸之功 比於武事 可謂雄偉不常者矣 長慶四年冬 先生歿 門人 隴西李漢 辱知最厚且親 遂收拾遺文 無所失墜 合若幹卷 目爲昌黎先生集.

<창려 문집의 서문>

문장은 도를 담는 그릇이다. 이 도에 깊이 들어가 알지 못하고서 도를 밝히는 문장에 이르는 자는 있지 않다. 《역경》은 효사와 상전의 점사를 기술했고, 《춘추》는 역사의 사실을 기록했고, 《시경》은 노래를 읊었고, 《서경》과 《예기》는 거짓된 일을 배제하였으니, 모두가 심오한 내용을 지니고 있다. 진과 한나라 이전은 그 문장의 기상이 두루 갖추어졌었다. 그리고 사마천 사마상여 동중서 양웅 유향 같은 문인들에 이르러서도 더욱 걸출한 사람들

1) 李漢: 昌黎(韓愈)의 사위이자 門下人이다. 韓愈가 남긴 작품을 모아 昌黎文集을 만들고 여기에 서문을 썼다.

이라고 말할 수 있다. 그러나 후한과 조씨의 위나라에 와서는 문장의 기상이 위축되었고, 사마씨의 진 이후로는 문장의 규범이 모두 사라졌으며, 《역경》이하의 글을 고문이라 하고, 그 글을 표절하여 취하고 훔쳐 쓰는 것을 솜씨가 좋은 글이라고 여겼다. 문장과 도가 아주 막혀버린 것을 전혀 몰랐던 것이다. 창려선생은 대력 무신년에 태어났는데, 어려서 부모님을 잃고 형님을 따라 소령으로 가서 살았다. 형님이 죽게 되자 형수씨의 보호를 받고 자랐는데 어려운 생활을 하다가 고향으로 되돌아왔다. 책을 읽고 글을 지을 줄 알면서부터 날마다 수천 수백 마디의 말을 써냈으며 장년이 되어서는 경서를 모두 기억하고 분명하게 분석하였다. 불가를 혹독하게 배격하였고, 모든 역사서와 많은 제자백가서의 뜻을 찾아내고 파헤쳐 밝혀내므로 가리워진 것이 없었다. 문장의 내용은 크고 탁월하며, 깊고 빛나고 맑고 심오하여, 뛰어난 모습은 교룡이 날아오른 듯하고, 문채나는 모습은 호랑이와 봉황새가 뛰어 오른 듯하고, 음률은 순임금의 소와 천제의 균의 음이 울리는 듯하였다. 태양의 빛과 같고 옥의 청결함과 같고, 주공의 뜻과 같고 공자의 사상과 같이 천태만상의 문장이었으니, 마침내 도덕과 인의에 혜택을 주는 것이 빛과 같았다. 만고의 고문을 통찰하여 살피고 당시 시대의 문장을 크게 걱정하고 마침내 퇴폐적인 문풍을 크게 바로 잡고 사람들로 하여금 스스로 바른 문장을 쓰도록 하였다. 그러자 당시 사람들이 처음에는 놀라다가, 중도에는 비웃고 배격까지 했으나, 선생이 더욱 굳게 나가시니 마침내는 사람들이 선생의 뜻에 화합하고 따르게 되어 정착하게 되었다. 오호라! 선생이 문장에서 폐단을 없애고 깨끗하게 만든 공을 군사의 일에 비교한다면 영웅 중에서도 보통이 아닌 사람이라고 할 수 있겠다. 장경 4년 겨울에 선생께서 돌아가시니, 문인 농서 이한은 부끄럽게도 선생께서 가장 후의를 베풀어 주시고 친절하게 대해 주셨기에, 마침내 남겨놓은 글을 수습하여 모으고 빠진 것이 없도록 하여 모두 합쳐 책을 만들고 <창여선생집>이라고 하게 된 것이다.

3. 筆苑雜記 跋文

李世佐

右筆苑雜記. 吾座主四佳徐相公閑中信筆所著也. 丁未春. 弘文校理兪侯好仁. 出守義城來也. 公付以手抄一本. 俾鏤諸梓. 遂走書於余以勖之. 僕聞命以來. 凡鳩工供費之事. 一皆移諸傍邑. 因堅囑兪以壽其傳焉. 吁是書 皆吾東方國家之典攷. 賢臣之事蹟. 該而備. 博而辨. 實羽翼於國乘者. 非滑稽小說之比也. 況公之德業文章. 固將冠一世而聳百代. 奚待此書之傳而後益顯耶. 然後之人觀是編. 亦足以知公學問之博. 而祖宗制作之盛. 賢士大夫嘉言懿行. 亦將爲法於後世. 夫豈小補哉.

成化紀元二十三年九月日. 門人觀察使漢原李世佐謹跋.

<필원잡기 뒤에 붙인 발문>

《筆苑雜記》는 우리의 座主인 四佳 徐相公(徐居正)이 한가한 중에 붓 가는 대로 쓴 것이다. 정미년 봄에 弘文館 校理인 兪侯 好仁이 밖으로 나가 義城을 맡아 지키고 돌아오자, 공은 손으로 기록한 한 권을 주어 인쇄하게 하고는 마침내 나에게 편지를 보내어 그 일에 힘써 달라고 부탁하였다. 나는 명령을 받고 나서 인쇄기술인을 모으고 비용을 제공하는 모든 일을 한결같이 이웃 고을에 문첩으로 두루 알리고, 인하여 유호인에게 간곡히 부탁하여 후세에 오래도록 전해지게 하였다. 아! 이 책의 내용은 모두가 우리나라의 전고(典故)와 현신(賢臣)들의 사적을 담은 것이다. 많은 것을 다루면서 완비가 되었고 넓으면서도 분명하여 실로 국사(國史)에 도움이 되는 것이니, 골계소설(滑稽小說)에 비교할 바가 아니다. 더구나 公의 위대한 德業과 문장은 진실로 장차 한 세상의 모범이 되어 百代에 높이 드러날 것이니, 어찌 이 책이 세상에 전해지고 난 뒤에야 더욱 드러나기를 바랄 것이 있는

가? 그러나 후세사람들이 이 책을 보면 또한 공의 학문의 넓음과 처음으로 제작한 위대함을 알 것이며, 어진 사대부의 좋은 말씀과 훌륭한 행실은 또한 장차 후세에 모범이 될 것이니, 어찌 도움 됨이 작다고 하겠는가?

성화(成化) 기원(紀元) 23년(1487) 9月 日에 문인(門人) 관찰사(觀察使) 한원(漢原) 이세좌(李世佐)는 삼가 발문(跋文)을 쓰다.

七. 贈序類

앞에서 본 序跋類의 序文과는 다른 종류이다. 어떤 사람이 먼 곳으로 떠나갈 때에 위로와 함께 더욱 건실한 생활을 하라고 권유하는 내용이 많다. 대개 윗사람이 문하인이나 아랫사람에게 교훈이 되는 글을 지어 주는 종류가 많다.

1. 送孟東野序

韓愈

大凡物不得其平則鳴：草木之無聲，風撓之鳴. 水之無聲，風蕩之鳴. 其躍也，或激之；其趨也，或梗之；其沸也，或炙之. 金石之無聲，或擊之鳴. 人之於言也亦然，有不得已者而後言. 其歌也有思，其哭也有懷，凡出乎口而爲聲者，其皆有弗平者乎. 樂也者，鬱於中而泄於外者也，擇其善鳴者而假之鳴. 金, 石, 絲, 竹, 匏, 土, 革, 木八者，物之善鳴者也. 維天之於時也亦然，擇其善鳴者而假之鳴. 是故以鳥鳴春，以雷鳴夏，以蟲鳴秋，以風鳴冬. 四時之相推奪，其必有不得其平者乎.

其於人也亦然. 人聲之精者爲言，文辭之於言，又其精也，尤擇其善鳴者而假之鳴. 其在唐, 虞，咎陶, 禹，其善鳴者也，而假以鳴，夔弗能以文辭鳴，又自假於《韶》以鳴. 夏之時，五子以其歌鳴. 伊尹鳴殷，周公鳴周. 凡載於《詩》,《書》六藝，皆鳴之善者也. 周之衰，孔子之徒鳴之，其聲大而遠. 傳曰 : “天將以夫子爲木鐸.” 其弗信矣乎. 其末也, 莊周以其荒唐之辭鳴. 楚, 大國也, 其亡也以屈原鳴. 臧孫辰, 孟軻, 荀卿, 以道鳴者也. 楊朱, 墨翟, 管夷吾, 晏嬰, 老聃, 申不害, 韓非, 愼到, 田駢, 鄒衍, 尸佼, 孫武, 張儀, 蘇秦之屬, 皆以其術鳴. 秦之興, 李斯鳴之. 漢之時, 司馬遷, 相如, 揚雄, 最其善鳴者也. 其下魏晉氏, 鳴者不及於古, 然亦未嘗絶也. 就其善鳴者, 其聲淸以浮, 其節數以急, 其辭淫以哀, 其志弛以肆; 其爲言也, 亂雜而無章. 將天醜其德, 莫之顧邪. 何爲乎不鳴其善鳴者也. 唐之有天下, 陳子昂, 蘇源明, 元結, 李白, 杜甫, 李觀, 皆以其所能鳴. 其存而在下者, 孟郊東野始以其詩鳴. 其高出魏晉, 不懈而及於古, 其他浸淫乎漢氏矣. 從吾遊者, 李翺, 張籍其尤也. 三子者之鳴信善鳴矣. 抑不知天將和其聲, 而使鳴國家之盛邪, 抑將窮餓其身, 思愁其心腸, 而使自鳴其不幸邪. 三子者之命, 則懸乎天矣. 其在上也奚以喜, 其在下也奚以悲. 東野之役於江南也, 有若不釋然者, 故吾道其命於天者以解之.

<맹동야를 보내며>

대개 사물이 그 평온함을 얻지 못하면 소리를 낸다. 초목은 소리가 없다가 바람이 휘몰아치면 소리를 낸다. 물은 소리가 없다가 바람이 불어 닥치면 소리를 낸다. 물이 튀어 오르는 것은 부딪쳤기 때문이고, 급속히 흐르는 것은 막았다가 텄기 때문이고, 끓어오르는 것은 불을 가하였기 때문이다. 쇠나 돌은 소리가 없다가 때리면 소리를 낸다. 인간도 말(言)에 있어서 또한 그와 같으니, 참을 수가 없어서 말을 하는 것이다. 그 노래에는 사연이 있고, 그 울음에는 그리움이 있는 것이다. 무릇 입으로 나오는 소리는 그 모두가 평온하지 않은 것이 있다. 음악이란 마음속에 답답한 것이 밖으로 새어나온 것인데, 소리를 잘 내는 것(악기)을 선택하여 그것을 빌려서 소리를 내

는 것이다. 쇠 돌 실 대 박 흙 가죽 나무(金,石,絲,竹,匏,土,革,木) 이들 여덟 가지(악기를 만드는 재료들)는 사물들 중에 소리를 잘 내는 것들이다. 자연의 때에 있어서도 역시 그렇다. 그 잘 우는 것을 선택해서 그것을 빌려 우나니, 그러므로 새를 빌려서 봄의 소리를 내고 우레를 빌려 여름소리를 내고 곤충을 빌려서 가을소리를 내고 바람을 빌려서 겨울소리를 낸다. 사계절이 서로 바꾸어 돌며 거기에는 반드시 평온하지 않은 것이 있는 것이다.

사람에게 있어서도 또한 그렇다. 사람의 소리 중에 가장 순정한 것이 말이 되고, 말 중에서 글로 나타낸 것이 더욱 순정한 것이다. 더욱 소리를 잘 내는 사람을 골라서 그를 빌려서 소리를 내니, 당(唐)대에는 虞, 咎陶,禹 가 소리를 잘 낸 사람들인데 그들을 빌려서 소리를 냈다. 기(夔)는 문사로 소리를 낼 수 없었지만 韶를 빌려서 소리를 냈다. 夏나라 때는 五子가 그 노래로 소리를 냈고, 伊尹은 殷나라 때 소리를 냈고, 周公은 周나라에서 소리를 냈다. 무릇《시경》,《서경》육예에 실려 있는 글은 모두가 소리를 잘 낸 것들이다. 周나라가 기울어갈 때에 孔子의 학도들이 소리를 냈는데 그 소리가 크고도 멀리까지 들렸다. 전(傳:論語)에 이르기를 "하늘이 장차 공자를 목탁으로 삼으려고 한다."고 하였으니, 믿지 않겠는가? 周나라 말엽에는 莊子가 황당한 말로 소리를 냈고, 楚나라는 큰 나라였는데 망해갈 적에 屈原이 소리를 냈다. 臧孫辰 孟軻 荀卿은 道를 가지고 소리를 낸 자들이고, 楊朱,墨翟,管夷吾,晏嬰,老聃,申不害,韓非,愼到,田駢,鄒衍,屍佼,孫武,張儀,蘇秦의 무리들은 모두가 술책으로 소리를 냈다. 秦나라가 흥기하자 李斯가 소리를 냈다. 漢나라 때에는 司馬遷 相如 揚雄이 가장 소리를 잘 낸 사람들이다. 그 아래로 魏나라 晉나라 때는 소리를 낸 자가 옛날에 미치지 못했다. 그러나 또한 단절되지는 않았다. 소리를 잘 내는 자를 취하긴 했지만 그 소리는 무미하고 부황하며 그 음절은 촉급하고 빠르며 그 문사는 음탕하고 슬프며 그 뜻은 느슨하고 방자하며 그 주장하는 말은 난잡하고 문채가 없었으니, 장차 하늘이 그 덕을 더럽게 여기고 살펴보지 않았던 것일까? 어찌하여 소리를 잘 내는 자들에게 소리를 내게 하지 않았는가? 唐나라가 천하를 가지게 되자 陳子昂,蘇源明,元結,李白,杜甫,李觀 등이 각자의 능력으로 소리를 냈고, 생존자로 아래에 있는 사람으로는 孟郊(東野)가 비로

소 詩로 소리를 내니, 그 수준은 魏晉의 詩보다 높으니 게으르지 않으면 옛날 사람들의 詩에 미칠 것이다. 그 밖의 것들은 漢나라의 시풍에 빠져있다. 나를 찾아와 배운 사람 중에 또 李翶와 張籍이 뛰어난 사람들이다. 이들 세 사람의 소리는 정말 훌륭하다. 그런데 하늘이 장차 그들의 소리를 화음을 이루어 그들로 하여금 국가의 성대함을 외치게 할 것인가? 아니면 장차 그들의 몸을 굶주리게 만들고 생각을 슬프게 만들어 각자로 하여금 불행한 소리를 내게 할 것인가? 세 사람의 운명은 하늘에 달려있다. 그러니 위의 자리에 있다고 해서 어찌 기뻐할 것이며, 아래에 있다고 해서 어찌 슬퍼할 것이 있는가? 동야가 강남으로 좌천되어 근무하러 가면서 마음이 풀리지 않은 듯한 것이 있어 보인다. 그래서 내가 그의 운명은 하늘에 달려있다고 말하여 풀어주고자 한 것이다.

2. 送楊寘序

歐陽脩[1]

予嘗有幽憂之疾 退而閑居 不能治也 旣而學琴於友人孫道滋 受宮聲數引[2] 久而樂之 不知疾之在其體也 夫琴之爲技小矣 及其至也 大者爲宮 細者爲羽 操絃驟作 忽然變之 急者悽然以促 緩者舒然以和 如崩崖裂石 高山出泉 而風雨夜至也 如怨夫寡婦之歎息 雌雄雍雍之相鳴也 其憂深思遠 則舜與文王孔子之遺音也 悲愁感憤 則伯奇孤子屈原忠臣之所歎也 喜怒哀樂 動人心深 而純古淡泊 與夫堯舜三代之言語 孔子之文章 易之憂患 詩之怨刺無以異 其能聽之以耳 應之以手 取其和者 道其湮鬱 寫其幽思 則感人之

1) 北宋初의 대표적인 文人.

2) 受宮聲數引 : 宮聲調에 해당한 노래 여러 曲(引)을 受業하여 칠 줄 알게 되었다는 말. '引' '詩' '行' '曲' '詞'는 韻文의 노래를 指稱한 표현.

際 亦有至者焉.

予友楊君 好學有文 累以進士擧 不得志 及從廕調 爲尉於劍浦 區區在東南數千里外 是其心固有不平者 且少又多疾 而南方少醫藥 風俗飮食異宜 以多疾之體 有不平之心 居異宜之俗 其能鬱鬱以久乎 然欲平其心 以養其疾 於琴亦將有得焉 故予作琴說以贈其行 且邀道滋酌酒 進琴以爲別.

<양치를 보내며>

내가 일찍이 심한 우울증을 앓았는데 공직에서 물러나 한가롭게 쉬어도 치료할 수가 없었다. 조금 지나면서 친구 손도자에게 거문고를 배웠는데 宮聲調의 몇 곡(曲=引)을 칠 수 있게 되어 오래도록 그것을 즐기다보니 우울증이 내 몸에 있다는 것을 모르게 되었다.

무릇 거문고를 다루는 기예는 하찮은 것이지만, 그것이 이르는 것은 큰 것은 宮聲까지이고 작은 것은 羽聲[3]까지이다(크고 작은 모든 뜻을 다 나타낼 수 있다는 뜻). 줄을 잡고 번갈아 치면 홀연히 소리를 변화시킬 수 있으니, 급한 소리는 처량하면서 촉급하고, 느린 소리는 여유로우면서 온화한데, 마치 무너지는 절벽이 돌을 부수는 듯하고, 높은 산이 물을 쏟아내는 듯 하고, 비바람이 밤중에 몰아쳐오는 소리 같기도 하고, 또 홀아비와 과부가 탄식하는 소리 같기도 하고 암컷과 수컷이 서로 좋아서 내는 소리 같기도 하다. 그 걱정이 깊고 생각이 먼 것으로 보면 순임금과 문왕, 공자가 남긴 소리 같고, 슬프고 그립고 감격하여 분노하는 면에서 보면, 伯奇가 고아(孤兒)의 심정으로 굴원이 충신의 마음으로 탄식하는 소리와 같다. 喜 怒 哀 樂의 소리가 사람의 마음을 움직임이 깊음과 순결하고 고풍이 있고 淡泊함은 堯 舜 三代의 언어와 孔子의 문장과 《주역》의 우환과 《시경》의 원망하고 풍자하는

3) 宮商角徵羽 : 音樂의 五音. 宮은 君, 商은 臣, 角은 民, 徵은 事, 羽는 物에 배당함. 宮聲 : 임금 朝廷에서 사용하는 거대한 소리. 羽聲 : 事物에 대한 시시한 소리.

소리와 차이가 없다. 그 능히 귀로 듣고 손으로 응수하고, 그 화음을 취하여 답답함을 풀고 속에 박힌 깊은 생각을 털어내는 면에서 보면 사람을 감화시키는 순간에 또한 지극한 점을 가지고 있다.

나의 벗 양군은 학문을 좋아하여 글재주가 있는데 여러 차례 진사 시험을 치렀지만 뜻을 이루지 못하였다. 그러다 蔭官의 혜택을 받아 기용되어 劍浦에서 縣尉가 되어 동남쪽 수천 리 먼 곳에 구차하게 가서 있게 되었다. 이것이 그의 마음에 진실로 불평이 있게 된 것이다. 또 젊은 데다가 질병까지 많은데 남쪽 지방에는 醫藥도 별로 없고 풍속과 음식도 맞지가 않은 것이다. 병이 많은 몸으로 불평하는 마음까지 가지고 맞지 않는 풍속에서 생활하면 그 답답함을 오래 견딜 수 있겠는가? 그러나 그 마음을 평안하게 하여 그 질병을 치료하고자 한다면 거문고에서 이룰 수 있을 것이다. 그러므로 내가 이 거문고 이야기를 적어서 그가 가는 길에 주고, 또 손도자를 맞이하여 술을 나누고 거문고를 울리며 송별을 한 것이다.

八. 書簡類

서간류는 편지의 종류로, 簡札體이다. 대개 편지를 주고받으며 사생활에 대한 소식도 교환 하지만 書簡을 통하여 오히려 상호간의 철학을 바탕으로 論辯하고 論爭하고 主張하고 說明하고 解明하는 내용이 많다. 필자들의 학문과 사상을 살펴볼 수 있는 종류이다.

1. 答陳商書

韓愈

愈白：辱惠書，語高而旨深，三四讀尙不能通曉，茫然增愧赧；又不以其淺弊無過人知識，且喩以所守，幸甚! 愈敢不吐情實? 然自識其不足補吾子所須也. 齊王好竽，有求仕於齊者操瑟而往，立王之門三年不得入, 叱曰："吾瑟鼓之 能使鬼神上下，吾鼓瑟合軒轅氏之律呂. " 客罵之曰："王好竽而子鼓瑟，雖工，如王不好何?" 是所謂工於瑟而不工於求齊也. 今擧進士於此世，求祿利行道於此世，而爲文必使一世人不好，得無與操瑟立齊門者比歟? 文雖工 不利於求，求不得則怒且怨，不知君子必爾爲不也, 故區區之心，每有來訪者，皆有意於不肖者也, 略不辭讓，遂盡言之，惟吾子諒察.

<진상에게 답하는 글>

저(愈)는 말씀 올립니다.

힘들게 보내주신 편지는 말씀이 고상하고 뜻이 깊었습니다. 서너 차례 읽어 보았지만 그래도 완전하게 이해할 수 없기에 망연히 더욱 부끄러워 얼굴만 붉어집니다. 그리고 저를 비천하여 남보다 뛰어난 지식도 없다고 생각하지 않고, 지키는 법으로 저를 깨우쳐주시니 매우 다행스럽게 생각합니다. 그러니 제가 감히 마음의 진실을 들어내지 않을 수 있습니까? 그러나 귀하께서 바라는 데에 충분히 보탬이 되지는 못할 것임을 스스로 알고 있습니다.

제나라의 왕은 피리(竽)를 좋아하였는데 제나라에 벼슬을 구하는 어떤 사람이 비파악기를 들고 찾아가서 왕의 궁궐문 앞에 서서 삼 년 동안이나 문 안으로 들어가지를 못했습니다. 이에 화가 나서 소리치며 말하기를 "내가 비파를 치면 귀신으로 하여금 오르고 내리게 할 수 있다. 내가 비파를 치는 소리는 헌원씨의 음률과 부합된다."고 하자, 이 말을 들은 객이 꾸짖으며 "왕은 피리를 좋아하는데 그대는 비파를 연주하니 비록 잘 한다고 할지라도 왕이 좋아하지 않는데 어찌 할까요?라고 말하였으니, 이것이 이른바 '비파에는 기술이 있지만 제나라에 벼슬을 구하는 데에는 기술이 없다'고 하는 것입니다. 지금 귀하께서는 이 세상에 진사에 천거되어 봉록을 구하고 이 세상에서 도를 행하기를 바라면서 문장을 짓는 데는 꼭 세상사람들이 좋아하지 않게 하니, 이는 비파를 들고 제나라 궁궐문 앞에 서있는 사람과 비교하지 않을 수 있습니까? 문장은 비록 잘하나 벼슬을 구하는 데에는 이롭지 않으니, 벼슬을 구하여 얻지 못하면 화를 내고 원망을 할 것입니다. 군자가 꼭 그렇게 해야 하는지 안해야 하는지 모르겠습니다. 그러므로 간절한 마음으로 저를 찾아오는 자가 있을 때마다 모두 저에게 뜻을 나타낸 자가 있으면, 거의 사양하지 않고 마침내 모든 말을 다 합니다. 오직 귀하께서 잘 살펴주시기 바랍니다.

2. 與元微之書

白居易[1]

四月十日夜，樂天白：

微之，微之! 不見足下面已三年矣； 不得足下書欲二年矣. 人生幾何，離闊如此！況以膠漆之心，置於胡越之身，進不得相合，退不能相忘，牽攣乖隔，各欲白首. 微之，微之，如何, 如何！天實爲之，謂之奈何！ 僕初到潯陽時，有熊萬登來，得足下前年病甚一札，上報疾狀，次敍病心，終論平生交分.

且云："危惙之際，不暇及他，惟收數帙文章，封題其上，曰'他日送達白二十二郎，便請以代書.'" 悲哉！微之於我也，其若是乎！又睹所寄聞僕左降詩，云：「殘燈無焰影幢幢，此夕聞君謫九江. 垂死病中驚坐起，闇風吹雨入寒窗.」此句他人尙不可聞，況僕心哉！至今每吟，猶惻惻耳. 且置是事，略敍近懷.

僕自到九江，已涉三載，形骸且健，方寸甚安. 下至家人，幸皆無恙. 長兄去夏自徐州至，又有諸院孤小弟妹六, 七人, 提挈同來. 昔所牽念者, 今悉置在目前, 得同寒暖飢飽：此一泰也. 江州風候稍涼, 地少瘴癘，乃至蛇虺蚊蚋，雖有甚稀. 湓魚頗肥, 江酒極美, 其餘食物, 多類北地. 僕門內之口雖不少，司馬之俸雖不多，量入儉用，亦可自給，身衣口食, 且免求人：此二泰也.

僕去年秋始遊廬山，到東西二林間香爐峰上, 見雲水泉石，勝絕第一，愛不能捨，因置草堂, 前有喬松十數株，修竹千餘竿；青蘿爲牆垣, 白石爲橋道；流水周於舍下, 飛泉

1) 字는 樂天, 號는 香山居士(772-846). 山西省 太原 사람. 알아보기 쉽게 작문을 하면서도 내용은 깊이가 있는 작품을 남긴 작가로 유명함.

落於簷間；紅榴白蓮，羅生池砌；大抵若是，不能殫記. 每一獨往，動彌旬日，平生所好者，盡在其中，不惟忘歸，可以終老：此三泰也. 計足下久不得僕書，必加憂望；今故錄三泰，以先奉報. 其餘事況，條寫如後云云.
微之, 微之! 作此書夜，正在草堂中，山窗下，信手把筆，隨意亂書，封題之時，不覺欲曙. 擧頭但見山僧一, 兩人，或坐或睡；又聞山猿谷鳥，哀鳴啾啾. 平生故人，去我萬里. 瞥然塵念，此際暫生. 餘習所牽，便成三韻云：
「憾昔封書與君夜，金鑾殿後欲明天. 今夜封書在何處？廬山庵裏曉燈前. 籠鳥檻猿俱未死，人間相見是何年？」微之，微之！此夕此心，君知之乎！
樂天頓首.

<원미지에게 보낸 편지>
4월 12일 밤에 낙천은 고백하노라.
미지! 미지여! 그대의 얼굴을 못 본지가 벌써 3년이 되었구려! 그대의 편지를 못 받은 지는 2년이 되려고 하네! 사람이 살면 얼마나 산다고 멀리 떨어져 지냄이 이와 같은가! 하물며 아교의 칠로 붙여 놓은 것처럼 우리는 한마음인데 한사람은 북쪽 변방의 호땅에 놓이고 한사람은 남쪽 끝의 월땅에 처한 몸이 되어서 나가봐도 서로 만나지를 못하고 물러나서는 서로 잊지를 못하고 있으니! 마음은 서로 붙어있으나 몸은 서로 떨어져 각자가 머리가 하얀 늙은이가 되어가고 있구려! 미지, 미지여! 어떠하오, 어떻게 지내오! 하늘이 정말 그렇게 만든 것이라면 무어라고 말해야하나!
내가 처음 심양에 도착했을 때에 웅만등이란 사람이 왔는데 그에게서 그대가 전년에 병이 심했다는 하나의 편지를 받았었네. 그 편지에는 먼저 질병의 상태를 말했고 다음은 병환중의 심정을 서술하고 마지막으로 평생의 사귀는 친분관계를 말했었지. 또 이르기를 "병이 위독할 때에는 다른 것에 미쳐갈 겨를이 없고, 오직 몇 편의 문장을 모아서 봉함하고, 그 위에다 '다음에 백십이랑(백거이)에게 송달할 때 바로 이것으로 서신을 대신하고자 함'이라고 써 붙였다"고 하였지. 아! 미지는 나에게 이와 같이 다정한 사람이지! 또 내가 좌천되었다는 소식을 듣고 보내준 시를 보면 "희미한 등불 불꽃도 약하여 그림자만 어른거린데, 이날 밤 그대가 구강으로 귀양을 갔다는 소식을 듣고, 죽을 것만 같은 병환중에 깜짝 놀라 일어나 앉으니, 스산한 바람에 불어닥친 비만 차가운 창가에 몰아치네."라고 하였지. 이 글귀는 다른 사람들이 아직도 들을 수 없는 (나만 아는) 말이니, 하물며 나의 마음이랴! 지금도 이 글귀를 음미해볼 때마다 아직도 마음이 아플 뿐이오. 이제 이런 사연은 놔두고 대략 요즈음 나의 근황을 적어볼까 하오.

내가 구강에 이르러 온지가 이미 3년이 지났는데 신체는 건강하고 마음은 매우 편안하다오. 아래로 집안사람들도 다행히 병 없이 건강하네. 큰형님은 지난여름에 서주에서 오셨는데, 또 같은 가족 여러 집안의 고아가 된 어린 자제와 누이들까지 6 7명을 데리고 함께 왔다네. 옛날에 마음속에 늘 생각했던 사람들이 지금 모두 눈앞에 모여서 춥고 따뜻하고 배부르고 배고픔을 함께 할 수 있으니, 이것이 첫 번째로 마음 편한 일일세. 구강 고을은 기후가 좀 시원하고 지역에는 나쁜 병도 발생하는 일이 적고, 독을 가진 뱀이나 해충은 비록 있기는 하나 매우 드물다네. 분수(湓水)에서 잡히는 물고기는 통통하고 강주고을의 술은 지극히 맛이 좋다네. 그밖의 음식물은 거의가 북쪽 지방의 것과 유사하다네. 나의 집안의 식구는 비록 적지 않고 사마직의 봉급도 비록 많지 않으나 수입을 헤아려 아껴서 쓰면 또한 자급할 수 있고, 입는 옷이나 먹는 음식 또한 남에게 요구하지 않아도 되니, 이것이 두 번째로 편안한 일일세.

나는 지난해 가을에 처음으로 여산을 유람하였는데 동림사와 서림사 사이의 향로봉 위에 이르러 구름과 물과 샘물과 바위를 보면 명승절경 중에 제일이라. 좋아서 버리고 떠날 수가 없어서 인하여 초가집을 지었는데 앞에는 큰 소나무 십여 그루와 긴 대나무 천여 그루가 있고, 푸른 담쟁이가 담장을 둘러 덮고 하얀 돌이 다리의 길을 이루고 있네. 흐르는 물은 집 아래를 감돌고 폭포수가 처마난간 머리에서 떨어지며, 붉은 석류나무와 하얀 연꽃이 연못과 섬돌가에 아름답게 자라고 있네. 대략 이러한 모습인데 모두를 기록할 수가 없네. 나 홀로 갈 때면 문득 열흘을 보내는데 평생 좋아하는 것이 그곳에 다 있으니 되돌아 올 줄을 모를 뿐만 아니라 노년을 마무리할 수 있으니, 이것이 세 번째의 마음 편한 일일세. 그대는 오래도록 나의 편지를 받지 못하여 분명히 더욱더 걱정하며 기다릴 것 같구려. 지금 그래서 이상 세 가지의 편안한 나의 생활을 기록하여 먼저 알리고, 그 밖의 사항으로 몇 가지 술회하면 다음과 같은 것일세.

미지! 미지여! 이 편지를 쓰고 있는 밤은 바로 초가집 산 창구 아래라네. 손가는 대로 붓을 잡고 마음 내키는 대로 두서없이 썼는데 마무리할 때는 날이 새는 줄도 몰랐네. 머리를 들면 단지 산에 사는 승려 한 두 사람만 보이는데 앉기도 하고 졸기도 하네. 또 산의 원숭이와 계곡의 새가 구슬프게 우는 소리도 들리네. 평생의 친구가 나와 만리나 떨어져 있으니, 별안간 속된 생각이 이 순간 잠시 발생하는군. 익숙한 습관에 끌리어 나온 것으로 삼운시를 지어 보았네.

감개스럽다! 옛날에 편지를 봉함하여 그대에게 보내던 밤엔, 궁궐 금란전 뒤에서 날이 새려고 할 때였는데, 오늘밤 편지를 봉함한 곳은 어느 곳인가? 여산 골짝 암자 안의 새벽 등불 앞이구려. 새장 안에 갇힌 새와 우리 안에 처한 원숭이처럼 모두가 아직도 죽지 않고 있는데, 사람 사이 서로 만날 날은 어느 해나 될까?

미지! 미지여! 오늘밤 이 마음을 그대는 아려나?

낙천은 이만 쓰겠네. 안녕.

九. 哀祭類

哀祭類는 보통 슬픔을 위로하는 弔文과 죽은 사람을 祭祀지내는 祭文들이다. 生時의 특별한 성품과 행적을 송찬하고 靈魂을 위로하는 내용이 일반적이다. 글의 내용이 슬프고 처량한 성격을 띠고 있지만 독자로 하여금 인생에 대한 깊은 반성과 각성을 불러일으키게 하는 장점을 가지고 있다. 抒情性이 농후한 哀祭類는 독자의 마음을 감동케 하는 면이 많다.

1. 弔屈原賦

賈誼[1]

恭承嘉惠兮, 竢罪長沙. 仄聞屈原兮, 自沈汨羅. 造托湘流兮, 敬弔先生. 遭世罔極兮, 迺殞厥身. 烏虖哀哉兮, 逢時不祥. 鸞鳳伏竄兮, 鴟鴞翶翔. 闒茸尊顯兮, 讒諛得志. 賢聖逆曳兮, 方正倒植. 謂隨夷溷兮, 謂跖蹻廉. 莫耶爲鈍兮, 鉛刀爲銛. 吁嗟默默兮, 先生之亡故. 斡棄周鼎兮, 而寶康瓠. 騰駕罷牛兮, 驂蹇驢. 驥垂兩耳兮, 服鹽車. 章甫薦履兮, 漸不可久. 嗟苦先生兮, 獨離此咎!

---

1) 漢 文帝 時의 臣下 官僚 文人. 文帝에게 혁신적인 의견을 올려 太中大夫가 되었으나 保守派의 謀陷으로 쫓겨나게 되어 長沙에서 귀양살이를 하게 됨. 이 글은 귀양살이를 하면서 과거에 楚나라 屈原이 같은 이곳에 와서 귀양살이 한 것을 위로하는 글인데 여기에 자신의 신세를 아울러 가탁한 내용이다.

誶曰, 已矣! 國其莫吾知, 獨壹鬱其誰語? 鳳漂漂其高逝兮, 夫固自引而遠去. 襲九淵之神龍兮, 沕淵潛以自珍. 偭蟂獺以隱處兮, 夫豈從蝦與蛭螾. 所貴聖之神德兮, 遠濁世而自臧. 使麒麟可係而羈兮, 豈云異夫犬羊? 般紛紛其離此郵兮, 亦夫子之故也. 歷九州而相其君兮, 何必懷此都也? 鳳凰翔於千仞兮, 覽德輝而下之. 見細德之險微兮, 遙增擊而去之. 彼尋常之汙瀆兮, 豈容呑舟之魚? 橫江湖之鱣鯨兮, 固將制於螻蟻.

<굴원을 위로하는 글>

삼가 임금의 은혜를 받아 장사 땅에서 죄를 기다리노라. 소문으로 듣건대 굴원이 스스로 멱라수에 몸을 던졌다 하네. 소상강 물가로 나가서 삼가 굴원선생을 위로하노라. 세상을 만난 것이 망극함이여, 마침내 그 몸을 망치게 되었네. 아아! 슬픈지고, 때를 만남이 좋지 못했네. 난새와 봉황은 엎드려 숨고 부엉이와 올빼미가 날개를 치는구나. 어리석고 못난이들이 높이 드러나고, 아첨하는 사람들이 출세를 하네. 현인과 성인들이 거꾸로 끌림을 당하고, 곧고 바른 사람들이 거꾸로 방치되네. 청렴한 변수와 백이를 더럽다고 하고, 악랄한 도척과 장교를 청렴하다 하네. 막야의 명검을 무디다고 하고 납칼을 예리하다 하네. 아아! 묵묵함이여! 선생은 아무 잘못이 없었네. 주나라의 보배 솥을 버리고 흙항아리를 보배로 여기네. 힘없는 소에게 멍에를 씌우고 절름발이 노새를 곁마로 삼네. 천리마는 두 귀를 늘어뜨리고 소금수레를 끄네. 선비의 장보관을 신발로 삼으니 점차 오래가지 못하리. 아아! 선생이여, 홀로 이런 재앙을 당하셨네.

마무리로 이르노니, 끝났도다! 나라는 나를 알아주지 않으니 홀로 답답한 심정 누구에게 말할까? 봉황새는 표표히 높이 날아가 자신을 이끌고 멀리 가버리고. 깊은 연못에 잠긴 신령스런 용은 연못 속에 잠기어 스스로 귀중히 여기네. 교달과 수달벌레를 등지고 숨어 처하니, 어찌 새우와 거머리 지렁이 같은 것들을 추종하리오? 성인의 신령한 덕을 귀중히 여기고, 더러운 세상을 멀리 떠나 스스로 묻혀 사노라. 기린을 매어서 굴레를 씌우면 어찌 개나 양과 다르다고 하겠는가? 어지러운 세상에서 이런 허물을 당한 것은 또한 선생의 사고로다. 구주를 다니며 진실한 임금을 찾으시지 하필이면 이 도읍을 생각했는가? 봉황새가 천 길의 높은 곳에서 날다가 덕이 빛나는 곳을 살피고 내려왔는데, 시시한 덕의 미미함을 발견하고는 멀리 날개를 치고 가버렸네. 저 보통의 적은 웅덩이가 어찌 배를 삼킬만한 물고기를 수용할 수 있으리오. 강 호수를 횡단하는 고래가 진실로 땅강아지와 개미에게 제압을 당했네.

※ 본 작품은 辭賦로 弔文을 썼다. 작품의 형식은 屈原의 대표작인 離騷體이다. 楚나라 屈原이 유배생활을 했던 장소에 유배 와서 同病相憐의 心情으로 弔文을 쓴 것이다. 弔文의 대표적인 작품은 盛唐 時期 李華의 <弔古戰場文>이 유명하다.

2. 祭石曼卿文

歐陽修[1]

維治平四年七月日，具官歐陽修，謹遣尚書都省令史李敭，至於太淸，以淸酌庶羞之奠，致祭於亡友曼卿之墓下，而吊之以文. 曰：嗚呼曼卿！生而爲英，死而爲靈. 其同乎萬物生死，而復歸於無物者，暫聚之形；不與萬物共盡，而卓然其不朽者，後世之名. 此自古聖賢，莫不皆然，而著在簡冊者，昭如日星. 嗚呼曼卿！吾不見子久矣，猶能髣髴子之平生. 其軒昂磊落，突兀崢嶸而埋藏於地下者，意其不化爲朽壤，而爲金玉之精, 不然，生長松之千尺，產靈芝而九莖. 奈何荒煙野蔓，荊棘縱橫；風淒露下，走燐飛螢！但見牧童樵叟，歌吟而上下，與夫驚禽駭獸，悲

1) 字는 永叔, 號는 醉翁 六一居士. 宋代 文風을 改革한 송대 문학의 唱導者.

嗚躑躅而咿嚶. 今固如此，更千秋而萬歲兮，安知其不穴藏孤貉與鼯鼪？此自古聖賢亦皆然兮，獨不見夫纍纍乎曠野與荒城！嗚呼曼卿！盛衰之理，吾固知其如此，而感念疇昔，悲涼悽愴，不覺臨風而隕涕者，有愧乎太上之忘情. 尙饗！

<석만경에게 제사지내며>

치평 4년 7월 일에 무능한 관료 구양수는 삼가 상서도성령사 이양을 보내 태청에 이르러 술과 반찬의 제사음식으로 돌아간 벗 석만경의 묘소에 제사를 올리고 제문을 지어 위로하노니, 아! 만경이여! 살아서는 영웅이었는데 죽어서는 신령이 되었겠지. 만물과 같이 태어났다가 죽어서 다시 자연(무물)으로 돌아가는 것은 잠시 뭉쳐있는 형체요, 만물과 함께 사라지지 않고 탁연히 홀로 남은 것은 후세의 이름일세. 이것은 옛날부터 성현들이 모두가 그러지 않음이 없었으니, 서적에 나타나 있는 글들이 일월처럼 빛나고 있다네.

아아! 만경이여! 내가 그대를 보지 못한지가 오래일세. 그래도 그대의 평생을 대략 말할 수는 있겠네. 그렇게 빼어나고 걸출한 사람이 땅속에 매장되었으니, 생각하기를, 썩은 흙으로 변화하지 않고 금옥의 정기가 되거나, 그렇지 않으면 큰 소나무 천척의 높이로 자라거나, 영지의 구경으로 나올 줄 알았네. 그러나 어찌하여 쓸쓸한 황야의 안개 낀 덤불밭에, 가시넝쿨 뒤덮이고 바람차고 이슬내리고, 귀신불 달리고 반딧불 나르는 곳에, 오직 보이는 것이라곤 소먹이는 아이와 나무하는 늙은이가 노래하며 오르내리고, 놀란 새와 겁먹은 짐승들이 슬피 울며 뛰어다니고 호소하는 모습만 보이는가? 지금도 정말 이와 같은데, 다시 천 년 만 년이 지나면, 어찌 여우나 다람쥐의 굴이 되지 않겠는가? 이런 일은 옛날부터 성현들도 모두 그랬으니, 저 공허한 들과 쓸쓸한 성에 누누이 모여 있는 무덤들을 보지 못하는가?

아아! 만경이여! 성하고 쇠한 이치가 그와 같다는 것을 나는 잘 알고 있지만 옛날을 감정으로 생각하니 슬프고도 마음이 아파서, 나도 모르게 바람 앞에 눈물을 떨어뜨린 것은 하늘의 무정함을 탓하는 마음이 있기 때문일세. 차린 음식 잘 드시기 바라오.

十. 碑誌類

碑文의 종류는 매우 다양하다. 遺虛碑 遺庄碑 講學碑 紀績碑 追慕碑 世葬阡碑 祭壇碑 殉義碑 紀實碑 孝行碑 孝烈碑 墓碣銘 墓表 등 그 성격에 따라 내용이 다르고 立碑하는 장소도 다르다. 다만 모든 비문의 공통점은 돌아가신 분의 공적이나 과거에 있었던 사실을 잊지 말고 오래 기억하기 위하여 비석에 새겨 후세에 알리는 글이라는 점이다. 인물이나 사실에 대하여 객관적인 서술을 하는 것이 원칙이다. 그러나 잘못하거나 나쁜 점은 알릴 필요가 없고 좋은 점만 들어내는 것이 비문의 특성이어서 과찬(過讚)에 치우치는 면도 있다. 주인공이나 어떤 사실을 바탕으로 서술하면서 작성자의 식견과 소감을 기입하는 碑文도 많다.

1. 潮州韓文公廟碑

蘇軾[1]

匹夫而爲百世師，一言而爲天下法. 是皆有以參天地之化，關盛衰之運，其生也有自來，其逝也有所爲. 故申, 呂自嶽降，傅說爲列星，古今所傳，不可誣也. 孟子曰 :「我

1) 字는 子瞻, 號는 東坡. 歐陽脩 門下人으로 宋代를 대표하는 文人이다. 그의 아버지 蘇洵과 동생 蘇轍까지 합쳐 三蘇라고 부르며 三父子가 唐宋八大家의 人物들이다. 唐宋八大家 : 韓愈 柳宗元 歐陽脩 蘇洵 蘇軾 蘇轍 王安石 曾鞏.

善養吾浩然之氣.」是氣也，寓於尋常之中，而塞乎天地之間. 卒然遇之，則王公失其貴，晉, 楚失其富，良, 平失其智，賁, 育失其勇，儀, 秦失其辯. 是孰使之然哉？其必有不依形而立，不恃力而行，不待生而存，不隨死而亡者矣. 故在天爲星辰，在地爲河嶽，幽則爲鬼神，而明則復爲人. 此理之常，無足怪者. 自東漢以來，道喪文弊，異端並起，曆唐貞觀, 開元之盛，輔以房, 杜, 姚, 宋而不能救. 獨韓文公起布衣，談笑而麾之，天下靡然從公，復歸於正，蓋三百年於此矣. 文起八代之衰，而道濟天下之溺；忠犯人主之怒，而勇奪三軍之帥：此豈非參天地，關盛衰，浩然而獨存者乎？

蓋嘗論天人之辨，以謂人無所不至，惟天不容僞. 智可以欺王公，不可以欺豚魚；力可以得天下，不可以得匹夫匹婦之心. 故公之精誠，能開衡山之雲，而不能回憲宗之惑；能馴鱷魚之暴，而不能弭皇甫鎛, 李逢吉之謗；能信於南海之民，廟食百世，而不能使其身一日安之於朝廷之上. 蓋公之所能者天也，其所不能者人也. 始潮人未知學，公命進士趙德爲之師. 自是潮之士，皆篤於文行，延及齊民，至於今，號稱易治. 信乎孔子之言，「君子學道則愛人，小人學道則易使」也. 潮人之事公也，飲食必祭，水旱疾疫，凡有求必禱焉. 而廟在刺史公堂之後，民以出入爲艱. 前太守欲請諸朝作新廟，不果. 元佑五年，朝散郎王君滌, 來守是邦, 凡所以養士治民者，一以公爲師. 民既悅服，則出令曰：「願新公廟者，聽！」民讙趨之，卜地於州城之南七里，期年而廟成. 或曰：「公去國萬里，而謫於潮，不能一歲而歸, 沒而有知，其不眷戀於潮也, 審矣.」軾曰：「不然！公之神在天下者，如水之在地中，無所往而不在也, 而潮人獨信之深，思之至，焄蒿悽愴，若或見之. 譬如鑿井得泉，而曰水專在是，豈理也哉？」元豐元年，詔封公昌黎伯，故牓曰：「昌黎伯韓文公之廟. 」潮人請書其事於石，因爲作詩以遺之，使歌以祀公. 其詞曰：「公昔騎龍白雲鄉，手抉雲漢分天章，天孫爲織雲錦裳. 飄然乘風來帝旁，下與濁世掃秕糠. 西遊鹹池略扶桑，草木衣被昭回光. 追逐李, 杜參翺翔，汗流籍, 湜走且僵，滅沒倒景不能望. 作書詆佛譏君王，要觀南海窺衡湘，曆舜九嶷弔英, 皇. 祝融先驅海若藏，約束蛟鱷如驅羊. 鈞天無人帝悲傷，謳吟下招遣巫陽. 犦牲雞卜羞我觴，於粲荔丹與蕉黃. 公不少留我涕滂，翩然被髮下大荒. 」

<조주 한문공 사당의 비문>

평민으로 백세대의 스승이 되기도 하고, 한마디 말이 천하의 법이 되기도 한다. 이것은 모두 천지의 조화와 함께 하고 성쇠(盛衰)의 운행에 관련되는 바가 있다. 그 태어남에는 스스로 유래한 것이 있고, 그 떠나감(죽음)에도 그렇게 만든 것이 있다. 그러므로 周나라 申伯과 呂侯는 숭산으로부터 내려왔으며 殷나라 부열(傅說)은 죽은 후 하늘의 별자리가 되었다. 옛날부터 전해온 말이니 헛된 말이라고 할 수 없다. 맹자가 말하기를 "나는 나의 호연지기(浩然之氣)를 잘 기른다. 이 기(氣)는 평범한 가운데에 들어 있으며 하늘과 땅 사이에 가득 차있다. 갑자기 그 호연지기를 얻게 되면, 제왕이나 공경들도 그 앞에서 고귀함을 잃게 되며, 막강한 진나라와 초나라도 그 부강함을 잃게 되고, 張良과 陳平 같은 이도 그들의 지혜를 잃게 되며, 孟賁과 夏育이라 해도 그 용맹함을 잃게 되며, 張儀와 蘇秦이라도 그 달변을 잃게 된다. 이것은 무엇이 그렇게 만드는가? 그것(氣)은 반드시 어떤 형체에 의존하지 않고도 존립하고, 힘에 의지 하지 않고도 나가고, 출생하는 데 기대지 않고도 존재하며, 죽음에 따라 사라져버리지도 않는 것이다. 그러므로 하늘에 있으면 별이 되고 땅에 있으면 강과 산이 되고 어두운 데에서는 귀신이 되고, 밝은 데에서는 다시 사람이 되는 것이다. 이 이치는 늘 그러한 것이니 괴이하다 할 것이 없다.

동한 이래로 도가 쇠미해지고 문장이 피폐해지자 이단의 학설이 우르르 일어났다. 唐나라 정관 개원의 흥성할 때를 지나면서 房玄齡 杜如晦 姚崇 宋璟 등이 보필을 하였지만 그것을 구제할 수는 없었다. 그러나 오직 한문공(韓愈)만이 평민중에서 일어나 말을 잘하여 지휘하고 외치니, 천하의 문인들이 휩쓸리듯 공의 주장을 따르게 되어 다시 바른 길로 돌아서게 되었는데 여기까지 300여년이 걸렸다. 문장은 팔대(八代)에 걸친 쇠퇴함을 다시 일으키고, 도는 천하의 타락한 양상을 구제하였고, 충성은 임금의 노여움도 두려워하지 않고 감행했으며, 용맹은 삼군의 장수를 이길 만하였다. 이것이 어찌 천지의 조화와 함께 하고 성쇠와 관계하는 것이 아니며, 호연의 기가 특별히 존재하는 것이 아니겠는가?

일찍이 하늘과 사람의 분별을 논하되, "인간은 행동이 이르지 않는 바가 없지만, 오직 하늘은 거짓을 허용하지 않는다."고 하였다. 지혜는 왕이나 공경을 속일 수 있어도 돼지와 물고기를 속일 수는 없고, 힘은 천하를 얻을 수 있어도 일반 남녀의 마음까지 얻을 수는 없다. 그러므로 公의 정성은 형산의 구름을 걷어낼 수는 있어도 헌종의 미혹됨은 돌이킬 수 없었고, 악어의 포악함을 길들일 수는 있어도 황보박, 이봉길의 비방을 중지시킬 수는 없었으며, 남해의 백성들에게 신의를 얻어 백세토록 사당에서 제사를 지내게 할 수는 있어도 그 몸을 조정에서 하루도 편하게 할 수는 없었던 것이다. 公이 할 수 있는 것은 하늘의 일이었고, 할 수 없었던 것은 사람의 일이었다.

처음 조주의 사람들은 학문을 몰랐었다. 공이 진사 조덕에게 명하여 그를 스승이 되게 하니, 이로부터 조주의 선비들이 모두 학문과 행실에 독실하게 되어 모든 주민들에게까지 미쳐나가게 되었고, 지금까지도 다스리기 쉬운 고을로 일컬어지고 있다. 미덥도다! 공자의 말씀이여! "군자가 도를 배우면 백성을 사랑하고 소인이 도를 배우면 부리기가 쉽다."고 하였다. 조주 사람들은 公을 섬김에 음식을 마련하여 반드시 공께 제사 지내고, 홍수가 나고 가뭄이 발생하고 질병이 발생하여 무릇 바라는 것이 있으면 반드시 공께 기도하였다. 그런데 사당이 자사의 공관 뒤에 있어서 백성들이 출입하기가 어려웠다. 전의 태수가 조정에 청하여 새로운 사당을 짓고자 하였으나 결실을 거두지 못하였다. 원우 5년에 조산랑 王군 척(滌)이 이 고을의 태수로 부임하여 무릇 선비를 양성하고 백성을 다스리는 일을 한결같이 公을 스승으로 삼았다. 백성들이 이미 기뻐하며 복종하게 되자 법령을 내려 말하기를 "公의 사당을 새로 지으려는 소원을 들어주겠다."고 하였다. 그러자 주민들이 환영하고 달려가서 조주성의 남쪽 7리 쯤에 터를 잡고 1년 만에 사당을 완성하였다.

어떤 사람이 말하기를 "公은 국도를 만 리나 떠나 조주에 귀양을 왔다가 한 해를 보내지 못하고 돌아가셨다. 죽은 뒤에 비록 지각이 있을지라도 조주를 그리워하지 않을 것이 분명하다."라고 하자, 내가 대답하기를 "그렇지 않다. 공의 신이 천하에 있는 것은 마치 물이 땅속에 있는 것과 같아서 가는 곳마다 있지 않은 곳이 없다. 그러나 조주 사람들은 유독 그를 믿는 것이 깊고 그를 그리워함이 지극하여 향을 피워 제사를 올리고 아쉬워 슬퍼함이 마치 그를 직접 보는 것처럼 하고 있다. 비유하자면 우물을 파서 샘물을 얻고나서 '물은 오로지 이곳에만 있다'고 말한다면 어찌 이치에 맞겠는가?"라고 하였다. 원풍 원년에 천자께서 조칙을 내려 公을 창려백으로 배위하였다. 그러므로 사당의 현판에 '창려백 한문공지묘'라 하였다. 조주 사람들이 그 일을 비석에 써 주기를 요청하기에 인하여 시를 지어 그들에게 주고 노래를 읊으며 공을 제사지내게 했다. 그 가사에 이르기를:

> 公은 옛날에 하늘의 백운향에서 용을 타고 노닐며
> 손으로 은하수를 잘라내어 하늘의 문장을 분별하시니
> 직녀(天孫)는 그를 위해 구름비단 의상을 짰었네.
> 훨훨 바람타고 황제 옆으로 오셨는데
> 아래로 혼탁한 세상에 와서 천미한 지게미를 쓸어내었네.
> 서쪽으로 함지에서 노닐고 동쪽 해뜨는 곳을 지나니
> 초목들은 밝게 두루 비추어주는 빛을 옷처럼 입게 되었네.
> 이백과 두보를 쫓아 함께 하늘을 날으시니
> 땀을 흘리며 장적과 황보식이 달리고 엎어지며 뛰어도
> 지는 해의 기울어진 그림자와 같아 바라볼 수 없었네.
> 글을 지어 불교를 비판하고 임금을 기롱했다가

남해를 둘러보고 형산과 상수 지역을 엿보게 되고
순임금이 묻힌 구의산을 지나 아황 여영을 조문하였네.
축융(불의 신)이 앞장서 인도하니 해약(바다의 신)은 숨어 버리고
교룡과 악어를 묶어 매어 양떼를 몰듯 쫓아내었네.
하늘에 사람이 없어 하느님이 슬퍼하다가
노래를 부르고 아래로 초대하며 무양(巫神)을 보내 데려갔네.
들소고기 닭고기 채소의 제수반찬에 나의 술잔 올리고
신선한 붉은 여지와 노란 향초도 갖추었나이다.
공께서 잠시라도 여기에 머물지 않으시면 저희들은 눈물을 흘릴 것이니
훨훨 머리카락 휘날리며 이곳으로 내려오소서.

2. 泰州海陵縣主簿許君墓志銘

王安石[1]

君諱平，字秉之，姓許氏, 余嘗譜其世家，所謂今泰州海陵縣主簿者也. 君旣與兄元相友愛稱天下，而自少卓犖不羈，善辯說，與其兄俱以智略爲當世大人所器. 寶元時，朝廷開方略之選，以招天下異能之士，而陝西大帥范文正公鄭文肅公爭以君所爲書以薦，於是得召試，爲太廟齋郎，已而選泰州海陵縣主簿. 貴人多薦君有大才，可試以事，不宜棄之州縣. 君亦嘗慨然自許，欲有所爲. 然終不得一用其智能以卒. 噫, 其可哀也已. 士固有離世異俗, 獨

1) 字는 介甫, 號는 半山(1021-1086), 臨川人. 宋 神宗 때 宰相으로 新法을 주장하며 정치적 革新을 단행하였다. 蘇軾과 함께 歐陽脩를 계승한 古文家이고 政治家이다. 그러나 蘇軾은 守舊 保守派가 되고 王安石은 혁신 改革派가 되어 상호 대립하게 되었다.

行其意, 罵譏笑侮, 困辱而不悔，彼皆無衆人之求, 而有所待於後世者也，其齟齬固宜. 若夫智謀功名之士，窺時俯仰, 以赴勢物之會，而輒不遇者，乃亦不可勝數. 辯足以移萬物，而窮於用說之時, 謀足以奪三軍，而辱於右武之國，此又何說哉. 嗟乎, 彼有所待而不悔者，其知之矣. 君年五十九，以嘉祐某年某月某甲子, 葬眞州之揚子縣甘露鄕某所之原. 夫人李氏. 子男瓌，不仕. 璋，眞州司戶參軍. 琦，太廟齋郎. 琳，進士. 女子五人，已嫁二人，進士周奉先, 泰州泰興縣令陶舜元. 銘曰. 有拔而起之，莫擠而止之. 嗚呼許君, 而已於斯. 誰或使之.

<태주 해능현 주부 허군의 묘지 앞 비석에 새기는 글>

君의 諱는 平이요, 字는 秉之이며 성은 許氏이다. 내가 일찍이 그의 세가(世家)에 대한 족보를 썼는데 그는 이른바 지금 태주(泰州) 해능현(海陵縣) 주부(主簿)였던 사람이다. 허군은 이미 형님 원(元)과 서로 우애가 좋다고 천하에 알려졌으며, 어려서부터 재능이 뛰어나 행위에 얽매이지 않았고 논리에 맞는 말을 잘하였다. 그와 형님은 모두가 지략이 뛰어나서 당세의 큰 학자들에게 장차 쓸모 있는 그릇이 될 것으로 인정받았다. 보원(寶元) 시기에 조정에서 방락(方樂)과의 선발을 개설하여 천하의 뛰어나고 유능한 선비를 초빙하자 협서(陜西)의 대수(大帥)인 범문정공(范文正公)과 정문숙공(鄭文肅公)이 다투어 군이 행한 바를 기록하여 추천하니, 이에 시험을 볼 수 있게 되어 태묘재랑(太廟齋郎)이 되었고, 조금 있다가 태주 해능현 주부로 선발되었다. 이에 높은 관료들은 군이 큰 재능을 가지고 있으니 큰일을 맡겨 시켜야 한다고 추천하며 주현(州縣)에 버려두어서는 안 된다고 하였다. 군은 또한 일찍이 마음을 다지고 스스로 받아들이고 고을을 위해 하는 일이 있기를 바랬다. 그러나 끝내 한 번도 그 좋은 지혜와 재능을 써먹지 못하고 죽었다. 아! 슬플 따름이로다!

선비는 본래 세속과 다르게 차이난 점이 있다. 홀로 자신의 뜻을 행하면서,

욕설과 비웃음과 곤욕을 당하더라도 후회하지 않는다. 그들은 모두 세속사람들이 바라는 요구 같은 것은 없고 후세에 기대하는 바가 있는 자들이니, 세상과 어긋나는 것은 참으로 마땅하다. 지혜로운 꾀가 있고 공명을 세울 선비들이 시기를 엿보고 지내다가 권세와 재물이 모이는 곳으로 달려가 보지만 문득 때를 만나지 못하는 자를 또한 이루 셀 수가 없다. 그들의 변론은 족히 만물을 변화시킬 수 있지만 논설을 이용해야할 때는 궁색했고, 지모는 족히 삼군(三軍)을 뺏을 수 있었으나 무력을 쓰는 나라에서는 수치를 당했으니, 이런 것을 어떻게 설명해야 하는가? 아아! 그는 후세에 기대하는 바가 있어서 당시의 불우함을 후회하지 않은 자였으니, 그 원인을 알겠다. 허군이 생을 마친 나이는 59세이다. 가우(嘉祐) 모년 모월 모일에 진주(眞州)의 양자현 감로고을 그곳에 있는 묘지에 장사지냈다. 부인은 李씨이다. 아들 괴(瑰)는 벼슬하지 않았고, 장(璋)은 진주 사호참군(司戶參軍)이며, 기(琦)는 태묘재랑(太廟齋郎)이고, 임(琳)은 진사(進士)이다. 딸은 다섯 명인데 이미 두 딸은 출가하였고, 사위는 진사(進士) 주봉선(周奉先)과 태주(泰州) 태흥현령(泰興縣令) 도순원(陶舜元)이다.

銘으로 새겨 이르노니 "그를 선발하여 기용을 했어야지, 밀어내고 저지를 하다니! 아! 아까운 허군이여! 여기서 그치고 말았으니, 누가 그렇게 만들었는가?"

十一. 詔令類

詔令類는 王이 아래 신하나 백성들에게 명을 내리는 글이다.《書經》<誓·誥>에서 유래를 찾을 수 있다. 먼저《書經》에 나온 詔令의 글을 살펴보고, 漢나라의 景帝가 官僚들에게 詔勅한 내용의 <景帝令二千石修職詔>를 살펴보기로 한다.

1.《書經》<湯誥>

王이 歸自克夏[1]하야 至于亳하야 誕告萬方하다.
王曰 嗟爾萬方有衆아 明聽予一人誥하라 惟皇上帝ㅣ 降衷于下民하야 若有恒性하니 克綏厥猷라야 惟后니라. …中略…. 凡我造邦은 無從匪彝하며 無卽慆淫하야 各守爾典하야 以承天休하라. 爾有善이면 朕弗敢蔽요 罪當朕躬이면 弗敢自赦하리니 惟簡이 在上帝之心이라 其爾萬方의 有罪는 在予一人이요 予一人의 有罪는 無以爾萬方이니라 嗚呼라 尙克時忱이라야 乃亦有終하리라.

<탕왕의 훈고(訓誥)>
탕왕이 夏나라 마지막 王인 桀을 물리쳐 이기고 돌아와 殷나라 都邑인 亳(박)에 이르러 크게 만방에 告하였다.

---

1) 王 歸自克夏 : 왕이 돌아오기를 夏나라를 이김으로부터 하다. 自 : from.

왕은 말한다. "아! 너희 만방의 군중들아 분명하게 나 한 사람의 지시를 들으라! 하늘의 上帝가 아래 백성들에게 뜻(衷)을 내리시어 모두가 떳떳한 性을 두고 있으니, 능히 그 계획을 편하게 행할 사람이라야 임금이 될 수 있는 것이다. -중략-

무릇 우리의 새로 만든 나라는 바르지 않은 것은 따르지 말며, 게으르고 음탕한데로 나가지 말고 각자 너희들의 법도를 지켜 하늘의 복을 이어받도록 하라.

너희에게 잘함이 있으면 내가 감히 덮지 않을 것이요, 죄가 나의 몸에 있다면 감히 스스로 용서하지 않을 것이니, 이것을 식별하는 것은 오직 하느님(上帝)의 마음에 있다. 너희 만방의 사람들이 짓는 죄가 있다면 그 책임은 나 일인에게 있지만, 나 일인이 죄를 지은 것은 너의 만방의 탓이 아니다. 아! 바라노니, 이것을 능히 믿어야만 너희들도 결과가 있을 것이다."

2. 景帝令二千石修職詔

劉啓[1]

雕文刻鏤，傷農事者也；錦繡纂組，害女紅[2]者也. 農事傷，則飢之本也；女紅害，則寒之原也. 夫飢寒並至而能亡爲非者, 寡矣. 朕親耕，后親桑，以奉宗廟粢盛祭服，爲天下先, 不受獻，減太官，省繇賦，欲天下務農蠶，素有畜積，以備災害. 彊毋攘弱，衆毋暴寡，老耆以壽終，幼孤得遂長. 今歲或不登，民食頗寡，其咎安在？或詐僞爲吏，吏以貨賂爲市，漁奪百姓，侵牟萬民. 縣丞，長吏也，姦法與盜盜，甚無謂也. 其令二千石各修其職, 不事官職, 耗亂者，丞相以聞，請其罪, 布告天下，使明知朕意.

---

1) 劉啓(景帝) 漢 文帝의 아들로 이어서 王位에 오름.

2) 紅 : 통상적인 여자들의 手工을 말함. 여자의 본업.

<경제가 이천석의 봉록을 받는 관료들에게 직무 수행을 잘하라는 계고(戒告)>

옥석이나 꾸미고 문채넣고 조각하고 조형을 만드는 일은 농사일을 망치게 하는 짓이요, 비단에 수놓아 꾸미며 실끈을 달고 장식이나 하는 일은 여자의 본업을 해치는 것이다. 농사가 방해를 받으면 배고픔의 근본이 되고, 여자의 일이 방해를 받게 되면 춥게 사는 근원이 된다. 무릇 배고품과 추위가 함께 이르러 오는데도 잘못을 저지르지 않을 사람은 드물다.

내가 직접 밭을 갈고 황후가 친히 뽕으로 누에를 길러 종묘의 제수와 제복을 만들어 내며 천하의 모범을 보이겠다. 진상품으로 바치는 것을 받지 않을 것이며, 남은 관료를 줄이고 요역과 세금을 줄이고, 천하의 사람들이 농사와 누에치기에 힘써서 평소에 모아놓은 것이 있도록 하여 재해에 대비하고자 한다. 강한 자가 약자에게 빼앗지 못하게 하고, 다수가 소수를 해치지 못하게 하며, 늙은 사람들은 제수명대로 살도록 하고 어린아이와 고아들은 제대로 성장할 수 있도록 하겠다. 금년에 어쩌다 흉년이 들어서 백성들의 식량이 퍽이나 적으니 그 잘못이 어디에 있는가? 혹시 사기 치고 거짓말하는 사람이 관리가 되고, 관리는 받은 뇌물로 장사나 하고 농사짓는 백성들에게 물고기 잡듯이 탈취하고 만민의 농사일을 침범하고 빼앗는 데에 그 잘못이 있는가? 고을의 현승은 관리 중에 어른인데 법을 우습게보고 도둑과 함께 도둑질을 한다면 너무도 말할 것이 없다. 그래서 이천석을 받는 관리들에게 각자 그 직무를 제대로 수행할 것을 명령한다. 관리의 직무를 해내지 못하고 난잡한 행동을 하는 자는 승상이 상부로 알리고 그의 단죄를 요청하라. 천하에 널리 고하여 나의 뜻을 분명히 알게 하노라.

十二. 辭賦類

비교적 짧은 노래 歌詞인 詩와는 달리 辭賦는 길게 吟詠하는 講唱類이다. 楚나라 지역에서 발생하고 유행한 가사라 하여 이를 楚辭라고 칭한데 楚나라 屈原의 <離騷>를 최초의 작품으로 본다. 굴원을 중심으로 몇 작가의 작품을 모아 만든《楚辭》가 있다.《楚辭》에 나타난 유형을 보면, <離騷>의 형식을 취한 騷體가 있고, 이와 다른 非騷體가 있으며, 양자를 겸한 混合體가 있다.《楚辭》에서 騷體는 <九章> <九歌>의 작품이고, 非騷體는 <天問>과 같은 四言句 형식이며, 兩合體는 소체와 비소체의 兼用形式인데, 매 句마다 혹은 聯句마다 語氣詞 '兮'자를 사용하고, 구문은 五言, 六言, 七言의 句式이 일반적이다.

楚辭는 漢나라에 와서 王의 功績이나 朝廷을 찬양하는 내용이 많아졌다. 楚나라의 抒情性이 풍부한 辭가 漢代에 와서는 王事를 칭송하는 敍事的인 성격으로 바뀌게 된 것이다. 표현상 楚나라 語氣詞 '兮'자도 사라지고 장황하게 朝廷과 王事를 찬미하며 늘어놓는 장편의 漢賦가 나온 것이다. 그래서 漢나라 이후에는 辭를 賦, 賦를 辭라고 하게 되었고 모두를 총칭하여 辭賦라고 한 것이다.

辭賦는 韻文에 속하지만 산문의 편폭과 수사법을 수용한 형식이다. 이것은 표현의 미를 발휘하기에 좋은 문체이며 운문과 산문의 맛을 겸비하여 전달효과를 배가시키는 장점도 가지고 있다.

辭賦의 종류는 楚辭를 비롯하여 漢나라 때 漢賦가 있고, 위진남북조 시대에 유행한 騈賦(騈儷賦), 唐宋代에 과거시험에서 사용한

律賦(試賦), 그리고 宋代에 와서 수식위주의 美文을 타파하고 자유롭게 표현한 文賦(散文賦)가 있다.

辭賦의 始祖인 <離騷>는 그 내용을 높게 평가하여 후세에 <離騷經>이라고 하게 되었다. 이 작품은 매우 긴 長篇이다. 아래에서 <離騷經>의 일부와 六朝 시대의 騈賦 형식을 구비한 陶淵明의 <歸去來辭>와 宋代의 文賦로 알려진 蘇東坡의 <赤壁賦>를 감상해 보기로 한다.

1. 離騷經 -節錄-

屈原[1]

帝高陽之苗裔兮, 朕皇考曰伯庸. 攝提貞于孟陬兮, 惟庚寅吾以降. 皇覽揆余初度兮, 肇錫予以嘉名. 名余曰正則兮, 字余曰靈均. 紛吾旣有此內美兮, 又重之以脩能. …長太息以掩涕兮, 哀民生之多艱. 余雖好脩姱以鞿羈兮, 謇朝誶而夕替. 旣替余以蕙纕兮, 又申之以攬茝. 亦余心之所善兮, 雖九死其猶未悔. …固時俗之工巧兮, 偭規矩而改錯. 背繩墨以追曲兮, 競周容以爲度. 忳鬱邑余侘傺兮, 吾獨窮困乎此時也. 寧溘死以流亡兮, 余不忍爲此態也. …陟陞皇之赫

1) 名은 平, 字는 原. 楚나라 王族 出身으로, 宣王-頃襄王 年間(B.C 약 343-290)에 살았던 人物. 懷王 아래 三閭大夫의 높은 관직으로 왕의 신임을 받고 봉직하였으나 姦臣들의 猜忌와 讒言에 의해 조정에서 쫓겨났다. 다음 頃襄王 때에 복직되었다가 또 다시 讒言에 의해 추방당하였다. 유배지의 江湖를 徘徊하면서 忠臣이 버림받고 姦臣輩가 득세하는 朝廷을 걱정하고, 임금과 나라를 위하는 충심의 내용을 담은 것이 그의 <離騷經> 작품이다.

戱兮, 忽臨睨夫舊鄕. 僕夫悲余馬懷兮, 蜷局顧而不行. 亂曰已矣哉! 國無人莫我知兮, 又何懷乎故都? 旣莫足與爲美政兮, 吾將從彭咸之所居.

<근심을 만나서 술회한 글>

황제 고양(高陽)의 후예인 나의 아버지(皇考)는 백용(伯庸:父의 字)이라 하였네.
인년(寅年:攝提)의 바로 정월(孟陬), 경인 날에 나는 태어났다네.
아버님은 나의 초도(初度)[2]를 헤아려보고, 비로소 나에게 아름다운 이름 지어 주셨네.
나의 이름을 정칙이라 부르고, 자(字)를 영균이라 하였네.
여러모로 나는 이처럼 아름다운 품성을 가진 데다가 수양하는 능력까지 지니었다네. ...중략...
길게 탄식하고 눈물을 닦으며, 인생에 어려움이 많음을 슬퍼하노라.
나는 바르게 닦아 가기를 좋아 했지만 굴레에 묶여버렸으니,
아! 아침에 바른말 했다가 저녁에 쫓겨나 버렸네.
향기 좋은 혜초 띠를 가졌다고 나를 쫓아냈지만 거듭해서 나는 향기 좋은 풀을 뜯으리라.
내 마음에 옳다고 여기는 것은 비록 아홉 번 죽는다 해도 후회하지 않으리.
...중략...
참으로 지금의 세속은 교묘하니, 바른 법규를 외면하고 그릇되게 만들었네.
곧은 것을 배격하고 굽은 것을 따르면서, 다투어 적당히 받아들이며 그게 법도라 하네.
우울증에 잠겨 나는 실망하고 있나니, 나만 홀로 이 시대에 어려움을 겪고 있구려.
차라리 훌쩍 죽어 사라질지언정, 나는 차마 그런 태도로 살지 않으리. ...중략...
하늘(皇天)의 빛나는 곳에 올라서니, 문득 옛 고향이 아득히 바라보이네.
나의 종은 슬퍼하고 내말은 생각이 많은지, 움츠리고 두리번거리며 가지를 못하네.

---

2) 生年月日 등 처음 태어난 天度.

난(亂:마무리하는 말)에 이르기를, "끝났도다."!
나라에는 참다운 사람도 없어 나를 알아주지 않는데, 또 어찌 고향을 그리워할 일이 있는가?
이미 참여하여 아름다운 정치를 행할 수 없게 되었으니, 나는 장차 팽함(彭咸)[3]이 사는 곳으로 가리라.

2. 歸去來辭

陶淵明[4]

歸去來兮, 田園將蕪, 胡不歸[5]. 旣自以心爲形役, 奚惆悵而獨悲. 悟已往之不諫, 知來者之可追. 實迷途其未遠, 覺今是而昨非. 舟搖搖以輕颺, 風飄飄而吹衣. 問征夫以前路, 恨晨光之熹微.
乃瞻衡宇, 載欣載奔[6]. 僮僕歡迎, 稚子候門. 三徑就荒, 松菊猶存. 携幼入室, 有酒盈樽. 引壺觴以自酌, 眄庭柯以怡顔. 倚南窓以寄傲, 審容膝之易安. 園日涉以成趣, 門雖設而常關. 策扶老[7]以流憩, 時矯首而遐觀. 雲無心以出岫, 鳥倦飛而知還. 景翳翳而將入, 撫孤松而盤桓[8].
歸去來兮, 請息交以絶游, 世與我而相違, 復駕言兮焉求.

---

3) 彭咸 : 彭祖를 말함. 堯임금의 臣下, 八百歲를 살았다는 전설상의 神仙 이름. 전하여 長壽를 뜻하는 말.

4) 陶淵明 : 姓名은 陶潛. 晉代의 田園詩人. 구속적인 관직 생활을 버리고 전원으로 돌아가 직접 체험하며 느낀 소감을 시문으로 남긴 문인이다.

5) 胡不歸 : 어찌 돌아가지 않으리오.

6) 載欣載奔 : 한편으로 기뻐하고 한편으로 달려가다. 載 : 곧.

7) 扶老 : 지팡이.

8) 盤桓 : 떠나지 못하고 서성거리는 모습.

悅親戚之情話, 樂琴書以消憂. 農人告余以春及, 將有事于西疇. 或命巾車, 或棹孤舟, 旣窈窕以尋壑, 亦崎嶇而經丘. 木欣欣以向榮, 泉涓涓而始流, 羡萬物之得時, 感吾生之行休. 已矣乎, 寓形宇內復幾時. 曷不委心任去留, 胡爲遑遑欲何之. 富貴非吾願, 帝鄕[9]不可期. 懷良辰以孤往, 或植杖而耘耔. 登東皐以舒嘯, 臨淸流而賦詩. 聊乘化以歸盡, 樂夫天命復奚疑.

<전원으로 돌아가는 데 대한 술회>

돌아가리라! 전원이 갈수록 잡초로 뒤덮여가는데 어찌 돌아가지 않으리오. 이미 스스로 마음이 형체의 부림이 되었으니 어찌 한탄하고 원망하며 슬퍼만 하고 있으랴! 이미 지나간 일을 바로잡을 수 없다는 것을 깨닫고서 다가올 일은 제대로 추구해 갈 수 있음을 알게 되었다. 사실 길을 잘못 들어선 것이 아직 멀리 가지는 않았으니 지금 생각이 옳고 어제가 잘못이었음을 깨닫는다. 타고 가는 배는 가벼운 바람에 흔들거리고 바람은 회오리쳐 옷깃에 불어온다. 길 가는 나그네에게 앞길을 묻고는 새벽빛이 희미함(빨리 밝아지지 않음)을 한스럽게 여긴다.

이윽고 문짝과 집을 바라보고 한편으로 기뻐하며 한편으로 달려가니, 일꾼들은 기쁘게 맞이하고 어린아이는 문가에서 기다린다. 정원에 세 갈래 길은 황폐해졌지만 소나무와 국화는 아직도 그대로 있다. 아이를 데리고 실내로 들어가니 술이 술통개에 가득 차 있다. 술병과 잔을 가지고 혼자 부어서 마시고 정원의 나무를 슬쩍 바라보며 기뻐하는 표정을 짓는다. 남쪽 창가에 기대어 편안한 자세를 기탁해보고 무릎을 펼 수 있는 편안한 자리도 찾아본다. 정원을 날로 거닐면서 취미를 이루고 대문은 달려있지만 항상 닫혀있다. 지팡이를 짚고 거닐다 쉬기도 하고 때때로 머리를 들어 멀리 바라보면 구름이 무심히 산굴에서 나오고 새는 천천히 날면서 집으로 돌아올 줄을 안다. 햇빛이 어둑어둑 넘어갈 때면 외로운 소나무를 어루만지며 서성이기도 한다.

9) 帝鄕 : 上帝의 고을, 仙鄕의 世界, 天國.

돌아가리라! 세속과의 교제를 멈추고 그 생활을 그만두리라. 세상은 나와 서로 맞지 않으니 다시 벼슬을 한들 무엇을 구하랴! 친척간의 정다운 이야기를 즐기고 거문고와 책을 즐기며 근심을 풀어야지. 농사짓는 사람들이 나에게 봄이 왔다고 알려주니 이제 서쪽 밭에 할 일도 있다. 간혹은 수레에 포장을 씌우라고 하여 나가기도 하고 간혹은 하나의 배를 노젓기도 하노니 그윽하고 깊은 곳을 지나 계곡도 찾아가 보고 높은 산으로 해서 언덕도 넘어가 본다. 나무들은 기쁜 모습으로 번영해가고 샘물은 졸졸졸 흘러가기 시작한다. 만물이 때를 얻게 됨을 부러워하면서 나의 생명도 살아있고 멎을 것을 감지한다. 그만 두리라! 우주 안에 몸체를 붙이고 사는 것이 앞으로 다시 얼마나 되는가? 어찌 마음에 맡기어 가고 머무름을 따르지 않으리오? 무엇하려고 방황하며 어디로 가려고 하는가? 부귀는 나의 바람이 아니요, 신선의 세계는 기대할 수 없다. 좋은 날을 생각해서 홀로 가서 때로는 지팡이를 꽂아 놓고 잡초를 뽑으며 밭을 가꾸어 본다. 동쪽 언덕에 올라가 휘파람도 불고 맑은 물가에 가서 시도 지어본다. 애오라지 자연의 변화에 따라 끝으로 돌아가면 천명을 즐기는 것인데 다시 무엇을 의심하랴?

3. 前赤壁賦

蘇軾[1]

壬戌之秋, 七月旣望[2], 蘇子與客, 泛舟遊於赤壁之下. 淸風徐來, 水波不興. 擧酒屬客, 誦明月之詩, 歌窈窕之章. 少焉,

1) 蘇軾(1036-1101) : 字는 子瞻, 號는 東坡居士. 宋初의 政治家이자 文人. 四川省 眉山縣 出身. 본 작품은 東坡의 작품 중에 대표적인 것이며, 辭賦의 종류이지만 전통적인 형식을 벗어난 자유로운 文體賦이다. 歐陽脩의 <秋聲賦>와 함께 散文賦, 즉 文賦로 분류한다. 字句의 對가 가지런하지 않은 곳이 많고, 押韻은 하였지만 押韻字가 前代의 작품처럼 일정하지가 않다.

2) 旣望 : 음역 16일.

月出於東山之上, 徘徊於斗牛之間. 白露橫江, 水光接天. 縱一葦之所如[3], 凌萬頃之茫然. 浩浩乎如憑虛御風, 而不知其所止, 飄飄乎如遺世獨立, 羽化而登仙. 於是飮酒樂甚, 扣舷而歌之. 歌曰 ; 桂棹兮蘭槳 擊空明兮泝流光. 渺渺兮予懷, 望美人兮天一方. 客有吹洞簫者, 倚歌而和之. 其聲嗚嗚然, 如怨如慕, 如泣如訴. 餘音嫋嫋, 不絶如縷. 舞幽壑之潛蛟, 泣孤舟之嫠婦. 蘇子愀然正襟, 危坐而問客曰 ; 何爲其然也. 客曰 ; 月明星稀, 烏鵲南飛. 此非曺孟德之詩乎. 西望夏口, 東望武昌, 山川相繆, 鬱乎蒼蒼. 此非孟德之困於周郞[4]者乎. 方其破荊州, 下江陵, 順流而東也, 舳艫千里, 旌旗蔽空. 釃酒臨江, 橫槊賦詩, 固一世之雄也, 而今安在哉. 況吾與子, 漁樵於江渚之上, 侶魚鰕而友麋鹿. 駕一葉之扁舟, 擧匏樽而相屬. 寄蜉蝣於天地, 渺滄海之一粟. 哀吾生之須臾, 羨長江之無窮. 挾飛仙以遨遊, 抱明月而長終, 知不可乎驟得, 託遺響於悲風. 蘇子曰 ; 客亦知夫水與月乎. 逝者如斯, 而未嘗往也. 盈虛者如彼, 而卒莫消長也. 蓋將自其變者而觀之, 則天地曾不能以一瞬, 自其不變者而觀之, 則物與我皆無盡也, 而又何羨乎. 且夫天地之間, 物各有主, 苟非吾之所有, 雖一毫而莫取. 惟江上之淸風, 與山間之明月, 耳得之而爲聲, 目遇之而成色, 取之無禁, 用之不竭, 是造物者之無盡藏也, 而吾與子之所共樂. 客喜而笑, 洗盞更酌, 肴核[5]旣盡, 杯盤狼藉[6]. 相與枕籍乎舟中, 不知東方之旣白.

---

3) 하나의 배가 가는대로 따르다. 如 : 가다.

4) 周郞 : 吳나라 周瑜. 赤壁大戰에서 曹操의 대군을 크게 격퇴시켰음.

5) 肴核 : 고기와 안주.

6) 狼藉 : 어지러이 흩어진 모양. = 狼藉(낭자).

<적벽부에서 느낀 감회를 읊다>

임술년 가을 七月 기망(十六日)에 소자가 객과 함께 배를 띄우고 적벽아래 강물에서 놀적에 시원한 바람이 서서히 불어오고 물결은 일어나지 않아 잔잔하였다. 술을 들어 손님에게 권하고 명월의 시를 읊조리고 요조의 가사를 노래하는데 조금 있다가 달이 동산의 위에서 떠올라 북두성과 견우성의 사이를 지나가고 있다. 하얀 이슬기가 강가를 쭉 뻗어 퍼져 있고 물빛은 하늘과 맞닿아 있다. 하나의 작은 배가 가는 대로 가면서 만경창파의 아득한 물위를 지나가니 크고도 크게 마치 허공에 의지하여 바람을 타고 가듯 그칠 곳을 모르는 것 같고 나부끼는 바람에 마치 세상에 남아 홀로 서서 날개를 달고 날아오르는 신선과도 같다. 이에 술마시는 즐거움이 심하여 뱃전을 두드리고 노래를 하노니, 노래는 이렇다: "계수나무 노에다 목란나무 상앗대로 물에 비친 창공의 달을 찌르며 흐르는 물빛을 거슬러 가노라. 아득한 나의 마음은 하늘가에 미인을 바라본다네."

객중에 퉁소를 부는 자가 있어서 노래에 맞추어 하모니를 이루니 그 소리가 심금을 울리는 듯 원망하는 소리 같기도 하고 사모하는 소리 같기도 하면서 여운의 소리가 가늘게 이어져 끊어지지 않고 실처럼 이어지는데 깊은 계곡 속에 잠겨있는 용을 춤추게 하고 외로운 배에 있는 젊은 과부를 울게 만들 수 있는 소리였다. 소자가 표정을 바꾸고 옷깃을 바로하고 바르게 앉아 객에게 물어 말하기를 "무엇 때문에 그런 소리를 냅니까?"하니, 객이 말하기를 "'달이 밝으니 별이 드물고, 까마귀 까치는 남쪽으로 날으네.' 이것은 조맹덕의 시가 아닙니까? '서쪽으로 하구를 바라보고 동쪽으로 무창을 바라보니 산천이 서로 얽히어 울창하게 푸르구나.' 이것은 맹덕이가 주랑에게 곤욕을 당할 때의 말이 아닙니까? 바로 형주를 격파하고 강릉으로 내려가며 흐르는 물을 따라 동쪽으로 갈 적에 배의 앞과 끝이 천리나 되고 정기의 깃발이 창공을 덮었는데, 이때 술을 걸러가지고 강가에 가서 창을 옆으로 차고(놓고) 시를 읊었으니 진실로 한 세대의 영웅이었지만 지금은 어디에 있습니까?(그런 영웅도 떠나버렸는데)

하물며 나와 그대는 강물 가에서 고기 잡고 나무나 하며 물고기와 새우를 짝으로 하고 사슴을 벗하는 신분으로 배중에 작은 조각배를 타고 술그릇을 들어 서로 권하고 있으니, 이는 천지간에 하루살이를 위탁해 놓은 격이요, 아득히 푸른 바다에 한 톨의 곡식알과도 같은 신세인데야! 우리의 생명이 잠깐임을 슬퍼하고, 긴 강물의 무궁함을 부러워하노니, 나르는 신선을 끼고 마음 것 놀고, 밝은 달을 껴안고 오래 살다 마치는 것을 갑자기 취득할 수 없다는 것을 알고서 싸늘한 바람에다 구슬픈 피리소리를 붙여봤던 것이오." 소자가 말하기를 "객도 물과 달을 아십니까? 가는 것이 저 물과 같지만 일찍이 가는 것이 아니고, 차고 빈 것이 저 달과 같지만 마침내 사라지고 커지는 것이 아닙니다. 대개 그 변하는 입장에서 보면, 천지가 일찍이 눈 깜작할 순간도 그대로일 수 없고, 변하지 않는 입장에서 보면 사물과 내가 모두 끝이 없는 것인데, 또 무엇을 부러워합니까? 그리고 천지간에는 사물마다 각자 주인이 있어서 진실로 내가 소유한 것이 아니면 비록 하나의 깃털이라도 취하지 못하지마는, 오직 강가의 청풍과 산간의 명월은 귀로 들으면 소리가 되고, 눈으로 보면 색깔을 이루게 되니, 그들을 취하는 데 금(禁)함이 없고 이용하는 데 끝이 없으니, 이는 조물주가 한없이 저장해놓은 것이요, 나와 그대가 같이 누리며 즐길 수 있는 것입니다."라고 하니, 객이 기뻐하며 웃고 잔을 씻어 또 술을 따르니, 고기와 과일 안주가 이미 다하고 잔과 쟁반이 낭자하게 흩어져 있었다. 배안에서 서로 더불어 베고 깔고 누웠는데 동쪽이 이미 밝은 줄도 몰랐다.

十三. 頌讚類

頌讚類는《詩經》의 <頌篇>에서 그 유래를 찾을 수 있다. 詩經의 후반에 周頌 商頌 魯頌 三頌이 있는데, 이들은 주로 宗廟에서 사용하는 樂歌들이다. 본래 神에게 축복을 기원하고 山川神이나 祖上神의 德을 칭송하는 노래들이다. 그런데 후세에는 송찬의 대상과 범위를 확장하게 되었다. 대개 朝廷이나 임금 및 偉人의 功勳과 業績을 稱頌하는 내용이 많고, 事物의 장점이나 그의 혜택을 칭송하는 종류도 있다. 글자의 자구수를 맞추는 표현이 많고 押韻도 한다.

1. 酒德頌

劉伯倫[1]

有大人先生[2]. 以天地爲一朝, 萬期爲須臾, 日月爲扃牖, 八荒爲庭衢. 行無轍跡, 居無室廬. 幕天席地, 縱意所如[3]. 止則操卮執觚, 動則挈榼提壺, 唯酒是務, 焉知其餘. 有貴介公子, 搢紳處士, 聞吾風聲, 議其所以, 乃奮袂攘襟, 怒目切齒, 陳說禮法, 是非鋒起. 先生於是, 方捧甖承糟, 銜盃漱醪[4], 奮

---

1) 劉伯倫 : 晉人. 姓名은 劉伶, 字가 伯倫. 隱逸생활을 추구했던 竹林七賢(嵇康 阮籍 山濤 尙秀 劉伶 王戎 阮咸)중의 한 사람이다.

2) 大人先生 : 작자 자신을 이름.

3) 縱意所如 : 마음이 가는 대로 따르다. 如: 갈 여.

4) 銜盃漱醪 : 잔을 물고 막걸리 술을 마신다.

髯踑踞, 枕麴藉糟[5], 無思無慮, 其樂陶陶. 兀然而醉, 恍爾而醒. 靜聽不聞雷霆之聲, 熟視不見泰山之形. 不覺寒暑之切肌, 嗜慾之感情. 俯觀萬物擾擾焉, 如江漢之浮萍. 二豪侍側焉, 如蜾蠃之與螟蛉.

※ 押韻은 換韻하였다; 朝,牖,衢./ 廬,如,壺,餘./ 士,以,齒,起/. 糟,醪,糟,陶./ 醒,聲,形,情,萍,蛉.

<술의 덕을 칭송함>

어떤 대인 선생이 천지를 하루아침으로 보고 만기를 잠깐으로 여기고 해와 달을 창문으로 삼고 팔방을 정원의 거리로 삼았다. 다니는 데는 수레바퀴 흔적이 없고 사는 데는 집도 없고 하늘을 지붕으로 삼고 땅을 방석으로 삼으며 그의 뜻이 가는대로 따랐다. 어느 곳이나 멎으면 술잔을 쥐어 들고 술잔을 잡으며, 이동만하면 술 통개를 끌고 가고 술병을 들고 가며 오직 술 이것에만 힘을 쓰니, 어찌 그 밖의 것을 알겠는가? 어떤 귀개공자와 진신처사가 나의 소문을 듣고 그런 이유를 따지다가 마침내는 소매 자락을 걷어 올리고 옷깃을 밀어붙이며 눈을 부릅뜨고 이빨을 갈면서 예법을 늘어놓고 설명하다가 옳고 그름을 가리는 일이 날카롭게 발생했다. 선생은 이에 바야흐로 술 단지를 들고서 진국술을 받들고 술잔을 물고 막걸리 술에 입가심을 하고, 수염을 털고 다리를 뻗고 기대어 앉으며 누룩을 베고 술 찌게미를 깔개로 삼고서, 아무 생각도 없고 헤아리는 일도 없이 그 즐기는 태도가 도도하였다. 거리낌 없이 술에 취했다가 어슴푸레 깨어나곤 하는데 가만히 들어도 우레에 천둥소리조차 듣지 못하고, 골똘히 쳐다보아도 큰 산의 형체조차 발견하지를 못하였다. 추위와 더위가 피부를 자극하는 것이나 좋아하고 바라는 감정도 느끼지를 못하였다. 고개를 숙여 만물을 관찰하면 흔들흔들 마치 강한의 물위에 떠 있는 부평초처럼 보이고, 두 호걸(공자와 처사)이 곁에서 모시고 있는 것이 마치 나나니벌이 마디충과 같이 있는 것 같았다.

5) 枕麴藉糟 : 누룩을 베고 술 찌게미를 깔고 잔다.

2. 大唐中興頌

元結[1]

天寶十四年，安祿山陷洛陽，明年陷長安. 天子幸蜀，太子卽位於靈武. 明年，皇帝移軍鳳翔，其年復兩京. 上皇還京師. 於戱！前代帝王, 有盛德大業者，必見於歌頌. 若令歌頌大業，刻之金石，非老於文學，其誰宜爲？
頌曰：噫嘻前朝！ 孽臣奸驕，爲昏爲妖. 邊將騁兵，毒亂國經，群生失寧. 大駕南巡，百僚竄身，奉賊稱臣. 天將昌唐，繄睨我皇，匹馬北方. 獨立一呼，千麾萬旗，戎卒前驅. 我師其東，儲皇撫戎，蕩攘群凶. 復復指期，曾不逾時，有國無之. 事有至難，宗廟再安，二聖重歡. 地闢天開，蠲除妖災，瑞慶大來. 凶徒逆儔，涵濡天休，死生堪羞. 功勞位尊，忠烈名存，澤流子孫. 盛德之興，山高日升，萬福是膺. 能令大君，聲容沄沄，不在斯文. [2] 湘江東西，中直浯溪，石崖天齊. 可磨可鐫，刋此頌焉，何千萬年.」

※처음부터 끝까지 3句씩 단위로 換韻하며 매구마다 押韻하였다: 朝,驕,妖. 兵,經,寧. ~ 鐫,焉,年.

---

1) 字는 次山. 武昌 사람. 唐代의 文人. 天寶 때에 大科에 급제하여 벼슬은 容管經略使에 이름. 修飾爲主의 文風을 배격하고 古文을 모범으로 삼았음.

2) '不在斯文'은 '不在斯文乎'의 의문조사 '乎'가 생략된 표현으로 보아야 한다. 왜냐하면 이 글은 押韻하는 歌頌類인데, 能令大君, 聲容沄沄, 不在斯文의 표현에서 君, 沄, 文이 압운자이다. 대개 語氣詞(虛詞)를 文尾에 사용할 경우에는 어기사 바로 앞에 實詞를 韻으로 붙인다. 여기에서 四言字句를 맞추기 위하여 허사 '乎'를 생략한 것으로 보아야 한다. 그래야 전후의 문장 내용에 맞게 풀이가 된다.

<위대한 당나라의 중흥을 찬송함>

당나라 천보 14년에 안록산이 낭양을 함몰키고 다음해에 장안까지 함몰시켰다. 천자는 촉땅으로 피난을 가고 태자가 영무현(靈武縣)에서 왕위에 올랐다. 그 다음 해에 황제가 군대를 봉상고을로 옮기고 그 해에 두 수도(낙양,장안)를 수복하자 상황제가 도읍으로 되돌아왔다. 아! 전대의 제왕들 중에 큰 덕과 큰 업적이 있는 자는 반드시 노래와 찬송으로 드러나게 된다. 만약에 위대한 업적을 노래하고 찬송하는 내용을 금석에 새기려면 문장과 학문에 노련한자가 아니면 누가 제대로 하겠는가?

업적을 칭송하노니:

아아! 전 왕조에는 졸렬한 신하들이 간사하고 교만한데다 멍청하고 요망하였네. 변방의 장수가 병사를 이끌고 와서 나라의 법을 지독하게 어지럽히니 많은 사람들이 편안함을 잃었네. 임금의 수레가 남쪽으로 피난을 가니, 많은 관료들은 몸을 숨긴 사람도 있고, 적을 받들어 신하라고 자칭한 자도 있었네. 하늘이 장차 당나라를 번창시키려고, 이에 우리 황제를 돌보시어 북방에서 무장(武裝)을 하게 했네. 홀로 서서 한 번 소리치니, 천 만 개의 깃발을 들고 병졸들이 앞으로 달려 나갔네. 우리 군사는 동쪽으로 나가고 차기(次期)황제도 싸움에 나서니 무리의 오랑캐들을 물리쳤네. 회복을 하며 약속을 지정하고 일찍이 시한을 넘긴 일이 없었으니 나라가 있고 그런 일은 없었네. 나라일이 지극히 어려움이 있었지만 종묘는 다시 안정되고 두 임금은 다시 기뻐하였네. 땅이 생기고 하늘이 열리고 요망한 재앙을 깨끗이 제거하니 상서로운 경사가 크게 도래하였네. 흉악한 무리와 반역의 무리까지 천자의 은혜를 흡족히 받게 되니 죽은 사람 산사람 모두가 부끄러움 감내하네. 공로가 있는 사람은 높은 지위에 오르고 충렬을 세운 사람은 이름이 남아 은택이 자손에게까지 흘러가네. 성스러운 임금의 덕이 흥성하여 산처럼 높고 해처럼 떠올라 만복을 누리게 되네. 임금으로 하여금 명성과 모습이 도도히 흘러 이어지게 하는 것은 바로 이 글에 있지 않은가? 상강의 동쪽과 서쪽 중간의 오계에 바위절벽이 하늘 높이 솟아있네. 바위를 갈아 문지르고 글을 새길만하여 이 글을 새기노니 천만년까지 전해지리라.

十四. 箴銘類

생활의 指針으로 삼기위하여 지은 글이다. 자신의 행동을 신중히 하면서 분수를 지키고 인간의 도리에 충실해야 한다는 心身을 경계하는 글이다. 箴言이나 座右銘은 비교적 짧은 문장이지만 내용은 심오하고 함축적이다. 押韻하는 경우가 일반적이다.

대개 漢詩를 제외하고 전체의 문장을 자구를 맞추어 騈儷 對偶體로 작문하는 종류는 辭賦類 箴銘類 頌讚類 檄文 上梁文 같은 것들이다. 이들은 起句 偶句로 짝을 이루는 각단이 있기 때문에 구문 끝에 붙이는 어기사(也 矣 耳 등)를 사용하지 않는다. 때문에 띄어쓰기를 하지 않은 필사본 한문 문집을 초보자가 보면 어디서 끊어 읽어야 할지 당황하게 되는데 사실 騈儷 對偶의 수사법을 알고 보면 오히려 구절을 나누어보기가 쉽다. 箴銘類 頌讚類 辭賦類 들은 押韻까지 하므로 구문을 나누어보기가 쉽다.

1. 心箴

范浚[1]

茫茫堪輿 俯仰無垠 人於其間 眇然有身 是身之微 太倉稊米 參爲三才 曰惟心爾 往古來今 孰無此心 心爲形役 乃獸

1) 范浚(1102-1150), 字, 茂名. 婺州 蘭溪人. 南宋代 理學家. 香溪先生으로 알려짐. 性稟이 고매하여 榮利를 추구하지 않았으며, 벼슬에 나가지 않고 학문에 매진하였음.

乃禽 惟口耳目 手足動靜 投間抵隙 爲厥心病 一心之微 衆欲攻之 其與存者 嗚呼幾希 君子存誠 克念克敬 天君泰然 百體從令. 《孟子》 <告子章句上, 朱子集註>

※ 押韻字는 '垠''身' '米''爾' '心''禽' '靜''病' '之''希' '敬''令'이다. 偶句마다 押韻하였고 두 개의 韻 단위로 換韻하였다.

<마음을 경계하는 글>

아득하고 아득한 하늘과 땅, 아래로 보고 위로 보아도 끝이 없도다. 사람이 그 사이에서 아스라이 몸 하나 가지고 있으니, 이 몸의 극미함은 큰 창고 안의 겨에 붙은 좁쌀과 같도다. 사람이 삼재(天地人)에 들어간 것은 오직 마음 때문이니, 지나간 옛날부터 지금까지 누가 이 마음이 없으리오. 마음이 형체의 부림이 되어(마음을 다스리지 못하게 되어) 마침내는 인간도 아닌 짐승이 되기도 하나니. 오직 입과 귀와 눈 그리고 손발의 움직임이(욕구가) 좁은 틈새를 파고들어 마음속 병이 나게 된 것이다. 마음의 미약함을 많은 욕심이 공격하면 그 마음을 간직할 자 오호! 드물도다! 군자는 지극히 성실함을 간직하고 능히 염두하고 경건한 태도를 취하나니, 마음(天君)이 태연하게 되어 온몸도 그에 따라서 태연(편안)하게 되니라.

2. 愛惡箴

李達衷[1]

有非子造無是翁曰 日有群議人物者. 人有人翁者, 人有不人翁者. 翁何或人於人, 或不人於人乎. 翁聞而解之曰 人人吾, 吾不喜, 人不人吾, 吾不懼, 不如其人人吾而其不人不

1) 高麗末의 學者 文人. 號는 霽亭.

人吾. 吾且未知人吾之人何人也, 不人吾之人何人也. 人而人吾則可喜也, 不人而不人吾則亦可喜也. 人而不人吾則可懼也, 不人而人吾則亦可懼也. 喜與懼當審其人吾不人吾之人之人不人如何耳. 故曰惟仁人爲能愛人, 能惡人. 其人吾之人仁人乎, 不人吾之人仁人乎. 有非子笑而退. 無是翁因作箴以自警. 箴曰 子都之姣, 疇不爲美, 易牙所調, 疇不爲旨[2]. 好惡粉然, 盍[3]亦求諸己. ※ 끝부분 箴에 해당한 부분만 押韻을 하였다. 韻字는 '美' '旨' '己' 이며, 上聲 '紙'韻이다.

<사랑하고 미워함에 대한 경계>
유비자가 무시옹에게 가서 이르기를 "날마다 여러 사람들이 인물을 평의하는 자가 있는데, 사람들 중에는 그대를 사람으로 여기는 자가 있고, 사람들 중에는 그대를 사람으로 여기지 않는 자가 있는데, 그대는 어찌하여 어느 한 편으로는 사람들에게 사람답게 여겨지고, 또 한 편으로는 사람들에게 사람답게 여겨지지 않는가?"라고 물으니, 무시옹이 듣고 해명하며 이르기를 "사람들이 나를 사람으로 여기면 나는 기쁘지가 않고, 사람들이 나를 사람으로 여겨주지 않아도 나는 두렵지가 않다. 이것보다는 정말 사람다운 사람이 나를 사람으로 여겨주고 정말 사람답지 않은 사람이 나를 사람으로 여겨주지 않는 것이 더 좋다. 그런데 나는 나를 사람으로 여겨주는 사람이 어떤 사람인지, 나를 사람으로 여겨주지 않는 사람이 어떤 사람인지 아직 모르겠다. 사람다운 사람이 나를 사람으로 여겨주면 기쁜 일이고, 사람답지 않은 사람이 나를 사람으로 여기지 않으면 또한 기쁜 일이다. 또 사람다운 사람이 나를 사람으로 여겨주지 않으면 두려운 일이고, 사람답지 않은 사람이 나를 사람으로 여기면 또한 두려운 일이다. 기뻐하고 두려워하는 일은 마땅히 그 나를 사람으로 여겨주고 나를 사람으로 여겨주지 않은 사람

2) 子都 : 春秋時代의 美人. 易牙 : 齊의 유명한 요리사.

3) 盍 : 何不.

이 사람다운 사람인가 사람답지 않은 사람인가 어떤 신분인가를 살펴보아야 할 뿐이다. 그러므로 '오직 어진 사람만이 사람들을 제대로 사랑하고 미워 할 수 있다'고 한 것이다. 나를 사람으로 보는 사람이 어진 사람인가요? 나를 사람으로 여기지 않는 사람이 어진 사람인가요?"라고 하니, 유비자가 웃으며 물러갔다. 무시옹은 이것을 인하여 잠을 지어 스스로 경계하였다. 잠언에 이르기를 "자도의 아름다움을 누가 아름답지 않다고 하는가? 역아가 조리한 것을 누가 맛있다고 하지 않으리오? 좋아함과 미워함이 분연히 일어나는데 어찌 그 근원을 자신에게서 찾아야하지 않겠는가?

3. 座右銘

崔瑗[1]

無道人之短, 無說己之長. 施人愼勿念, 受施愼勿忘. 世譽不足慕, 唯仁爲紀綱. 隱心而後動, 謗議庸何傷. 無使名過實, 守愚聖所臧. 在涅貴不淄, 曖曖內含光. 柔弱生之徒, 老氏戒剛强. 行行鄙夫志, 悠悠故難量. 愼言節飮食, 知足勝不祥. 行之苟有恒, 久久自芬芳.

※ 押韻(平聲 '陽'韻): 長,忘,綱,傷,臧,光,强,量,祥,芳. 一韻到底格이다.

<자리 옆에 새겨놓고 경계로 삼는 격언>

다른 사람의 단점을 말하지 말고 자기의 장점을 말하지 말라. 다른 사람에게 베풀었거든 삼가 새겨두지 말고, 베푸는 은혜를 받았거든 삼가 잊지를

1) 字는 子玉(77-142). 河北省 饒陽縣 사람. 天文, 歷, 數, 易 등에 精通하고, 文章에 뛰어났다.

말라. 세상의 자랑도 흠모할 것이 아니고 오직 어진 것을 기강으로 삼아야 한다. 마음을 은인자중한 뒤에 행동하면 남들의 비방에 어찌 속상할 것이 있겠는가? 명성(소문)이 본질보다 과장되지 않도록 하라, 어리석은 듯한 태도를 지키는 것을 성인이 좋게 여겼다. 흙탕물에 있어도 검게 물들지 않는 것이 귀중하니, 가려진 듯 희미한 것이 빛을 띠고 있는 것이다. 부드러움은 삶의 방법이니 노자가 강함을 경계하였다. 항항한 사람은 강경한 품성이니 속 좁은 사람의 뜻이고, 유유한 사람은 깊고 심원하여 헤아려 보기가 어렵다. 말을 신중하게 하고 음식을 절제하며 만족을 아는 것이 불행을 이긴다. 행동이 진실로 항상성이 있으면 오래도록 저절로 향기가 피어나리라.

十五. 騈儷體

天地 陰陽의 調和가 있듯이 漢文의 文章에도 調和의 原理가 반영되어 있다. 强弱 正反 受與 動靜 正否 長短 高低 大小 上下 新舊 雌雄 表裏 등의 相對的 原理를 구구절절 수사법으로 도입하여 시종일관 유지한 文型이 곧 騈儷文의 形體라 할 수 있다. 漢字의 형체가 繪畵의 특성에 따라 구성미를 추구하여 글자마다는 균형적 조화의 미를 지니고 있듯이 이들을 모아 문장을 구성하는 데에도 균형과 조화의 미를 적극 도입한 것이다.

漢代이후 六朝시대에는 文章의 形式美를 추구하는 風潮가 盛行하였다. 이런 결과 韻文은 五言 七言에 의한 형식을 완비하였고 散文까지도 일종의 형식을 취한 騈儷體가 나오게 되었다. 騈儷體는 字句를 起句 偶句로 騈儷하는 形式을 취하면서 對偶의 내용이나 修辭가 정밀하고 聲律과 色彩의 美까지 구비한 문체이다. 이것은 육조시대의 시대적 潮流가 되었고 唐宋代에 걸쳐 확고한 文體로 성립하게 되었다.

변려문의 형식은 한문의 원리를 이해하고 학습하는 데 중요한 것이기에 연구할 가치가 있다.

1. 論文 -節錄-

曹丕[1]

蓋文章 經國之大業 不朽之盛事 年壽有時而盡 榮樂止乎其身 二者必至之常期 未若文章之無窮 是以古之作者 寄身於翰墨 見意於篇籍 不假良史之辭 不託飛馳之勢 而聲名自傳於後. 故西伯幽而演易 周旦顯而制禮 不以隱約而不務 不以康樂而加思 夫然則古人賤尺璧而重寸陰 懼乎時之過已 而人多不强力 貧賤則懾於飢寒 富貴則流於逸樂 遂營目前之務 而遺千載之功 日月逝於上 體貌衰於下 忽然與萬物遷化 斯士之大痛也.

【어구풀이】

西伯 : 文王.

周旦 : 文王의 동생.

不以康樂而加思 : 加, 移也. 康樂을 누려도 생각을 바꾸지 않는다는 말.

漢나라가 망하고 三國(魏蜀吳)으로 분열되면서 六朝時代로 이어지는데, 이시대의 특징은 修辭爲主의 唯美主義 풍조가 盛行한다. 그 일면을 六朝初期 魏나라의 作風에서부터 살펴볼 수 있다. 완전한 騈儷體는 아니지만 아래와 같은 對偶의 修辭法을 전체의 글에서 잘 살펴 볼 수 있다.

---

1) 三國時代 魏나라의 文帝, 字는 桓, 曹操의 長子이며, 아버지 曹操와 동생 曹植과 함께 학문적 재능이 탁월하였다. 이들 삼부자를 三曹라고 부른다.

經國之大業　　年壽有時而盡　　寄身於翰墨
不朽之盛事　　榮樂止乎其身　　見意於篇籍

不假良史之辭　　西伯幽而演易　　貧賤則懾於飢寒
不託飛馳之勢　　周旦顯而制禮　　富貴則流於逸樂

<문장을 논함>

대개 문장은 나라를 다스리는 대업이요, 없어지지 않을 성대한 일이다. 인간의 수명은 때가 되면 끝나고 영광스런 즐거움은 그 살아있는 동안의 몸에만 그친다. 그래서 이들 두 가지는 반드시 일정한 가간에 이르므로 문장의 무궁함보다 못하다. 이런 까닭에 옛날의 작자들은 필적(翰墨)에다가 자신의 뜻을 기탁하고 문서에다가 뜻을 나타내었으니, 글 쓰는 사람의 표현을 빌리지 않고 날고뛰는 힘에 의탁하지 않고도 명성이 저절로 후세에 전해졌다. 그러므로 西伯(文王)은 감옥에 있으면서도 주역을 연구하였고, 周旦(周公)은 높은 벼슬로 현달하였지만 예(禮)를 제작하였다. 어려운 곳에 처해 있다고 해서 힘쓰지 안했던 것이 아니요, 편안하다해서 저술할 생각을 다른 데로 옮기지 안했던 것이다. 그렇다면 옛날 사람들은 큼직한 벽옥(璧玉)을 천시하고, 짧은 시간도 중요하게 여기며 시간이 지나가버리는 것을 두려워했다. 그러나 일반 사람들은 굳세게 노력하지 않은 사람들이 많다. 가난하고 천하면 굶주림과 추위를 걱정하고, 부하고 귀하면 편안히 즐기는 데에 빠진다. 그래서 마침내는 눈앞에 닥친 일이나 하다가 천년에 이어질 문장의 공을 날려버린다. 해와 달은 위에서 지나가고 몸체는 아래서 늙어가다가 별안간 만물과 함께 사라져버리니, 이것이 선비의 큰 안타까움이다.

2. 滕王閣詩序

王勃[1]

南昌故郡, 洪都新府. 星分翼軫, 地接衡廬. 襟三江而帶五湖, 控蠻荊而引甌越. 物華天寶, 龍光射牛斗之墟, 人傑地靈, 徐孺下陳蕃之榻. 雄州霧列, 俊彩星馳. 臺隍枕夷夏之交, 賓主盡東南之美.

都督閻公之雅望, 棨戟遙臨, 宇文新州之懿範, 襜帷暫駐. 十旬休暇, 勝友如雲, 千里逢迎, 高朋滿座. 騰蛟起鳳, 孟學士之詞宗, 紫電青霜, 王將軍之武庫. 家君作宰, 路出名區. 童子何知? 躬逢勝餞. 時維九月, 序屬三秋. 潦水盡而寒潭淸, 煙光凝而暮山紫. 儼驂騑於上路, 訪風景於崇阿. 臨帝子之長洲, 得仙人之舊舘. 層巒聳翠, 上出重霄, 飛閣流丹, 下臨無地. 鶴汀鳧渚, 窮島嶼之縈迴, 桂殿蘭宮, 列岡巒之體勢, 披綉闥, 俯雕甍, 山原曠其盈視, 川澤盱其駭矚. 閭閻撲地, 鍾鳴鼎食之家, 舸艦迷津, 青雀黃龍之舳. 虹銷雨霽, 彩徹雲衢. 落霞與孤鶩齊飛, 秋水共長天一色. 漁舟唱晚, 響窮彭蠡之濱, 雁陣驚寒, 聲斷衡陽之浦. 遙吟俯暢, 逸興遄飛. 爽籟發而淸風生, 纖歌凝而白雲遏. 睢園綠竹, 氣凌彭澤之樽, 鄴水朱華, 光照臨川之筆. 四美具, 二難幷, 窮睇眄於中天, 極娛遊於暇日. 天高地逈, 覺宇宙之無窮, 興盡悲來, 識盈虛之有數. 望長安於日下, 指吳會於雲間. 地勢極而南溟深, 天柱高而北辰遠. 關山難越, 誰悲失路之人? 萍水相逢, 盡是他鄕之客. 懷帝閽而不見, 奉宣室以何年? 嗚呼! 時運不齊, 命途多舛, 馮唐易老, 李廣難封. 屈賈誼於長沙, 非無聖主, 竄梁鴻於海曲, 豈乏

1) 字는 子安, 山西省 河津縣 人. 初唐 詩 四傑 중의 한 사람. 어려서부터 博學多識하여 학문적 名聲은 높았으나 長壽의 福은 없었다.

明時？所賴君子安貧，達人知命. 老當益壯，寧知白首之心？ 窮且益堅，不墜青雲之志. 酌貪泉而覺爽，處涸轍以猶懽. 北海雖賒，扶搖可接, 東隅已逝，桑榆非晚. 孟嘗高潔，空懷報國之心, 阮籍猖狂，豈効窮途之哭?

勃，三尺微命，一介書生. 無路請纓，等終軍之弱冠, 有懷投筆，慕宗慤之長風. 舍簪笏於百齡，奉晨昏於萬里. 非謝家之寶樹，接孟氏之芳鄰. 他日趨庭，叨陪鯉對. 今晨捧袂，喜託龍門. 楊意不逢，撫淩雲而自惜, 鍾期旣遇，奏流水以何慚？嗚呼！勝地不常，盛筵難再, 蘭亭已矣，梓澤丘墟.

臨別贈言，幸承恩於偉餞, 登高作賦，是所望於群公. 敢竭鄙誠，恭疏短引, 一言均賦，四韻俱成.

滕王高閣臨江渚，佩玉鳴鸞罷歌舞. 畫棟朝飛南浦雲，朱簾暮捲西山雨[2]. 閑雲潭影日悠悠[3]，物換星移度幾秋? 閣中帝子今何在？ 檻外長江空自流.

---

2) 畫棟朝飛南浦雲, 朱簾暮捲西山雨: 畫棟과 朱簾이 對句語이고, 朝와 暮, 飛와 捲, 南浦雲과 西山雨가 정확히 대우관계이다. 畫棟과 朱簾은 주체인 등왕각 장소를 나타내는 표현이고, 구문의 동사는 飛와 捲이다. 아침이면 남쪽 포구에서 일어난 구름이 등왕각으로 飛(날라)하여 들어오고, 석양이면 서쪽 산에서 묻어온 비가 등왕각에서 捲(말아 접다, 걷히다,갠다)하게 된다는 말이다. 즉 雲은 飛來하고 雨는 捲去(捲滅)한다는 뜻이다(飛: 퍼져오다. 捲: 접어간다). 이것이 내용으로 맞는 대우의 관계이다. 그런데 앞 구와 대우관계로 안보고 '朱簾暮捲西山雨'를 풀이하면서, '대발(簾)'하면 말아 올리는 선입감 때문에 '주렴을 석양에 말아 올리니 서산에 비가 온다'고 풀이하는 경우가 있다. 등왕각의 보편적인 현상을 말한 것이지, 석양에 그곳의 주렴을 걷어 올리면 서산에 비가 오는 것은 아닐 것이다. 이 부분은 생각해볼 문제이다.

3) 日悠悠 : 여기서의 풀이는 '태양은 아득한데', '날마다 아득한데', '세월(日)은 유구한데', 어느 것이나 가능하다고 본다. 다만 이 閑雲潭影의 句는 靜을, 偶句인 物換星移의 句는 動을, 즉 頸聯은 靜과 動의 對偶를 이루고 있다.

위의 작품은 駢儷體의 대표적인 형식을 구비한 유형이다. 문장의 구조를 아래에서 쉽게 살펴볼 수 있다.

南昌故郡 : 南昌, 故, 郡
洪都新府 : 洪都, 新, 府
'故'와 '新', '郡'과 '府'가 對偶를 이루고 있다.

星分翼軫 : 星, 分, 翼軫
地接衡廬 : 地, 接, 衡廬
'星'과 '地', '分'과 '接'이 대우를 이루고 있다.

襟三江而帶五湖 : 襟, 三江, 帶, 五湖
控蠻荊而引甌越 : 控, 蠻荊, 引, 甌越
'襟'과 '控', '三江'과 '蠻荊', '帶'와 '引', '五湖'와 '甌越'이 相對하고 있다.

物華天寶, 龍光射牛斗之墟 : 物,天寶, 龍光,射, 墟
人傑地靈, 徐孺下陳蕃之榻 : 人,地靈, 徐孺,下, 榻
서로가 上 下의 관계임을 알 수 있다.

潦水盡而寒潭淸 : 潦, 水, 盡, 潭, 淸
烟光凝而暮山紫 : 烟, 光, 凝, 山, 紫
'潦', '水', '盡', '潭', '淸'은 낮은 물에 해당하고, '烟', '光', '凝', '山', '紫'는 높은 공중에 있는 현상들이다. 여기에서 지적한 것 외에도 聲律과 押韻관계를 대조할 수 있다.

駢儷文의 기본구조는 對偶 修辭에 의한 구성인데 이것은 조화와 균형미를 의식한 작법에서 나온 것이다. 하나만을 거론하지 않고 상대적인 비유를 통해 이해를 돕고, 거듭 한마디를 더 추가하여 알기 쉽게 해주는 설법, 字句數를 맞추어 문맥을 쉽게 구별하도록 하는 방법 등 駢儷文의 장점이 있다. 다만 내용보다 수식에 치우치고 故事 인용을 많이 하는 단점은 개선할 문제지만 古代로부터 전수해온 일종의 작문법이었다. 이는 한문의 기본적 수사법이기 때문에 이러한 구조를 이해하지 않고서는 한문을 제대로 볼 수 없다고 본다.

<등왕각에서 지은 시를 모은 문집의 서문>
남창은 옛 군이고 홍도는 새로운 부이다. 별자리가 익성과 진성으로 나누어진 곳이고 땅이 형과 여 지역에 접해있다. 삼강을 옷깃처럼 감고 오호를 허리띠처럼 두르고 있으며, 만형 땅을 끌어안고 구월 땅을 끌어당기고 있다. 사물이 화려한 것은 하늘이 준 보배라 용천검의 빛은 견우성과 북두성의 자리까지 발사하고, 인물이 걸출함은 땅의 신령스런 덕이니, 서유 같이 훌륭한 인걸은 진번이 준비하여 걸어둔 의자를 내려서 앉게 하였다. 웅장한 고을이 운무처럼 펼쳐있고 준걸들의 풍채는 별들처럼 치닫는다. 누대의 터는 오랑캐 땅과 중하의 접경을 베고 있고, 빈객과 주인은 모두가 동남의 훌륭한 분들이다. 도독 염공의 아름다운 모습은 깃발달린 창을 들어 호위받고 멀리서 오셨고, 우문의 새 고을로 부임해 가는 아름다운 모습은 수레의 휘장이 잠시 멈추었다. 십순의 휴가에 좋은 벗이 구름처럼 모였고, 천리 밖 멀리서 만나고 환영하니 훌륭한 벗들이 자리에 가득하다. 등천하는 용과 날아오른 봉황새 같은 인물들은 맹학사의 글 쏨씨를 가진 종장들이고, 붉은 번개와 맑은 서릿발 같은 사람들은 왕장군의 무기창고와 같다.
아버지가 수령이 되셨기에 찾아가는 길에 유명한 이곳에 나오게 된 것이지, 어린 내가 무엇을 알았으리오? 몸소 좋은 잔치를 만나게 된 것이다. 때는 구

월이라 계절 순서로는 세 번째 가을, 장마철 흙탕물이 없어지고 차가운 못이 맑아졌고, 안개 빛 걷히니 석양의 산이 붉게 보인다. 가는 길에 말들을 나란히 몰아세우고 높은 언덕에서 풍경을 둘러본다. 제자가 노닐던 장주를 굽어보고 선인이 머물던 옛 집을 찾아왔노라. 층층의 산봉우리는 푸른색 속에 솟아올라 위로 높은 하늘로 들어나고, 나를 듯 단청을 한 누각이 아래로 절벽가에 서있다. 학과 오리가 노니는 물가는 섬들을 구불구불 감아돌고 계수나무와 목란나무로 만든 궁전은 산 멧부리와 같은 모습이다. 수놓은 문작을 활짝 열고 꾸며놓은 지붕들을 굽어보니 산언덕은 널리 티어 시야에 가득 들어오고, 냇물과 연못들은 멀리보여 보는 눈을 놀라게 한다. 마을의 집들이 땅에 깔렸는데 종소리 울려 솥을 함께 놓고 먹는 집들이고 배들은 나룻터를 아득히 채웠는데 푸른 새와 노란용을 새긴 뱃머리들이로다.
무지개 걷히고 비도 개어서 채색이 구름에까지 닿았다. 지는 노을은 외로운 따오기와 나란히 날고 가을의 물은 긴 하늘과 같은 빛이로다. 고기잡이배에서 석양에 부르는 노래는 소리가 팽예의 물가에까지 들리고, 기러기 떼 추위에 놀라 우는 소리는 형양의 포구에서 끊긴다. 멀리 보고 읊조리고 굽어보며 노래하니 그윽한 흥취가 갑자기 돋는다. 상쾌한 피리소리에 시원한 바람이 생동하고 가느다란 노래소리 멎으니 흰구름도 멈춘다. 수원(楚의 庭園名, 등왕각을 비유)의 푸른 대는 그 기운이 팽택(彭澤令 도연명)의 술동이에 서리고, 업수(魏나라 수도)의 붉은 꽃빛은 그 빛이 임천(內史,王羲之)의 붓에 비친다. 네 가지(良辰,美景,快心,樂事)의 아름다움이 갖추어지고 두 가지(賢主,嘉客)의 어려움도 어우러졌다. 높은 하늘에 바라보기를 실컷하고 휴일날에 즐거운 놀이를 마음것 한다. 하늘이 높고 땅이 아득하니 우주가 끝이 없음을 깨닫고 흥겨움이 다하면 슬픔이 오나니 차고 비는 것이 수가 있음을 알겠도다. 태양 아래에 장안을 바라보고 구름의 사이로 오회를 가르킨다. 땅의 형세가 끝난 곳이라 남쪽 바다는 깊고 하늘기둥이 높아서 북쪽 별자리가 멀다. 관산은 넘기가 어려우니 어느 누가 길 잃은 사람을 불쌍히 여겨줄까? 부평초와 물이 만나듯 서로 만났으니 모두가 타향의 객이로다. 임금의 궁궐이 그리워도 볼 수가 없으니 어느 때에나 선실(가의가 귀양에서 풀려 문제를 모셨던 집)을 모셔볼까? 아! 때의 운수는 같지가 않고 운명의 길은 어긋남이 많도다. 그러니 풍당 같은 인물도 그저 늙어버렸고, 이광 같은 인물도 제후에 봉하기가 어려웠다. 가의를 장사로 귀양보냈으니 당시에 훌륭한 임금이 없었던 것도 아니고 양홍을 바닷가로 귀양보냈으니 이때도 밝게 다스려졌던 때였다. 믿는 것은, 군자는 안빈락도하고 달인은 천명을 아는 것이다. 늙으면 마땅히 더욱 씩씩해야하니 어찌 늙었다는 마음을 알 것이며, 궁색할수록 더욱 굳건해야하니 어찌 청운의 뜻을 버릴 수 있는가? 탐욕이 생긴다는 샘물을 마셔도 제정신을 차리고 수레바퀴터에 고인 작은 물에 처할지라도 그 물고기처럼 기쁘게 살자. 북해가 멀다고 해도 바람을 타면 갈 수 있고 동우(東隅:해뜨는곳, 젊은 시절)는 이미 지났으나 상유(桑楡:해지는곳, 노년)도 늦지는 않다. 맹상은 고결하여 공연히 나라에 보답할 생각을 하였고, 완적은 미치광이라 어찌 길이 막힌 곳에서 우는 것을 본받으리오?

왕발 나는 삼척의 미명이오. 일개의 서생이라. 끈(벼슬)을 요청할 길이 없는 것은 종군의 어린 시절과 같고, 문필을 던질 마음을 가지고 종각의 장풍을 사모도 해본다(南朝 宋나라 宗慤이가 어린 시절에 兄이 뜻을 묻자, "長風을 타고 萬里 파도를 헤쳐보고 싶다"고 함). 백년에 벼슬을 포기하고 만리의 먼 길에 혼정신성의 길을 나섰다. 사씨 집안의 寶樹(善人才子)도 아니고 맹자 어머니처럼 좋은 이웃을 접하게 된 것이다. 뒷날 뜨락을 지날 때 외람되이 공리처럼 아버지를 대하려고 했는데(아들 孔鯉가 뜨락에서 아버지 孔子를 뵙고 가르침을 받음. <論語, 季氏篇>) 오늘아침 옷소매를 받들고 이 자리를 받들게 되었으니 기쁘게도 용문에 의탁하게 된 것이다. 양득의를 만나지 못했으니 능운부(이 글을 능운부에 비유)를 만지며 애석해 하고[4], 종자기를 만났으니 유수의 곡을 연주해도 어찌 부끄러울 것인가? 아! 명승지는 항시 유지되는 것이 아니고 성대한 자리는 두 번 가지기 어렵다. 난정도 이미 사라지고 재택도 빈터가 되었다.

---

4) 司馬相如의 賦 작품을 보고 漢 武帝가 작자를 만나지 못함을 한탄하자, 신하 楊得意가 자신의 고향사람이라고 하니, 武帝가 사마상여를 불러오게 하였다. 이후 上林賦 같은 작품을 지어 올리자 사마상여는 무제의 총애를 받아 높은 벼슬에 오름.

이별에 임하여 말씀을 드림은, 다행스럽게 좋은 잔치에 은혜를 받은 덕이요, 높은 곳에 올라 글을 짓는 것은 여러분께 바라는 바이다. 감히 부족한 성의를 다하여 공손히 짧은 글을 내어 놓는다. 한 마디씩 모두 읊어내니 사운(四韻:詩一首)이 모두 이루어졌다.

등왕의 높은 누각이 강가에 서있는데
옥을 차고 방울 울리며 놀다가 가무를 마친다
아름다운 용마루에는 아침이면 남포의 구름이 날라들고
붉은 대발에는 석양이면 서산의 비가 걷혀간다
한가로이 뜬 구름 연못에 진 그림자 날마다 유유한데
사물이 바뀌고 별자리 옮겨감이 몇 년이나 지났는가?
누각에서 놀았던 제자는 지금 어디에 있는가?
누각 멀리 긴 강물만 속절없이 흐르는구나!

漢文(古文)을 볼 때는 形式上의 구조를 살피는 것이 무엇보다도 重要하다. 對偶 對等關係, 相反關係, 字數關係, 介詞의 位置關係, 疊字疊韻의 關係, 平仄 押韻關係, 品詞關係 등 構文上의 다양한 구조를 정밀하게 살피고 파악해야 한다. 漢文의 文型속에는 一律的인 秩序와 條理가 엄연히 內在하고 있다. 이러한 表現上의 組織的인 形式을 잘 把握하는 것이 漢文 文章을 讀解하는 제일 重要한 秘訣이다. 여기에 內容에 따른 事理의 分別力과 諸般常識이 兼備되면 文章을 讀解하는 데에는 어려움이 없을 것이다.

傳統的인 漢文(古文)의 文章을 보면 크게 두 가지 현상을 發見할 수 있으니, 하나는 文章의 外形上에 나타나는 修飾的인 표현 形式이요, 또 하나는 문장 속에 人倫 道德을 重視한 敎訓的인 內容이다. 時代에 따라 文風은 形式美를 추구하거나 形式美보다는 內容을 중시하는 風潮가 있었지만, 어느 쪽을 중시할 필요가 없는 오늘날의 입장에서는 한문의 정확한 독해를 위해 문장구성의 원리를 파악하는 것이 중요하다.

騈儷文을 四·六문이라고도 한데 완전히 四 六言으로 구성한 것은 아니고 대개 四言과 六言이 많다는 데에서 나온 표현이다. 韻文에는 五言 七言詩의 陽의 數가 있으니 散文에는 四 六 陰의 數를 상대적으로 구성하려고 했는지 의문도 생긴다.

第 Ⅲ 章

韻文篇

一. 漢詩의 種類

1. 古體詩

古體詩는 古詩 또는 古風이라고도 한다. 이는 古代로부터 唐代 近體詩가 나오기 이전까지 지어졌던 詩歌의 형식이며 唐代의 近體詩와 구별하기 위하여 부르는 명칭이다. 그 종류로는 詩經詩를 비롯하여 樂府詩 五言古詩 七言古詩 등이 있다. 이는 근체시에 비해 平仄 押韻 字句 등을 맞추는 규율이 까다롭지 않다. 唐代 근체시가 나온 이후에도 古體의 형식에 의해 지어진 것이면 古體詩로 간주한다.

2. 近體詩

古體詩에 비해 엄격한 작법상의 규율이 있다. 六朝시대 후반 沈約을 필두로 聲調를 중시하게 되었고, 이후로 聲調를 作詩에 도입하는 기풍이 발생하였다. 이런 풍조가 唐代 초반에 와서 더욱 보편화되어 詩는 聲調 對偶 押韻 모든 면에서 근체시에 접근하였다. 그러나 본격적인 律詩로서 근체시의 律法을 확정시킨 것은 初唐의 宋之問과 沈佺期(? 713)에 依해서다.[1] 근체시는 글자의 수가 정해지고, 聲調의 장단 고저를 맞추어야하며, 對偶 押韻의 규율을 따르면서 지극히 조화를 이루어야 하는 형식으로 작법을 준수해야하는 정형시이다. 五言絶句 五言律詩 七言絶句 七言律詩가 있다.

1) 金學主 著, 中國文學槪論 , 71쪽.

二. 種類別 漢詩

1. 古體詩

1) 詩經詩

<關雎>

關關雎鳩 在河之洲 窈窕淑女 君子好逑
參差荇菜 左右流之 窈窕淑女 寤寐求之
求之不得 寤寐思服 悠哉悠哉 輾轉反側
參差荇菜 左右采之 窈窕淑女 琴瑟友之
參差荇菜 左右芼之 窈窕淑女 鍾鼓樂之

꽈안 꽌 우는 저구새 하수의 물가에서 노는구나
얌전한 아가씨는 군자의 좋은 배필
올망졸망 행채풀을 이리저리 구하였네
정숙한 아가씨를 밤낮으로 찾아왔네
찾아도 못 찾아서 자나깨나 생각하느라
오래고 오랜 세월을 잠못이루고 뒤척였네
올망졸망 마름풀을 여기저기 뜯어보세
얌전한 숙녀를 금슬로 벗 해볼까?
올망졸망 마름풀을 좌우로 익혀보세
얌전한 아가씨를 종북치고 즐겨주리라

이 詩는《詩經》맨 처음에 나온 詩이다.《詩經》은 孔子가 정리한 것으로 알려져 있으며, 周나라시대에 불러졌던 詩歌들이다. 내용은 國風 小雅 大雅 頌의 종류가 있다. 國風은 15개 國風으로 각 나라의 氣風을 살필 수 있는 내용이다. 주로 민간의 가요로 순정한 내용도 있고 음란한 내용도 있다. 小雅는 조금 우아하다는 표현인데, 賢人들이 세상을 걱정하면서 民心을 교화하려고 부르는 시가 많은 편이다. 大雅는 朝廷의 聖賢들이 지어 부른 노래로 先王의 德을 칭송하는 내용이 많은 편이다. 頌은 宗廟에서 하늘이나 山川神 先靈에게 제사지낼 때 祝願하는 詩들이다. 대략 이상과 같은 내용을 가진 詩들이며, 여기에 詩를 짓는 작법으로 賦 比 興 세 가지가 있다. 賦는 사실을 그대로 서술하는 작법이고, 比는 말하고 싶은 바를 다른 사물과 대비하는 방법이고, 興은 먼저 어떤 사물을 읊고 난 뒤에 본의를 끌어내는 작법이다. 하나의 작품이 한 가지 작법만을 취하지 않고 두 가지를 겸한 작품도 있다.

<箜篌引> - 韓國 -

公無渡河　당신 물을 건너지 마시라니까
公竟渡河　당신 기어이 물을 건너시더니
墮河而死　물에 빠져 죽었으니
將奈公何　이제 당신을 어찌하오리까?

우리나라의 詩중에서 가장 오래된 古朝鮮 시대의 작품으로 알려져 있다. 한 남편이 깊은 강물을 건너려하자 그 부인이 간곡히 말렸다. 그래도 남편은 말을 듣지 않고 물을 건너다가 결국 빠져 죽었다. 그 아내는 강 언덕에서 공후 악기로 슬픈 곡조를 연주하고는 자기도 물에 빠져 죽었다. 나룻터의 뱃사공인 霍里子高가 이 모습을 보고 집에 가서 아내(妻) 여옥(麗玉)에게 사실을 말했다. 이 말을 들은 麗玉이 그들을 생각하여 이 노래를 지었다고 한다. 箜篌는 악기명이고, 引은 운문류 중의 하나이다. 詩 曲 引 行 詞 등.

<黃鳥歌>

翩翩黃鳥　훨훨 나는 꾀꼬리들은
雌雄相依　암컷 수컷 서로 의지하며 살건만
念我之獨　나의 외로움 생각하면
誰其與歸　누구와 함께 의지하며 살아갈까?

高句麗 東明聖王(朱蒙)의 아들 琉璃王의 작품으로 알려져 있다. 漢族인 부인 雉姬가 본국으로 달아나버리자, 찾으러 갔지만 끝내 데려오지 못하고 돌아오다가 쉬면서 나무위의 꾀꼬리를 보고 읊은 노래라고 한다.

箜篌引이나 黃鳥歌는 詩經의 작풍과 유사하다. 詩經의 詩들은 三言 五言 六言 등의 표현이 간혹 있지만 대부분 四言형식을 취하고 있다.

2) 樂府詩

樂府는 본래 漢나라 때 음악을 관장하는 부서였다. 민심을 파악하기 위하여 采詩官을 지방에 보내 民歌를 수집하기도 하고 음악을 연구하고 만들어 보급하기도 하는 부서가 악부였다. 그래서 여기에서 다루어진 詩歌와 당시에 유행했던 民歌를 후세에 樂府 또는 樂府詩라고 부른 것이다.

<薤露>

薤上露
何易晞!
露晞明朝更復落
人死一去何時歸

<염교잎의 이슬>

염교풀 위의 이슬은
어찌 그리 쉽게도 마르는가!
이슬은 말라도 다음날 아침이면 다시 또 맺었다 떨어지는데
사람은 죽어 한번 가면 다시 돌아오질 않네

<上耶>

上耶!
我欲與君相知 長命無絶衰
山無陵 江水爲渴
冬雷震震 夏雨雪
天地合 乃敢與君絶!

하늘이여!
나는 내님과 서로 사랑하며 생명이 다하도록 헤어지지 않겠소.

산이 닳아 없어지고, 강물이 마르고,
겨울에 우레 소리 진동하고, 여름에 눈이 내리고,
하늘과 땅이 맞붙을지라도 어찌 감히 님과 헤어지리오!
註) 夏雨雪: 여름에 눈을 뿌리다. 雨: 뿌리다. 乃: 어찌.

漢나라 때 五言 정형시 이전의 자유로운 형식의 民歌 樂府歌辭이다. <薤露>篇에서 '露' '晞' '歸'의 押韻 현상이 보이고, <上耶>篇에서 '知' '衰'/ '竭' '雪' '絶'의 압운 현상이 보인다. 이렇게 자유로운 長短句의 노래가 점차 정형화 되면서 漢나라 후반에 와서는 완전히 五言形式으로 만들어져 유행하게 되었다. 이후 六朝를 거치면서 거듭 발전하게 되고, 唐代에 와서는 형식미의 극치를 이루게 되어 격률이 엄격한 漢詩는 수준 높은 문인들의 전유물이 되고 말았다. 그래서 唐나라 후반에는 일반 평민들에게 맞는 서민풍의 民歌가 유행하게 되었는데 바로 漢代에 발생했던 長短句의 악부시와 같은 詞이다. 이것이 宋대에는 더 유행하게 되는데 宋代를 대표하는 문학으로 宋詞를 들기도 한다. 詞도 또한 초반과는 달리 점차 정형화 되었다.

<江南>
江南可採蓮 蓮葉何田田 魚戲蓮葉間
魚戲蓮葉東 魚戲蓮葉西 魚戲蓮葉南 魚戲蓮葉北[2]

<강변 남쪽>
강남에서 연을 채취할 수 있다네.

2) '西'와 '北'은 古韻으로 通하는 자이다. 蕭滌非 著, 漢魏六朝樂府文學史 , 20쪽 참고.

연잎이 얼마나 아름다운지! 물고기들 연잎사이에서 노는데,
물고기들 연잎 동쪽에서 놀고, 연잎 서쪽에도 남쪽에도·북쪽에서도 노네.

樂府詩에도 五言化된 작품이 다수 있다. 위 작품(江南)은 漢代에 자유로운 長 短句 표현의 악부시가 점차 오언시로 정형화되어가는 시기에 나온 하나의 단순하고 초보적인 작품이다. 漢나라 초기에도 五言의 표현이 보이긴 하나 일반적으로 五言詩는 한나라 중 후반기에 완성된 것으로 보고 있다. 그 이후 위진 남북조시기에 와서는 중국의 대표적인 定型詩가 되었고, 이후 더욱 유행하면서 修辭적으로 발전을 하게 된다.

3) 五言古體詩

字句에 제한을 두지 않았던 樂府詩가 前漢시기부터 五言의 형식을 갖추기 시작하였고, 後漢에 이르러서는 완성된 五言의 詩가 나오게 되었다. 이후 魏晉 南北朝時代를 거치면서 더욱 발전하여 크게 유행하게 되었다.

<七步詩> 曹子建
煮豆燃豆萁 豆在釜中泣
本是同根生 相煎何太急

<일곱 걸음 안에 읊다>
콩을 볶으며 콩깍지(콩대)를 불태우니

콩이 솥 안에서 울면서
본래 같은 뿌리에서 태어났는데
나를 볶아 달구는 것이 어찌 그렇게도 다급한고?

【어구 풀이】

▶ **曹子建** : 名은 曹植, 字가 子建.

魏나라 曹操의 次子이다. 아버지 曹操가 둘째 아들 曹植을 매우 예뻐하자 큰아들인 曹丕가 왕위를 빼앗길까 염려하며 동생을 미워하였다고 한다. 하나의 트집을 잡고 동생에게 일곱 걸음 안에 시를 한 수 짓지 못하면 죽이겠다고 하자, 七步 안에 바로 이 시를 지어 올리니 형 조비가 반성을 하였다고 한다. 문학사에서 曹操 曹丕 曹植을 三曹로 칭한다.

▶ 煮豆(자두) : 콩을 볶다. 콩을 삶다.

▶ 燃豆萁(연두기) : 콩대를 태우다. 콩 줄기를 태우다.

▶ 相煎(상전) : 태우다. 들볶다. 曹丕가 아우 曹植을 못살게 들볶는다는 말.

<四時> 陶淵明

春水滿四澤 夏雲多奇峯
秋月揚明輝 冬嶺秀孤松

<사계절>

봄철의 물은 사방의 연못에 가득하고
여름의 구름은 빼어난 산위에 많도다
가을의 달은 밝은 빛을 드리우고
겨울의 산마루엔 한그루 소나무 우뚝 서있네

【어구 풀이】

▶ 陶淵明 : 이름은 陶潛, 字는 淵明, 東晉의 文人, 田園詩人으로 알려져 있음.

▶ 四澤 : 사방의 연못.

▶ 奇峯 : 기이한 산봉우리. 움삣줌삣한 모양의 산봉우리를 이름.

▶ 冬嶺秀孤松 : 冬嶺은 孤松을 秀(솟아올렸다)하다로 볼 수 있다. 그러나 이치로 볼 때 한그루의 푸른 소나무가 겨울철 바람찬 고갯마루위에서 시들지 않고 우뚝 서있는 모습을 나타낸 것임을 알 수 있다.

<與隋將于仲文詩> 乙支文德

神策究天文　妙算窮地理

戰勝功旣高　知足願云止

<수나라 장수 우중문에게>

귀신같은 책략은 하늘의 운행을 꿰뚫었고
기막힌 산술은 땅의 이치를 다 알고 있도다
싸워서 이긴 공적이 이미 높았으면
만족할 줄 알고 그만하기 바라오

【어구 풀이】

▶ 與隋將于仲文詩 : 수나라 장수 우중문에게 시를 보냄.

▶ 乙支文德 : 고구려 장수.

▶ 神策 : 귀신같은 책략.

▸ 究天文 : 하늘의 이치를 꿰뚫음. 日月 등 하늘의 운행을 잘 알고 전쟁할 기회를 잘 안다는 말이다.

▸ 窮地理 : 땅의 이치를 다 통했다. 지형을 잘 알고 전쟁을 잘 한다는 뜻.

▸ 知足願云止 : 만족할 줄 알고 그치기를 바란다.

<憫農> 李 紳

鋤禾日當午 汗滴禾下土

誰知盤中飧 粒粒皆辛苦

<농부를 불쌍히 여기며>

벼밭에 김을 매는데 해가 한낮에 이르렀다
땀방울이 벼 아래 논바닥에 뚝뚝 떨어진다
누가 밥그릇에 담긴 밥이
한 알마다 지독한 고생에서 나온 것임을 알리오!

【어구 풀이】

▸ 李紳 : 唐나라 때의 詩人.

▸ 鋤禾(서화) : 벼에 호미질하다. 김매다.

▸ 日當午 : 해가 정오에 당했다.

▸ 汗滴(한적) : 땀방울이 떨어지다.

▸ 誰知盤中飧 粒粒皆辛苦 : 대부분 詩중에 한 구는 하나의 내용을 표현하는 단위가 된다. 그러나 여기와 같이 두 구가 하나의 단위가 되는

경우가 있다. '知'의 목적어는 다음 구(辛苦)까지이다. 물론 세 구 네 구까지도 한 단위가 될 수도 있다.

▶ 粒粒(입립) : 낱알 마다. ▶ 辛苦(신고) : 고생스러운 일.

<夜思> 李 白

牀前明月光　疑是地上雪

擧頭望明月　低頭思故鄕

<밤중에 그리운 생각>

침상 앞에 밝은 달빛 퍼지니

땅위에 하얀 눈이 덮인 듯 하네

머리 들어 밝은 달을 바라보고

고개 숙여 고향을 생각하네

【어구 풀이】

작자 李白(李太白)은 당나라 盛唐시기의 시인이며 詩仙으로 잘 알려져 있다.

▶ 疑是地上雪 : 달빛이 마치 땅위에 하얀 눈이 내린 것 같다. 疑是 : 마치 …같다.

▶ 擧頭望明月 : 고개를 들고 밝은 달을 바라보다.

▶ 低頭思故鄕 : 고개를 숙여 고향을 생각하다.

<春眠> 孟浩然

春眠不覺曉 處處聞啼鳥

夜來風雨聲 花落知多少

<봄잠>

봄잠에 날이 샌 줄도 몰랐네
여기저기 새 울음소리 들린다
지난 밤에 바람불고 비오는 소리 들었는데
꽃이 떨어진 게 얼마나 될까?

【어구 풀이】

▶ 孟浩然 : 盛唐시기의 詩人. 산수자연을 잘 묘사한 시인이다.

▶ 不覺曉 : 날이 샌 줄을 몰랐다. 일어나보니 벌써 날이 밝았다.

▶ 啼鳥 : '鳥啼'라고 하는 것이 보통이나 押韻관계로 도치하였다. 啼鳥는 啼於鳥의 생략형으로 볼 수 있다. 啼於鳥 : the sound from birds(새들로부터 나온 소리).

▶ 知多少 : 얼마나 될까? 꽃이 제법 떨어졌을 것으로 추측하며 걱정하는 태도.

▶ 押韻 字는 '曉' '鳥' '少' 이며 '仄'聲을 압운하였다. 上聲 '篠'韻이다. 첫 구 '春眠不覺曉' 는 聲調가 '平平仄仄仄'으로 下三連 仄聲으로 되어 있다.

<江雪> 柳宗元

千山鳥飛絶 萬徑人蹤滅

孤舟簑笠翁 獨釣寒江雪

<강변의 눈>

모든 산에는 새들도 날지를 않고
길마다 사람의 자취도 사라졌는데
배 하나에 도롱이 걸치고 삿갓 쓴 늙은이가
홀로 추운 강가 눈속에서 낚시질 하고 있구려

【어구 풀이】

柳宗元 : 唐나라 중반에 韓愈와 더불어 古文運動을 전개한 문단의 대표적인 인물이다.

작품의 韻자는 '絶' '滅' '雪' 仄聲이다. 入聲 '屑'韻을 사용하였다. 첫구 '千山鳥飛絶'은 성조가 '平平仄平仄'으로 3, 4번 째 자를 반대로 바꾸었다('平平平仄仄'이 원칙). 一種의 拗體이다. 2, 3句의 두 번째 자 '徑' '舟'(仄平)와 네 번째 자 '蹤' '笠'(平仄)도 粘法에 맞지 않는다. 絶句는 간혹 仄聲 압운하는 경우가 있는데, 七言보다도 五言絶句에 많다.

이 작품은 강가의 雪景과 낚시하는 모습을 그림으로 연상할 수 있는 시이다. 한 폭의 그림이 시속에 들어있다. 어려운 환경 속에 고독한 신세를 나타내는 것이 주제이긴 하나, 풍경을 그려내는 탁월한 솜씨를 발휘하고 있다. 柳宗元의 작품에서 쉽게 찾아볼 수 있는 점이다.

<歸園田居> 陶淵明

種豆南山下 草盛豆苗稀
侵晨理荒穢 帶月荷鋤歸

道狹草木長　夕露霑我衣
衣霑不足惜　但使願無違

<전원에 가서 삶>
남산 아래에 콩을 심었는데
풀만 무성하고 콩잎은 별로 안보이네
새벽이 되면 나가서 잡초를 처리하고
달빛아래 괭이를 메고 돌아오네
길은 좁고 초목이 길어나서
석양의 풀 이슬이 내 옷을 적시네
옷이 젖는 것은 아깝지 않지만
나의 소원만은 어긋남이 없기를 바랄 뿐이라오

【어구 풀이】

▶ 陶淵明 : 名은 潛, 字가 淵明, 東晉의 詩人.

▶ 豆苗稀 : 콩 싹이 풀에 덥혀 드물다.

▶ 理荒穢 : 황무지의 거친 잡초를 매다.

▶ 荷鋤歸 : 괭이(호미)를 메고 돌아온다.

▶ 霑我衣 : 내 옷을 적시다.

▶ 但使願無違 : 願은 전원에서 농사 잘되는 일을 의미함.

4) 七言古體詩

七言은 五言보다 빠른 시기에 만들어졌다. 七言은 楚辭나 楚歌의 영향을 받아 만들어진 것으로 보고 있다. 楚辭의 작품을 보면 七言으로 된 對偶의 표현이 매우 많다. 대부분 長文의 작품이 많은데 간혹 짧은 작품은 七言詩처럼 보인다. 이것이 세속에 유행한 것은 아니지만 七言詩는 楚나라의 楚歌에서 비롯된 것으로 보고 있다. 비록 발생은 빨랐지만 五言에 비해 발전은 매우 늦었다. 七言은 魏晉 南北朝 중후반에 와서야 발전하고 유행하게 되었다.

<大風歌> 劉邦

大風起兮雲飛揚

威加海內兮歸故鄕

安得猛士兮守四方

<큰 바람 앞의 노래>

큰 바람 일어나니 구름이 날아오르네

위세를 세상에 떨치고 고향으로 돌아가리니

어떻게 용맹한 군사를 얻어서 사방을 지킬까?

【어구 풀이】

劉邦 : 漢 高祖. 字는 季. 江蘇省 沛縣 사람. 楚나라 懷王의 命을 받아 項羽와 분담하여 秦나라를 공격하였는데 關中에 먼저 들어갔음. 그 후 項羽와 5年餘 동안 다투다가 마침내 승리하여 漢王朝를 세웠음.

'大風起兮雲飛揚' '威加海內兮歸故鄕' '安得猛士兮守四方' : 글자의 수를 보면 7,8,8자로 구성되어 있다. 여기서 語氣詞 '兮'를 그대로 두거나 빼면 7字의 句가 된다. 대부분 楚辭의 騷體辭賦는 '兮'자 하나만 넣거나 빼면 7言구조가 많다. 그래서 七言詩는 楚나라 楚辭에서 비롯되었다고 말한다. 그렇게 보면 五言詩보다 훨씬 빨리 만들어진 것이다. 그러나 그 발전은 五言詩보다 아주 뒤인 六朝시대에 가서야 서서히 발전하게 된다.

<垓下歌> 項羽

力拔山兮氣蓋世
時不利兮騅不逝
騅不逝兮可奈何
虞兮虞兮奈若何

<해하에서 부르노라>

힘은 산을 뽑아들고 기운은 세상을 뒤덥건만
때가 불리하니 내 말도 가지를 않네
내 말이 가지를 않으니 어찌해야할꼬?
아내여! 아내여! 당신을 어찌하오리까?

項羽 : 項籍, 字가 羽. 秦나라 말기 下相 사람. 吳 땅에서 병사를 일으켜 秦軍을 격파하고 스스로 楚의 覇王이라 일컬음. 漢高祖 劉邦과 천하를 다투다가 垓下에서 붙잡히게 되었고 결국은 죽음.

騅 : 항우가 타던 말.

虞 : 항우 자기의 아내를 말함. 若 : 二人稱 대명사, 그대, 당신.

奈若何 : 대명사(若)는 가운데에 넣는다. 奈何 : 奈之何. 如何 : 如之何.

<山中對酌> 李 白

兩人對酌山花開 一杯一杯復一杯

我醉欲眠君且去 明朝有意抱琴來

<산속에서 함께 술을 마시며>

두 사람이 술을 마시는데 산에는 꽃도 피었네

서로 한 잔씩 한 잔씩 거듭 한 잔씩 마시네

나는 취하여 자고 싶으니 그대는 이제 갔다가

내일 아침에 잊지 말고 거문고를 가지고 오게

【어구 풀이】

李白 : 字는 太白. 술과 달을 소재로 한 詩가 많음. 詩仙으로 알려짐.

▶ 對酌 : 마주보고 술을 마시다.

▶ 一杯一杯復一杯 : 반복해서 계속 마신다는 뜻.

▶ 有意抱琴來 : 有意 : 기억하고: 잊지 말고. 抱琴來: 거문고를 안고 오라.

平聲 灰운에 해당한 '開' '杯' '來' 韻을 사용하였다. '一杯一杯復一杯' 구만 가지고 平仄法을 살펴보면, '●○●○●●○' 근체시 작법상의 규칙인 '二四不同'에도 맞지 않고, '二六通'도 아닌 구조로 近體詩 작법에 맞지가 않다. 다만 平聲 押韻만 갖춘 古體詩의 형식이다. 李太白 詩는 자유분방한 고체시 형식이 많다. 자유롭고 낭만적인 그의

성격이 반영된 것으로 볼 수 있는데, 그러나 내용면에서 뛰어난 작품이 매우 많다.

<題伽倻山> 崔致遠

狂奔疊石吼重巒 人語難分咫尺間

常恐是非聲到耳 故教流水盡籠山

<가야산에 붙여 쓰다>

거친 물결 돌 사이를 치달리며 산속에서 울려대니

사람간의 말소리가 가까이에서도 구분하기 어렵네

항상 세속의 시비소리가 귀에 들릴까 두려워서

일부러 흐르는 물줄기가 산을 다 감돌게 했나보네

【어구 풀이】

▸ 崔致遠(857-?) : 新羅 文人. 字는 孤雲, 諡號는 文昌侯. 十二歲에 入唐하여 文名을 크게 날리고 科擧에도 及第하였음.

▸ 狂奔疊石 : 첩첩이 쌓인 돌 사이로 거세게 흘러가는 물을 형용한 것이다.

▸ 吼重巒 : 첩첩이 솟은 산속에서 물소리가 울린다.

▸ 咫尺間 : 가까운 사이.

▸ 故教流水盡籠山 : 짐짓 흐르는 물로 하여금 산을 온통 둘러싸게 하였는가. 教: 사역동사. 籠 : 동사, 감싸다. 둘러싸다. 바구니.

작품 중 起句의 '重'자와 結句의 '教'자가 平聲이어야 한데 仄聲이다. 때문에 古體詩로 볼 수 있다.

<登金陵鳳凰臺> 李 白

鳳凰臺上鳳凰遊 鳳去臺空江自流
吳宮花草埋幽徑 晉代衣冠成古丘
三山半落靑天外 二水中分白鷺洲
總爲浮雲能蔽日 長安不見使人愁

<금능 봉황대에 올라>
봉황대 위에 봉황새가 놀더니
봉황새 떠나자 누대는 비어있고 강만 절로 흐르네
오나라의 궁실 화초는 깊은 길속에 묻혀버리고
진대의 의관 귀족들은 쓸쓸한 무덤이 되었네
삼산은 푸른 하늘가에 절반만 보이고
이수는 백로주에서 두 갈래로 나누어졌네
뜬 구름으로 뭉쳐서 해를 가리니
장안이 안보여 사람을 근심하게 만드네

【어구 풀이】

▸ 李白(701-762) : 字는 太白, 唐의 대표적인 詩人.

▸ 鳳凰臺 : 누대의 명칭. 南京市 남쪽에 있었음.

▸ 吳宮 : 三國시대에 건축했던 宮室.

▸ 吳宮花草埋幽徑 : 궁궐의 화려했던 모습은 사라지고 황폐한 오솔길 만 보인다는 말.

▸ 晉代衣冠 : 東晉 때 부호세력의 顯貴함을 가리킨 말.

▸ 成古丘 : 쓸쓸한 무덤으로 되다.

▸ 三山 : 南京市 서남쪽 長江 남쪽 언덕 가에 있으며, 세 개의 봉우리를 이룸.

▸ 長安 : 唐나라 때의 수도.

매구마다 第二字가 基準이 되는데 위 작품의 第二字를 간추려 聲調를 살펴보면, '凰去宮代山水爲安(평측평측평측평평)' 으로 구성되었다. 句와 句의 관계가 근체시의 粘法에 맞지 않은 고체시이다. '總爲浮雲能蔽日(측평평평평측측)' 句도 平仄 관계가 근체시격에 맞지 않다.

2. 近體詩

1) 五言絶句

<何日是歸年> 杜 甫

江碧鳥逾白　山靑花欲然

今春看又過　何日是歸年

<어느 날이나 돌아갈까?>

강물이 새파라니 백조가 더욱 희게 보이고

산 빛이 파라니 붉은 꽃이 불타는 듯하다

금년 봄을 보니까 또 지나가니

어느 날이 귀가할 해일까?

【어구 풀이】

▶ 杜甫 : 중국을 대표하는 盛唐의 詩人. 詩聖으로 일컫는다.

▶ 鳥逾白 : 강물이 파라니까 하얀 백조가 상대적으로 더욱 희다.

▶ 然 : 불탈연, 여기서는 燃과 같음.

▶ 花欲然 : 산이 푸르니까 상대적으로 꽃무리의 빨간 색이 마치 불타는 듯하다.

<秋夜雨中> 崔致遠

秋風惟苦吟　世路少知音

窓外三更雨　燈前萬里心

<가을 밤 비가 오는데>

가을바람에 고달픈 시름만 하노니
세상길에는 알아주는 사람조차 없네
창밖에는 밤비가 내리는데
등불 앞에서 머나먼 고향 생각나고 그리워라

【어구 풀이】

▶ **崔致遠**(857-?) : 新羅의 文人. 字는 孤雲, 諡號는 文昌侯. 十二歲에 入唐하여 文名을 크게 날리고 科擧에도 及第하였음.

가을 밤 비가 오는데 쓸쓸히 고향을 생각하며 읊은 시이다. 중국에 있을 때 지었던 것 같다.

▶ **知音** : 伯牙와 鍾子期에서 나온 故事로, 마음을 알아주는 친구.

▶ **三更** : 밤 11시에서 1시 사이의 시각. 子正 전후.

이 작품의 聲律구조를 살펴보면 아래와 같다.

○ : 평성. ● : 측성. ◎: 평성, 압운

○○○●◎

●●●○◎

○●○○●

○○●●◎

第 一句에 孤仄이 있다. 이것 외에는 모두가 근체시의 작법에 맞다. 平聲 '侵'韻에 해당한 '吟' '音' '心'을 압운하였다.

<山居> 李仁老

春去花猶在 天晴谷自陰

杜鵑啼白晝 始覺卜居深

<산골 생활>

봄은 갔지만 꽃은 아직도 피어있고

하늘은 맑은데 골짜기는 그늘이 져있네

두견새 한낮에 울어대니

이제야 깊은 곳에 사는 줄을 알았네

【어구 풀이】

▶ 李仁老(1146-1214) : 字는 眉叟, 號는 雙明齋. 高麗 明宗時에 장원급제하였다.

▶ 天晴谷自陰 : 날씨가 맑은데도 계곡은 그늘이 진다.

▶ 啼白晝 : 대낮에 운다.

▶ 卜居 : 자리 잡아 사는 곳. 거처.

<春興> 鄭夢周

春雨細不滴 夜中微有聲

雪盡南溪漲 草芽多少生

<봄에 솟는 느낌>
봄비는 가늘어 물방울도 아니어서
밤중에만 은미하게 비온소리 들리네
눈이 다 녹으면 남쪽 시내에는 물이 불어날테고
풀싹들도 얼마쯤 돋아나겠지?

【어구 풀이】

▶ 鄭夢周(1337-1392) : 字는 達可이며, 號는 圃隱이다. 官은 侍中까지 이름. 高麗末 충신으로 유명하다.

▶ 細不滴 : 가늘어서 하나의 물방울도 이루지 못한다는 뜻.

▶ 微有聲 : 조용한 밤중에야 희미하게 비 오는 소리가 들린다는 뜻.

▶ 南溪漲 : 남쪽의 시내가 불어나다.

▶ 多少生 : 얼마나 돋아났을까? 좀 많이 자라나겠지?

<雨夜> 鄭 澈
寒雨夜鳴竹　草蟲秋近床
流年那可住　白髮不禁長

<비오는 밤에>
차가운 비 오는 소리 밤에 대밭에서 들리고
풀벌레는 가을되어 침상까지 이르러오네
흐르는 세월을 어떻게 막을 수가 있는가!
흰머리 자라남도 막을 수 없네

【어구 풀이】

▶ 鄭 澈(1536-1593) : 字는 季涵, 號는 松江, 諡號는 文清公. 官은 左議政에 오름. 우리말 時調와 歌詞의 작가로도 유명하다.

▶ 寒雨 : 차가운 가을비.

▶ 秋近床 : 가을이 되어 침상까지 찾아온다.

▶ 流年那可住 : 흐르는 세월을 어떻게 멈출 수 있나?

▶ 白髮不禁長 : 백발이 자라남을 막을 수 없다.

<在海鎮營中> 李舜臣

水國秋光暮 驚寒雁陳高

憂心轉輾夜 霜月照弓刀

<바닷가 진영에서>

바닷가에 가을빛이 저물어 가니

추위에 놀란 기러기 떼 높이 날라 가는구나

걱정으로 뒤척이며 잠 못 이루는 밤에

서릿발 속 달빛이 활과 칼을 비추네

【어구 풀이】

▶ 李舜臣(1555-1598) : 字는 汝諧, 官은 統制使에 오르고, 諡號는 忠武公이다.

▶ 秋光暮 : 가을빛이 저물다.

▶ 驚寒雁陳高 : 추위에 놀란 기러기 무리지어 높이 날라간다.

▸ 轉輾夜 : 엎치락 뒤치락 잠못 이루는 밤.

▸ 霜月照弓刀 : 서리 내린 밤에 달빛이 활과 칼을 비춘다.

<田家> 李用休

婦坐搯兒頭 翁傴掃牛圈

庭堆田螺殼 廚有野蒜本

<농사짓는 집>

부인은 앉아서 아이의 머리를 다듬어주고

늙은이는 구부리고 외양간을 치운다

마당에는 먹고 버린 우렁이 껍질이 소복이 쌓였고

주방에는 밭에서 캐온 마늘뿌리가 놓여있다

【어구 풀이】

▸ 李用休(1708-1782) : 字는 景明, 號는 惠寰, 進士.

▸ 搯兒頭(도아두) : 아이의 머리를 쓰다듬어 준다.

▸ 翁傴掃牛圈 : 늙은이는 엎드려 외양간을 청소한다.

▸ 庭堆田螺殼 : 뜰 안에는 우렁이 껍질이 쌓여있다. 田螺 : '논밭의 소라' 라는 말로 우렁을 말한다.

▸ 廚有野蒜本 : 주방에는 야생 마늘 뿌리가 있다.

2) 五言律詩(근체시)

<春望> 杜 甫

國破山河在　城春草木深

感時花濺淚　恨別鳥驚心

烽火連三月　家書抵萬金

白頭搔更短　渾欲不勝簪

<봄에 경관을 바라보며>
나라는 깨졌어도 산하는 그대로 있어
성 주변에 봄이오니 초목이 무성하다
시절을 감상하니 아름다운 꽃이 나를 눈물을 흘리게 만들고
이별을 한탄하니 새소리가 내 마음을 놀라게 한다
전쟁은 석달이나 연속되니
집에서 온 편지는 만냥의 값어치로다
흰머리 긁어 더욱 빠져 짧아지니
모두 합쳐도 비녀조차 이겨내지 못하려 하네

【어구 풀이】

▶ 杜 甫(712-770) : 唐代의 詩人. 字는 子美. 憂國 社會詩를 많이 남김.

▶ 國破 : 전쟁으로 나라가 파멸되다.

▶ 感時花濺淚 : 感時花使我濺淚.

▶ 恨別鳥驚心 : 恨別鳥使我驚心.

▶ 烽火 : 전쟁을 의미함.

▶ 抵萬金 : 만 냥의 돈의 가치에 해당한다.

▸ 搔更短 : 빗으로 긁어서 더욱 짧아지다.

▸ 渾欲不勝簪 : 정말 비녀 하나 꽂을 수 없다. 모두 합쳐봐야 비녀하나도 이겨내지 못하려 한다.

이 작품의 성률구조를 살펴보면 아래와 같다.

○: 平聲. ●: 仄聲. ◎: 押韻.

國破山河在 ●●○○●
城春草木深 ○○●●◎
感時花濺淚 ●○○●●
恨別鳥驚心 ●●●○◎
烽火連三月 ○●○○●
家書抵萬金 ○○●●◎
白頭搔更短 ●○○●●
渾欲不勝簪 ○●●○◎

近體詩의 作法에 따른 詩이다. 律詩의 형식을 절반 나누면 絶句의 형식이 된다. 李太白은 聲律의 구속을 탈피한 古體詩를 많이 남긴 詩人이고, 杜甫는 詩의 格律을 중시하여 近體詩를 많이 남긴 詩人이다.

<浮碧樓> 李 穡

昨過永明寺 暫登浮碧樓
城空月一片 石老雲千秋
麟馬去不返 王孫何處遊
長嘯倚風磴 山靑江自流

<부벽루에서>

어제 영명사를 지나다가
잠시 부벽루에 올라가보니
성은 비어 있는데 조각달만 떠있고
돌들은 오랜 세월 구름 속에 천년이어라
동명성왕이 탔던 말은 가버리고 돌아오지 않으니
동명성왕은 어디에서 노는가?
길게 한숨 쉬고 돌계단에 기대어 서보니
산은 푸르고 강은 저절로 흘러만 가네

【어구 풀이】

▶浮碧樓(부벽루): 평양 대동강변에 있는 누대.

▶李穡(이색): 字는 穎叔 號는 牧隱이다. 元朝에 及第하여 翰林知制誥를 지냈고 恭愍王 때 侍中에 올랐으며 朝鮮朝에 韓山伯을 封했고 謚號는 文靖公이다.

▶永明寺: 평양 대동강 가까이에 있는 절.

▶城空月一片: 성은 비어있는데 달만 한 조각 떠있다.

▶麟馬: 기린마. 동명성왕이 타던 말.

▶去不返: 가버리고 돌아오지 않음. ▶王孫: 동명성왕.

▶何處遊: 어디에서 노는가? 사라지고 없다는 말.

<旅寓> 鄭夢周

平生南與北 心事轉蹉跎

故國海西岸 孤舟天一涯

梅窓春色早 板屋雨聲多

獨坐消長日 那堪苦憶家

<객지의 생활>

평생토록 남으로 북으로 다녔는데
마음먹은 일은 어긋나기만 하였네
고국은 바다 서쪽 언덕에 있는데
외로운 배의 나그네는 하늘 한쪽 끝에 있도다
매화나무 창가에는 봄빛이 빨리 오고
판잣집 지붕에는 빗소리도 많이 난다
외로이 앉아 긴 날을 보내야 하니
어떻게 괴로운 집 생각을 감내하리오

【어구 풀이】

心事轉蹉跎 : 심사가 넘어지고 헛디딘 쪽으로 굴러갔다.

故國海西岸 : 일본에 使臣으로 가있는 중임으로 고국이 서쪽에 있음.

孤舟天一涯 : 외로이 일본에 있음을 말함.

板屋雨聲多 : 호화롭지 않은 집임을 알 수 있음.

那堪苦憶家 : 괴롭사리 일어나는 집 생각을 참기가 어렵다는 말.

3) 七言絶句

<回鄕偶書> 賀知章

少小離家老大回 鄕音無改鬢毛衰

兒童相見不相識 笑問客從何處來

<고향에 돌아가서 뜻밖에 쓰다>

어릴 적에 집을 떠나 늙어서 돌아오니
고향모습은 바뀐 게 없는데 수염만 늙어왔네
아이들은 나를 보고 알지 못하여
웃으면서 “손님은 어디에서 오셨냐?”고 묻네

【어구 풀이】

▶ 賀知章(659-744) : 唐代의 詩人. 字는 季眞, 號는 四明狂客, 會稽 사람.

▶ 少小離家 : 어려서 집을 떠났었다.

▶ 鄕音 : 고향의 소리, 고향의 모습.

▶ 鬢毛衰 : 구렛나루 털만 쇠었다.

<閨怨> 王昌齡

閨中少婦不知愁 春日凝妝上翠樓

忽見陌頭楊柳色 悔教夫壻覓封侯

<안방 부인의 원망>
규방 안의 젊은 부인이 근심을 모르더니
봄이 되자 단장을 하고 산뜻한 누대위에 올라갔네
별안간 제방가의 버드나무 색깔을 보고
남편에게 벼슬을 구하러 나가게 한 걸 후회하네

【어구 풀이】

▶ 王昌齡(?-756) : 字는 少伯, 江寧 사람. 唐나라 詩人, 邊塞詩派.

▶ 閨中少婦 : 안방의 젊은 부인.

▶ 凝妝上翠樓 : 화장을 하고 취루에 오르다.

▶ 悔教夫壻覓封侯 : 教:사역동사. 夫壻:남편. 封侯:벼슬.

<豊樂亭春遊> 歐陽修
紅樹靑山日欲斜 長郊草色綠無涯
遊人不管春將老 往來亭前踏落花

<풍락정의 봄놀이>
붉은 나무 푸른 산에 해는 지려고 한데
뻗어 나간 교외의 풀빛은 끝없이 푸르다
노는 사람들은 봄이 저물어가는 걸 아랑곳하지 않고
정자 앞을 가고오며 떨어진 꽃잎을 밟고 다니네

【어구 풀이】

▶ 歐陽修(1007-1072) : 字는 永叔, 號는 醉翁, 六一居士, 宋代 초기에 唯美主

義 文風을 배격하고 唐代 韓愈의 古文精神을 이어받아 文風을 개선하는 데 주역이 되었음. 宋代 文學의 領袖로 일컬음.

▶紅樹 : 붉게 꽃핀 나무.

▶日欲斜 : 해가 지려하다.

▶綠無涯 : 푸른 빛 끝이 없다.

▶不管 : 관여하지 않고, 아랑곳하지 않고.

▶踏落花 : 떨어진 꽃을 밟고 논다.

<漁翁> 金克己

天翁尙不貰漁翁 故遣江湖少順風

人世險峨君莫笑 自家還在急流中

<고기잡이 어부>

하느님은 어부를 편안하게 놔두지 않네

그래서 강과 호수에 순풍이 적게 하는 거지

인간 세상 험난한 모습 그대는 비웃지 말게

그대도 또한 거친 물결 속에 처하게 되나니

【어구 풀이】

▶金克己 : 高麗 高宗 때의 文人. 벼슬은 翰林에 이름.

▶天翁 : 하늘의 늙은이, 조물주를 나타내는 표현.

▶尙不貰漁翁 : 오히려 고기잡이 늙은이를 그냥 두지 않다. 편히 두지

않는다.

▶ 故遣江湖少順風 : 고의로 강호에 순풍이 적게 하였다. 遣: 사역동사.

▶ 人世險峨君莫笑 : 세상살이 험악함을 그대는 비웃지 말라.

▶ 自家還 : 그대도 또한.

▶ 在急流中 : 급류(파도)속에 있게 된다.

위 작품의 성률을 살펴보면 아래와 같다.
○ : 평성. ● : 측성. ◎ : 평성, 압운

天翁尙不貰漁翁 ○○●●●○◎
故遣江湖少順風 ●●○○●●◎
人世險峨君莫笑 ○●●○○●●
自家還在急流中 ●○○●●○◎

高麗 高宗 時期에 이미 중국 唐代의 近體詩 작법을 완전하게 구비하여 作詩하고 있음을 살필 수 있다. 위 작법은 근체시의 작법에 어긋남이 전혀 없는 작품이다. 平起式이며, 압운은 '翁' '風' '中'으로 平聲 '東'韻을 사용하였다.

<偶詠> 林慶業
三尺龍泉萬卷書 皇天生我意如何
山東宰相山西將 彼丈夫兮我丈夫

<우연히 읊다>
세 척 길이의 용천검과 만 권의 책
하늘이 나를 낳은 의도는 무엇일까?
산동의 재상(文官)이냐? 산서의 장수(武官)냐?
그이도 장부면 나도 장부다

【어구 풀이】

▶ **林慶業** : 字는 英伯, 武人으로 벼슬이 兵使에 이르렀다. 諡號는 忠愍公.

▶ **龍泉** : 龍泉劍, 古代 名劍의 이름. 武를 나타냄.

▶ **萬卷書** : 만권의 책. 文을 나타내는 말.

▶ **山東宰相山西將** : 산동(六國)의 재상(文官)이냐? 산서(秦)의 장수(武官)냐?

4) 七言律詩

<蜀相> 杜 甫
丞相祠堂何處尋 錦官城外柏森森
映階碧草自春色 隔葉黃鸝空好音
三顧頻煩天下計 兩朝開濟老臣心
出師未捷臣先死 長使英雄淚滿襟

<촉나라 재상(제갈량)>
승상의 사당을 어느 곳에서 찾을까?
금관성 밖 잣나무 우거진 곳이로다

섬돌을 비추는 푸른 풀은 저절로 봄빛을 이루고
나뭇잎 사이 꾀꼬리는 부질없이 좋은 소리로다
세 번 찾아감을 빈번히 했던 것은 천하를 위한 계책이었고
두 왕조를 잘 이끌어간 것은 늙은 신하의 마음이었네
군사를 끌고나가 이기지 못하고 그 몸이 먼저 죽으니
길이 영웅들로 하여금 눈물이 옷깃을 적시게 하였네

【어구 풀이】

▶ 杜 甫(712-770) : 唐代의 대표적인 詩人. 詩聖으로 일컬음. 字는 子美. 憂國詩 社會詩를 많이 남겼음.

▶ 丞相祠堂 : 제갈량(諸葛亮)의 사당을 이름.

▶ 錦官城 : 四川省 成都縣에 있음.

▶ 三顧 : 劉備가 草廬에 사는 제갈량을 세 차례 찾은 일을 말함.

▶ 兩朝 : 劉備의 朝廷과 劉禪의 조정. 제갈량이 승상이었음.

이 작품의 평측 聲律구조를 살펴보면 아래와 같다.

丞相祠堂何處尋 平仄平平平仄平
錦官城外柏森森 仄平平仄仄平平
映階碧草自春色 仄平仄仄仄平仄
隔葉黃鸝空好音 仄仄平平平仄平
三顧頻煩天下計 平仄平平平仄仄
兩朝開濟老臣心 仄平平仄仄平平
出師未捷臣先死 仄平仄仄平平仄
長使英雄淚滿襟 平仄平平仄仄平

근체시에서 기피하는 孤仄과 孤平의 현상이 보이지만, 그 외에는 근체시의 작법에 잘 맞는 형식이다. 仄起式이며 압운자는 '尋' '森' '音' '心' '襟'으로 평성 '侵'韻을 사용하였다.

<放舟向峨嵋山> 李齊賢

錦江江上白雲秋 唱撤驪駒下酒樓
一片紅旗風閃閃 數聲柔櫓水悠悠
雨催寒犢歸漁店 波送輕鷗近客舟
孰謂書生多不遇 每因王事飽淸遊

<배를 띄워 아미산으로 가다>
금강 강가에 흰 구름이 떠있는 가을
여구곡을 다 부르고 술집을 나선다
한 조각 붉은 깃발 바람에 펄럭이고
여러 번 들리는 노 젓는 곳에 물결은 평온하다
비는 추위에 떠는 송아지를 몰아 어부의 집으로 돌아가게 하고
파도는 사뿐히 나는 갈매기를 나그네 배로 오게 하네
서생은 불우함이 많다고 누가 말했던가?
늘 왕사로 인하여 기분 좋은 유희를 실컷 하는데

【어구 풀이】

▶ **李齊賢(1287-1367)** : 高麗 후기의 대표적인 文人. 字는 仲思, 號는 益齋, 諡號는 文忠公이다.

▶ **驪駒** : 驪駒曲 : 이별의 노래.

▸ 雨催寒犢 : 비는 추위를 느끼는 송아지를 재촉한다.

▸ 波送輕鷗 : 파도는 사뿐히 나는 갈매기를 보낸다.

▸ 每因王事飽淸遊 : 늘 왕사로 인해 즐거운 놀이를 실컷 하다.

<乍晴乍雨> 金時習

乍晴還雨雨還晴 天道猶然況世情
譽我便應還毁我 逃名却自爲求名
花開花謝春何管 雲去雲來山不爭
寄語世人須記憶 取歡無處得平生

<날씨의 변덕>

금방 개었다가 또 비가오고 왔다가 또 개고
하늘도 그런데 하물며 세상 사람의 감정이야!
나를 칭찬했던 사람이 바로 다시 나를 훼방하고
명예를 도피하던 사람이 도리어 스스로 명예를 구하네
꽃이 피고 지건 봄이 무슨 상관을 하며
구름 가고 오건 산은 다투지 않는다
세상 사람들에게 한마디 주노니 꼭 기억하라
즐거움을 취하는 일은 어디서나 평생 얻을 수 있음을

【어구 풀이】

▸ 金時習(1434-1493) : 朝鮮初期의 文人. 字는 悅卿, 號는 梅月堂. 著書로 梅月堂集이 있음.

▸ 乍晴還雨 : 잠깐 개었다 다시 비가 오다.

▶ 譽我便應還毁我 : 나를 칭찬한 사람이 곧 다시 나를 헐뜯는다.

▶ 花開花謝春何管 : 꽃이 피고 지는 것이지, 봄이 무슨 관여를 하느냐?

▶ 雲去雲來山不爭 : 구름이 가고 오는 것이지, 산이 오라고 다투지 않는다.

▶ 取歡無處得平生 : 즐거움을 취하는 일은 어디서나(無處) 평생 취할 수 있다.

<求退有感> 李 珥

行藏由命豈由人　素志曾非在潔身
闇闔三章辭聖主　江湖一葦載孤臣
疎才只合耕南畝　淸夢徒然遶北宸
茅屋石田還舊業　半生心事不憂貧

<은퇴를 하려면서 느끼는 감정>

출세와 은퇴는 운명에서 나온 것이지 어찌 사람한테서 나오는가?
평소의 뜻은 일찍이 몸만 깨끗이 하려는 데에 있지 않았다
궁궐에서 석 장의 글로 임금에게 사직하고
강호의 작은 배에 이 한 몸을 실었다
소략한 재주는 오직 남쪽의 밭에서 농사짓는 데 딱 맞지만
맑은 꿈만은 한결같이 임금 주위를 맴돌았다
초가집 돌밭에 옛날의 일을 되찾고 나니
반평생의 심사는 가난을 걱정하지 않았네

【어구 풀이】

▶ 李珥(1536-1584) : 字는 叔獻, 號는 栗谷, 벼슬은 贊成에 이르렀음.

▶ 行藏 : 나가서 출세하고, 집안에 묻혀 사는 일.

▶ 曾非在潔身 : 일찍이 몸만 깨끗이 하려는 것은 아니었다. 출세할 뜻이 있었다.

▶ 一葦載孤臣 : 작은 배가 내몸을 실었다. 작은 배에 몸을 의지한다는 말. 좁고 한적한 공간에서 홀몸으로 지내게 된다는 말.

▶ 疎才 : 어설픈 재주나 재능.

▶ 遶北宸 : 임금(北宸) 주위를 돈다. 임금을 가까이 하다.

▶ 還舊業 : 옛날의 직업을 되찾다.

排律 : 근체시의 편폭인 四聯 八句를 넘어 10句이상 길게 長律로 지어나간 것을 排律이라고 한다. 排律은 길이의 제한이 없다. 이를 長律이라고도 한다.

三. 漢詩의 形式

※ 近體詩의 構成

絶句	律詩
起(제 1句)	首聯(제 1, 2句)
承(제 2句)	頷聯(제 3, 4句)
轉(제 3句)	頸聯(제 5, 6句)
結(제 4句)	尾聯(제 7, 8句)

근체시는 五言과 七言으로 여덟 구를 갖춘 律詩가 기본형인데 이들을 반으로 나눈 네 구의 형식을 絶句라 한다. 絶句는 律詩의 절반으로 起 承 轉 結 총 네 구로 이루어지고, 율시는 여덟 구로 구성되는데 두 구씩 단위를 이루어 首聯 頷聯 頸聯 尾聯 네 聯으로 구성된다.

근체시에서 가장 중시하는 것은 聲調의 배열이다. 작법상 平起式과 仄起式이 있는데, 맨 첫 구 두 번째 자가 성조의 기준이 된다. 첫 구 두 번째 자가 평성이면 평기식이고 측성이면 측기식이다. 보통 五言詩는 仄起式이 正格이고, 七言詩는 平起式이 정격이다. 그러나 어느 쪽이나 옳고 그름을 가릴 필요는 없다.

1. 五言律詩

○ : 평성. ● : 측성. ◑ : 평성 측성 교환할 수 있음.

仄起式

●●○○●
○○●●○
◑○○●●
◑●●○○
●●○○●
○○●●○
◑○○●●
◑●●○○

平起式

◑○○●●
◑●●○○
●●○○●
○○●●○
◑○○●●
◑●●○○
●●○○●
○○●●○

2. 七言律詩

平起式

◑○◑●●○○
●●○○●●○
◑●◑○○●●
◑○◑●●○○
○○●●○○●
●●○○●●○

仄起式

●●○○●●○
◑○◑●●○○
○○●●○○●
●●○○●●○
◑●◑○○●●
◑○◑●●○○

●●◑○○●●　　　○○●●○○●

◑○◑●●○○　　　●●○○●●○

作詩上 기본적인 規則은 아래와 같다.

◎'二四不同'

◎'一三不論(오언)'

◎'一三五不論(七言)'

◎'二六通(七言)'

◎'禁忌下三連'

◎'忌孤平·仄'

◎ 忌鶴膝·蜂腰

◎'粘法'

◎'押平聲韻' 등.

◎ '二四不同' : 오언 칠언 모두 매구마다 두 번째 자와 네 번째 자는 성조가 달라야 한다. 평 '평' 측 '측' 평, 측 '측' 평 '평' 측

◎ '一三不論(오언)' : 五言에서는 첫 글자와 세 번 째자는 평성 측성 따질 것 없이 쓸 수 있다. ◑○◑●○. 그러나 아래로 下三連(●●○○○)이 되면 세 번째 자는 바꾸어야하므로 자유롭지 않다. 대개 첫째 자만 자유롭다.

◎ '一三五不論(七言)' : 七言詩에서는 첫 째자 셋 째자 다섯 번째 자는 성조를 따지지 않는다(平이나 仄이나 아무것도 좋다). 七言에서도 下三連에 걸리기 쉬어서 다섯 번째 자는 아무거나 쓰기가 어렵고, 첫째와 셋째 자는 평 측 아무거나 쓰기가 쉽다.

◎ '二六通(七言)' : 七言에서는 매구마다 두 번째 자와 여섯 번째 자의 성조가 같아야 한다. 두 번째 자와 네 번째 자가 달라야하고 네 번째 자는 여섯 번째 자와 다른 것이다.

평'평'측'측'평'평'측./ 측'측'평'평'측'측'평

◎ '禁忌下三連' : 매구마다 끝부분에 연속 같은 성조의 자를 쓰면 안된다. 예를 들면, '평평측측측', '측측평평평' '평평측측평평평', 같은 형식은 않된다. '평평평측측' 처럼 위로 三連은 괜찮다.

◎ '忌孤平·仄' : '측측측평측' '평평평측평' '측평측측측평측' 처럼 중간에 하나만 있는 孤平이나 孤仄으로 구성하면 안된다.

◎ 忌鶴膝·蜂腰 : 같은 성조 두 자를 한 단위로 배열하는 것을 원칙으로 하며, 四五六 째에 ○●○(鶴膝)의 형이나 ●○●(蜂腰)의 형식이 오는 것을 꺼린다.

◎ '粘法' : 粘法은 首聯의 偶句(二句) 二, 四, 六(七言)字의 聲과 頷聯의 起句(첫句) 二, 四, 六字의 聲이 같은 聲調로 이어지고, 頷聯의 偶句 二, 四, 六字의 성조가 頸聯의 起句 二, 四, 六자의 성조와 같은 성조로 이어지고, 頸聯의 偶句 二, 四, 六자의 성조가 尾聯의 起句 二, 四, 六자의 성조와 같은 성조로 이어지는 형식을 말한다. 예를 들어 平起式에 따라 首聯의 첫 구(起句) 두 번째 자를 平으로 시작해서 偶句를 仄으로 마무리 하면, 그다음 頷聯은 仄으로 시작하여 平으로 마무리하고, 그다음 頸聯은 平으로 시작하여 仄으로 마무리 하여 반복해서 나가는 결과이다. 같은 聲으로 붙인다는 의미의 粘法이다.

◎ '押平聲韻' : 押韻은 平聲이 원칙이며 五言絶句는 仄聲을 다는 경우도

있다. 대개 五言律詩는 매 聯 偶句(2 4 6 8구)에 압운하는 것이 원칙이나 첫 구에 압운하기도 하며, 七言律詩는 1 2 4 6 8구에 압운하는 것이 원칙이나 첫 구는 붙이지 않을 수도 있다. 五言絶句는 두 번째(承)구와 네 번째(結)구에 붙이는 것이 원칙이나 첫 구에 붙이기도 하고, 七言絶句는 첫 구와 두 번째 구와 마지막 구에 세 개의 韻을 붙이는 것이 원칙이나 첫 구는 안 붙여도 된다. 또 律詩에서 頷聯과 頸聯은 對偶를 이루어야 한다.

※ 漢字의 平聲 仄聲을 구별할 수 있는 韻目表를 본서 後尾에 부록으로 첨부한다.

第Ⅳ章

문자편

一. 漢字의 特徵

1. 象形文字

象形은 형체(形)를 본뜬다(象=像)는 말이다. 인류가 상호간의 의사표시를 할 때에 맨 처음에는 몸짓이나 소리를 이용하였을 것이고, 그 다음에는 사물을 활용하여 의미를 부여하고 의사교환을 하였을 것이고, 이와 같은 방법들보다 더 편리함을 찾게 되어 마침내는 문자를 만들어 쓰게 되었다고 추정할 수 있다. 인류가 처음 문자를 만들어 쓰는 방법은 사물의 모양을 그려서 나타내는 象形에 의한 것이었다. 상형문자는 세계적으로 고대 이집트문자를 비롯하여 몇 군데서 쓰였던 흔적이 있다. 그러나 오늘날에는 오직 漢字에서만 찾아볼 수 있다.

2. 表意文字

漢字는 表音文字처럼 발음부호로 자음과 모음을 만들어 놓고 이들을 합성하여 글자를 만들고 발음하는 문자가 아니다. 각 글자마다 만들어진 유형이 있고 여기에 독음과 뜻이 있다. 특히 글자마다 그 글자를 구성하고 있는 부호가 무엇인가에 따라 字意를 나타내는 특징이 있다. 그래서 漢字를 表意文字라고 한다.

3. 孤立語

한자는 한 글자마다 자체적으로 고립성이 있다. 각 글자마다는 독립된 形이 있고 音이 있고 意가 있다. 이들이 모여 문장을 이룬다고 해도 각 글자마다는 문장 중에서 각자의 역할을 하는 것이다.

4. 單音節語

漢字는 글자마다 한 음절을 가진 단음절어이다. 표음문자는 단음절어보다 다음절(多音節)로 된 단어가 많은데, 한자는 글자(단어)마다 읽는 讀音이 단음(單音)이다. 예: 國(국) : nation(네이션) : 나라./史(사) : history(히스토리) : 역사.

5. 聲調語

漢字는 자마다 성조가 있다. 단음절어의 특성과 同音의 자가 많기 때문에 발음의 고저장단을 부여하여 말의 뜻을 분별하려는 데서 비롯된 것이다. 성조는 平聲 上聲 去聲 入聲의 구별이 있다. 대부분의 자는 대표적인 음과 성조가 있지만, 어느 자는 성조에 따라 음과 뜻이 달라진다. 예를 들어 '惡'자는 入聲일 때는 '모질 악', '나쁠 악', 去聲일 때는 '미워할 오', '부끄러워할 오', 平聲일 때는 '어찌 오', '탄식할 오'가 된다.

6. 字體와 構成上의 특징

漢字는 글자마다 모양으로 볼 때 네모난 틀 안에서 조합된다. 모든 글자의 構成은 좌우 상하 내외의 균형미를 이루고 있다. 이렇게 예술적인 구성미를 지니고 있기에 書藝의 대상이 될 수 있는 것이다. 文字의 구성에서부터 균형과 조화의 미를 살펴볼 수 있듯이 한문의 문장에서도 역시 修辭의 美를 뚜렷하게 발견할 수 있다.

二. 漢字의 構成原理

한자의 構成原理를 알려면 東漢 許愼의「說文解字」[1]敍에 나타난 六書의 이론을 근거로 고찰하는 것이 가장 알기 쉽다. 象形, 指事,[2] 會意, 形聲, 轉注, 假借 이들 六書를 바탕으로 한자의 구성과 운용 방법을 알아보기로 한다.

1. 象形

"象形者 : 畵成其物, 隨體詰詘. 日月是也."

형체를 본뜬다는 것, 즉 '象形'이란, 그림으로 그 물체를 그려내면서 그 생긴 형체에 따라 요리저리 선을 살려내는 것이니, 日이나 月과 같은 것이 바로 그것이다.

---

1)『說文解字』: 東漢 때 許愼이 지은 책으로 중국 文字學의 標準書이다. 책 이름처럼 文을 설명하고 字를 풀이한 내용의 책이다 '文'은 單體의 文을 말하며 象形과 指事의 글자들이고, 字는 단독의 文이 합쳐진 것, 즉 會意와 形聲字를 말한다. 본래 文과 字의 엄밀한 차이가 있다.

2) 許愼의 說文解字를 보면, 六書를 指事 象形 會意 形聲 轉注 假借로 名稱하고 序列하였다. 指事를 맨 앞에 놓은 것이다. 班固는 六書를 象形 象事 象意 象聲 轉注 假借로 名稱하고 序列하였다. 문자학에서 일반적으로 順序는 班固의 육서순서를 수용하고 명칭은 허신의 육서명칭을 수용하고 있다.

한자의 생성은 사물의 형체를 본떠 그리는 象形의 방법으로부터 비롯되었다. 象形의 '象'은 '像'字의 뜻으로 이른 바 象形은 形을 본뜬다는 뜻이다.

상형에 의해 이루어진 글자는 처음에는 원래 물체의 모양과 비슷한 그림문자였으나 점차 사용하기 편리한 쪽으로 변형되어 간결한 문자가 된 것이다.

대표적인 상형문자를 유형별로 예시하면 다음과 같다.

天象類 : 例 : 日 月 雨 申(번개) 云(雲) 气 등.
地理類 : 山 川 火 厂 阜(⻖) 水 川 泉 土 田 등.
人體類 : 口 目 舌 人 子 女 首 自(鼻) 耳 心 手 爪 止 力 등
植物類 : 竹 木 來 米 韭 瓜 果 禾 ⺾ 麻 黍 등.
動物類 : 馬 鳥 羊 虎 豕 鹿 象 犬 兎 隹 乙 羽 卵 虫 豸 巳 巴
龍 龜 黽 魚 貝 角 肉 毛 非 등.
事物類 : 巾 干 弋 弓 戈 斤 斗 爿 玉 皿 矛 矢 石 缶 网 臼 舟 豆
車 鬲 鼎 片 糸 衣 裘 門 戶 瓦 宀 등.

象形의 글자는 실체의 사물을 그려서 이루어진 것이기 때문에 單獨體이다. 이들은 대부분 한자의 모체가 된다. 거의가 한자의 部首로 활용되며 會意와 形聲자에서 글자의 뜻〔意〕을 나타내는 중요한 역할을 한다.

2. 指事

"指事者 : 視而可識, 察而見意. 上下是也."

일을 가리키는 것, 즉 '指事'란 것은, 보아서 알 수 있고 살펴서 뜻을 알아낼 수 있는 것이니, 上이나 下와 같은 것들이 그것이다.

指事의 事는 象形의 形과 달리 實物이 아닌 추상적인 행위의 事를 말한다. 즉 동작 성질 상태 등에 관한 일〔事〕을 부호로 나타낸 것이다. '上' '下' '中'이라는 物體는 있지 않다. 다만 물체마다 존재하는 부위이거나, 일의 행위의 과정 결과 등을 표시할 때 쓸 수 있는 부호들이다.

대표적인 指事 글자를 예시하면 아래와 같은 것들이다.

上 : 선상의 위를 나타낸다.

下 : 기준선의 아래를 나타낸다.

本 : 나무의 아래에 뿌리임을 표시한다.

末 : 나무 위 끝에 끝임을 표시한다.

立 : 땅위에 사람(大)이 선 모습이다.

夾 : 겨드랑이에 물건을 끼는 행위를 나타낸다.

凶 : 함정에 빠져 흉함을 나타낸다.

出 : 풀이 위로 커 나감을 나타낸다.

旦 : 지상 위에 태양이 떠오르는 모양이다.

不 : 새가 하늘(一)로 올라가니 없어짐을 나타낸다.

八 : 양쪽으로 쪼개지는 모양을 나타낸다[3].

刃 : 칼에다 칼날임을 표시하였다.

指事도 象形과 같이 單獨體로 분류한다. 두 개 이상의 부호가 합쳐져서 만들어진 글자가 아니다. 이렇게 단독으로 이루어진 글자를 文이라 한다. 『說文解字』의 文은 바로 이들을 말한 것이고, 字는 새끼쳐서 불어난 글자들 즉 會意字와 形聲字를 말한다(字:새끼칠자). 단독체의 文을 설명하고 합체의 字를 풀이하는 책이 『說文解字』이다.

3) '八'은 원래 쪼개고 나누는 뜻의 글자였다. 이를 후에 숫자 여덟을 나타내는 '八'로 假借하여 쓰게 되었는데, 쪼개다는 뜻의 글자보다 숫자를 나타내는 八의 자로 더 많이 쓰게 되니, 혼란을 막기 위해 쪼개고 나누는 글자로 다시 '八' 아래 '刀'를 붙인 '分'자를 만들어 쓰게 되었다.

3. 會意

"會意者 : 比類合誼, 以見指撝. 武信是也."

뜻을 모으는 것, 즉 會意란 것은, 글자의 뜻에 부합될 수 있는 종류(類)를 맞대어(比:並) 그들의 뜻(誼:意)을 合쳐서 표시하려는 것(指撝:意向)을 나타낸 것(見)이니, '武'와 '信'같은 자들이 그것이다.[4]

表意文字의 특징이 가장 잘 나타난 글자가 會意字[5]이다. 會意구조는 두 개 혹은 세 개 이상의 부호(文)가 합쳐져서 하나의 새로운 글자를 만든다. 모두가 뜻으로 합쳐진다(形+形). 예를 들면 '武'字는 '戈'와 '止'가 합쳐진 자이다. 무기(戈:전쟁)를 저지(止)하는 일[6]이야말로 진정한 '武'임을 나타낸 것이고, '信'字는 '사람(人)'과 '말(言)'은 그 사람에 대한 확신, 또는 사람의 말은 곧 '믿음'이라는 뜻에서 '信'字가 나오게 된 것이다.

---

4) 翟建邦 外,『文字學』110쪽 : '比'는 '아우른다' '맞댄다'는 '並'字의 뜻이고, '類'는 '字類'이고, '誼'는 '意義(뜻)'를 말하며, '指撝'는 '指向' '意向'을 말한다. 中華出版社, 1974.

5) 六書중 象形과 指事는 單獨體로 文에 해당하고, 會意와 形聲이 字에 해당된다. 원래 '字'는 그 구조가 집안에 자식이 있는 형으로 '새끼치다, 번식하다' '사랑하다'는 뜻을 나타내는 글자인데, 글자의 입장에서 보면 單獨文인 象形指事의 文(종자)에 의해 합체가 되어 수없이 번식되어진 것이 會意 形聲이다. 그래서 회의와 형성자를 字라고 지칭한다. 이것은 엄밀한 구분이고 후세에는 전체를 아울러 文字 또는 字라고 칭하고 있다.

6) 或者는 "무기(戈)를 짓밟(止:足)다"라고 풀이하기도 한다.

會意자의 유형에는 左右合體形(信 初 休 敗 好), 上下合體形(苗 公 古 章 美 集), 同體竝列 및 上下形(珏 祘 林 赫, 哥 友 多 棗 炎), 同體三字形(森 卉 品 鱻 晶 磊 轟), 異體複合 및 內外形(祭 堅 囂 盥, 囚 閑 閒)이 있다.

회의자에 대한 예시를 좀 더 추가하면 아래와 같다.

苗(艹+田) : 밭에서 새싹이 돋아난다.

安(宀+女) : 집안에 여자가 있으니 편안하다.

林(木+木) : 나무가 모여 숲이 된다.

休(人+木) : 나무 옆에서 사람이 쉰다.

炎(火+火) : 불꽃이 위로 타오른다.

盥(水+又+又+皿) : 그릇 안의 물을 양손으로 움켜 떠서 씻는다.

祭(月+又+示) : 고기(肉)를 손(又)으로 바치는 모양을 나타냈다(示).

轟(車+車+車) : 수레 세 대가 충돌하니 크게 굉음이 난다.

品(口+口+口) : 물건을 쌓아 놓은 것이 물품이다.

會意字 중에는 形聲字처럼 한쪽 부분이 글자의 音을 겸한 兼聲會意字가 있다. 예를 들면, 鉤 政 字 姓 婚 등과 같은 자들이다. 분명히 뜻과 뜻의 결합인데 한쪽의 부호가 마치 글자의 음을 나타내는 형성자와 같은 것이다. 그 많은 회의자들 중에는 우연히 글자의 讀音이 회의자 일부의 부호와 일치하는 자가 있다고 본다. 이들과 形聲字는 구분하기 애매한 점이 있는데 이론상 분명한 차이는, 會意자는 뜻과 뜻을 모아서 자를 만들고, 形聲자는 形과 聲을 합쳐서 만든 것이다.

4. 形聲

"形聲者, 以事爲名, 取譬相成, 江河是也."

형과 소리라는 것은, 즉 形聲이라는 것은, 事를 名으로 삼고, 譬를 취하여 서로 이루는 것이니, 江자나 河자 같은 것이 그것이다.

淸代의 학자 段玉裁는『說文解字注』에서 아래와 같이 글자를 풀이를 하였다.

事 : 事는 指事의 事와 象形의 物을 겸하는데, 物 또한 事란 말이다. (江河는 水의 事物임).

名 : 名은 곧 옛날에는 名이라 했던 것인데 지금은 字라고 한 의미의 名이다(名=字=形).

譬 : '譬'는 '諭'와 '告'의 뜻이다. 이는 '깨우쳐주다' '알려주다' '들려주다'로, 누가 · 무엇이 나에게 고하고 들려주는 것은 나에게는 들리는 것이므로 결국 '譬'는 '聲(들리는 것)'으로 볼 수 있다.

'以事爲名'은 반쪽이 뜻을 나타낸다는 말이다(謂半義也). '取譬相成'은 반쪽이 소리를 나타낸다는 말이다(謂半聲也). 江河의 字는 水를 名으로 삼고, 其聲이 마치 '工' '可'처럼 告(諭)하니, 인하여 '工' '可'음을 취하여 '其名(形)'과 이루는 것이다.[7]

---

7) 段玉裁,『說文解字注』十五卷 上, 上海書店出版, 755쪽: 事兼指事之事, 象形之物, 言物亦事也. 名卽古曰名, 今曰字之名. 譬者諭也, 諭者告也. 以事爲名

위의 註解에 따라 다시 해석하면,

형과 소리, 즉 形聲이라는 것은, 뜻을 나타내는 事物을 글자의 名分(形)으로 삼고, 소리(譬:聲)를 취하여 形과 서로 합쳐 이룬다는 것이니, 江이나 河자 같은 자들이 바로 이런 자이다.

결국 "形聲은 뜻을 나타내는 사물을 形으로 삼고, 들리는(표현되는) 聲(譬)을 취하여 形과 聲 두 개를 서로 합쳐서 이루는 방법으로, '江' '河'와 같은 자이다"라고 할 수 있다.

以事爲名은 形을, 取譬相成은 聲을 나타낸다는 말이다. 예자로 든 '江' '河'字는 모두가 물(氵)을 形으로 삼고, '工'과 '可'를 聲으로 취했다.[8]

형성자는 한자 전체의 약 80%를 차지하고 있다. 형성자는 表音文字의 성분이 절반 들어 있다고도 볼 수 있다. 이는 表音의 원리를 도입하여 쉬운 방법으로 무한한 글자를 만들어 쓸 수 있는 방법이다.

形聲字의 구조원리를 활용하여 많은 漢字를 쉽고 빠르게 학습할 수 있다. 예를 들면 아래와 같은 방법이다.

아 : 我 娥 餓 蛾 俄 鵝 峨 莪 哦 峩 涐 珴 皒 睋 硪 鵞

, 謂半義也, 取譬相成, 謂半聲也. 江河之字, 以水爲名, 譬其聲如工可, 因取工可成其名.

8) 林尹著, 權宅龍 譯,『中國文字學槪說』, 177쪽 : 文字가 있기 전에 말부터 있다. 長江의 물이 돌에 부딪치면서 흘러갈 때「工工」의 소리를 듣고 그 소리를 따서 강을「工」이라고 불렀다. 또한 河수의 물이 沙土 위를 유유히 흘러「可可」의 소리를 듣고 이에 그 소리를 흉내내어「可」라고 불렀다. 그리하여「工」「可」두 音을 취하고, 그 옆에다「水」形을 붙혀「江」「河」의 두 글자를 만들어 내었다. 이것이 바로 形聲字를 처음 만드는 과정이다.

아 : 牙 芽 訝 伢 厊 庌 犽 玡 砑 雅 蚜 迓 齖 呀

아 : 亞 啞 偭 婭 猏 掗 椏 氬 瘂 錏

아 : 阿 啊 娿 婀 屙 痾 錒

아 : 兒 睨 衙 : 丫 襾 鈳

'아'字의 주요 聲符는 '我' '牙' '亞' '阿'이다.

위에서 살필 수 있듯이 '我' '牙' 두자만 알아도 한자 30자는 금방 읽을 수 있다. 글자의 뜻은 자마다 形符를 보고 짐작할 수 있다. 예를 들면, '娥'는 形이 '女'이므로 '여자'에 관련된 뜻(여자, 미녀, 예쁘다)이고, '餓'는 形이 '食'이니까 '먹는 것'과 관련된 뜻(주리다, 굶다)이고, '芽'는 形이 '++'이므로 풀과 관련된 뜻(싹, 싹트다)이 된다. 다양한 문자의 운용에 따라 달라진 경우도 있지만 한자의 기본적인 뜻은 형부가 지니고 있다.

※형성자와 聲符의 音은 동일해야 맞다. 그러나 살펴보면 '江강 : 工공'. '河하 : 可가'. '濁탁 : 蜀촉'의 경우처럼 형성자와 그의 성부의 음이 동일하지 않은 경우도 있다.

1) 聲母와 韻母[9]가 완전히 같은 形聲字

例) '蘭'과 聲符 '闌'은 音이 모두 落干切[10]이며 聲母와 韻母가 완전히 일치한다. 平聲 '寒'韻이다.

---

9) 聲母는 글자의 初聲을 말하고, 韻母는 初聲을 제외한 나머지 音을 말한다.

10) 反切法 : 글자의 音을 알리기 위한 방법이다. 잘 알려진 두 글자를 이용하여 첫글자의 聲母(子音)를 취하고 뒷글자의 韻母(母音)를 취하여 합쳐서 나타내는 방법이다. 예) 東 : 德紅切(ㄷ+ㅗㅇ=동). 德紅反 = 德紅切. '反'과 '切' 두 가지로 표현하는데 이때 '反'이나 '切'은 모두 '이어 붙인다'는 뜻이다. 落干切=란

2) 聲調가 다른 形聲字

(1) '峨'는 平聲이며, '我'는 上聲이다.

(2) '猛'은 上聲이며, '孟'은 去聲이다.

3) 聲母는 같으나 韻母가 다른 字

'江강'과 '工공'은 첫소리인 聲母(ㄱ ㄱ)는 같으나 뒤의 韻母(강 공)는 다르다.(한국음을 예로 들었음)

'溢일'과 '益익'은 첫 소리(聲母)는 같으나 뒤의 韻母는 다르다.

4) 聲母는 다르나 韻母가 같은 字

'河하'와 '可가'는 첫소리인 聲母(ㅎ ㄱ)는 다르나 뒤의 韻母(ㅏ ㅏ)는 같다.(한국음을 예로 들었음)

'松송'과 '公공'은 聲母는 달라도 韻母는 같다.

이밖에 音은 같은데 韻書에 분류된 바에 의하면 形聲자 중에는 聲母와 韻母가 모두 다른 자도 있다. '牡' : '土'.

漢字는 한 지역 한 시대에 만들어진 것이 아니다. 유구한 역사 속에서 나타난 變音과 지역 간의 方言차이에서 나타난 異音이 후세에 취합되었던 정황을 상기하면 이상에서 본 文字上 聲韻의 차이는 오히려 당연한 결과라고 볼 수 있다. 여기에서 一字多意와 一意多字의 현상도 발생할 수 있다.

5. 轉注

"轉注者, 建類一首, 同意相受, 考老是也."

뜻을 전환 한다는 것은, 즉 轉注란 것은, 문자의 類를 建立하여 首를 同一하게 하면, 뜻을 같이하여 수용을 서로 할 수 있는 것이니, 考나 老와 같은 자가 이것이다.[11]

'轉注는, 글자의 같은 類를 마련하여(建) 그 기본(首:形音意)을 동일계통으로 하면, 같은 뜻(同意)으로 상호 수용할 수 있으니(相受), 考와 老자가 그 예이다(考, 老也. 老, 考也)[12]"라고 풀이할 수 있다. 다시 말하면, 문자 상호간에 글자의 기본(形音意)을 동일한 계열로 지니고 있으면, 상호 같은 뜻을 가진 자로 간주하여 서로 수용한다는 것이다[13]. 이는 이미 만들어진 글자에 용도의 폭을 확대하여 문자사용을 용이하게 하려는 방법이다.

---

11) 建類一首 : '建'은 '세우다' '마련하다'의 뜻이 있다. '類'는 '複數'의 의미를 가지며, 아울러 '類似하고' '같은 류'의 의미를 갖는다. '一'은 동사로 쓰이면 여러 개를 '하나로' '동일하게' 한다는 뜻이다. '首'는 '部首'로만 볼 수 가 없다. 여기서 '首'는 '으뜸', 즉 '기본'을 지칭한 것이니 바로 문자의 기본인 '形 音 意'를 지칭한 것이다. ※建類一首에 대한 意見차이로 학자들의 轉注에 대한 異說이 많다. 建類一首의 풀이는 반드시 뒤의 同意相受가 될 수 있는 뜻이어야 한다.

12) 예로 든 '考'와 '老'자를 보면 '形' '音' '意' 기본이 같다.

13) 轉注의 목적은 글자 운용의 폭을 확대하여 용이하게 쓰자는 것이다. 그러므로 轉注에 해당한 문자를 살펴보면 상호간에 形(部首)이 같거나 音이 같거나 意가 유사한, 즉 同意로 간주할 수 있는 성격을 대부분 가지고 있다. 이것이 원칙인데 同意면 相受하는 廣義의 轉注까지 나오게 된 것이다.

'欺'와 '諆'는 聲母 韻母가 같은 同音이고 同意이므로 轉注될 수 있다.

'探'과 '撢'은 聲母 韻母가 같은 同音이고 同意이므로 轉注될 수 있다.

'喜' '訢' '歖' '欣'은 聲母가 같고 同意이므로 轉注될 수 있다.

'生'과 '産'은 聲母가 같고 同意이므로 轉注될 수 있다.

'走'와 '趨'는 韻母가 같고 同意이므로 相受할 수 있다.

'粗'와 '疏'는 韻母가 같고 同意이므로 相受할 수 있다.

'香'과 '芳'은 韻母가 같고 同意이므로 相受할 수 있다.

이상과 같이 문자의 종류가 서로 同音이면서, 또는 聲母나 韻母라도 같으면서 同意이면 轉注할 수 있는 것을 '轉注의 正例'라고 한다. 그리고 뜻만 같으면 서로 轉注할 수 있는 것을 '廣義의 轉注'라고 한다.[14]

轉注는 문자의 三要素(形 音 意)중에 意(注)를 중심으로 문자에 융통성을 부여하여 그 운용을 용이하게 함으로써 문자사용의 편리함을 추구하려는 방법이다. 이것은 유구한 역사의 시대적 차이에서 오는 문자의 발전 변화와 방대한 지역간의 언어문자의 차이를 상호 소통할 수 있게 하는 좋은 방법이다.

14) 林 尹 著, 權宅龍 옮김, 中國文字學概說 轉注篇 參考.

6. 假借

"假借者, 本無其字, 依聲託事, 令長是也."

문자를 빌려 쓴다는 것은, 즉 假借란 것은, 어떤 언어(말)에 대하여 표기할 문자가 본래 없어서 그 언어의 소리에 따른 글자를 빌려다가 문자로 나타내는 일을 맡기는 것이니, 令이나 長자가 그것이다.

가차는 언어(말)는 있는데 아직 그 말에 대해 기록할 문자가 없는 상태일 때 새로운 글자를 만들지 않고 그 말소리와 같은 동음의 글자를 빌려다가 그 말을 나타내는 문자의 일을 부탁한다는 것이다.

어떤 의미를 지닌 언어가 먼저 나오면 이 언어를 나타내는 문자를 만들게 된다. 그 문자는 당연히 그 언어와 동음이면서 그 언어의 뜻을 나타내게 된다.

'令'은 본래 '發號'의 뜻이고, '長'은 본래 '久遠'의 뜻이다. 그러나 漢나라 때에 '현령' '현장'이라는 말은 있었지만 이를 기록할 文字는 아직 없었다. 이에 '令'과 '長'이 '發號'와 '久遠'의 뜻을 지녔고 '縣령' '縣장'과 音이 같으므로 새로 字를 만들지 않고 引伸하여 '縣令' '縣長'이라고 기록했으니, 이것이 假借이다.[15]

'來'는 보리의 이삭을 象形한 것으로 '보리(來麥)'의 뜻을 가진 글

15) 段玉裁『說文解字注』참고. 가차에 의해 令은 '명령令(發號)'에서 '수령令'으로, 長은 '길長(久遠)'에서 '어른長'으로도 만들어 짐. 길 '長'의 聲調는 平聲이고, 어른 '長'은 上聲임. 한 글자에 音(聲調)과 意를 달리하여 다시 만듬. 가차에는 有意와 無意의 가차가 있는데 글자의 뜻과 상관있는 有意의 가차를 우선한다.

자이다. 그런데 '가고오다'를 나타내는 '왕래'라는 말이 있는데 아직 문자가 없어서 音이 같은 보리'來'를 빌려다가 '往來'를 표기하게 되었다. 그러면 '來麥'의 '來'와 '往來'의 '來'는 전혀 의미가 다르게 된다. 文字는 인간 상호간에 의사교환을 하기 위한 약속된 부호이고 문자의 요건은 形 音 意이다. '왕래'를 표기할 문자가 없었는데 이제 사람들이 '往來'를 '오다가다'의 표기문자로 약속하고 쓰는 것이다. 이런 점으로 볼 때 假借도 기존의 글자를 運用한 것이지만 또 하나의 글자를 만드는 造字法임을 알 수 있다[16].

轉注는 同意의 성격이 있는 字를 轉用하고, 假借는 同音의 현상이 있는 字를 借用하는데[17] 모두는 文字를 편리하게 운용하여 기록해야할 문자를 쉽게 만들어 쓰려는 방법이다.[18]

---

16) 文字의 定意는 인간 상호간에 의사교환을 하기 위한 약속된 부호이다. 文字의 요건은 形 音 意이다. 이미 만들어진 동음의 문자(形體)를 假借하여 표기하고 그 표기된 언어의 억양에 따라 讀音하면서(성조 음이 약간 달라질 수 있음) 여기에 意를 추가하여 사람들이 새로운 표현으로 약속하고 사용하는 것도 문자를 만들어 쓰는 造字法이다. 외래어 '奧林匹克(아오린피커:올림픽)'같은 경우 '深奧(심오)'의 '奧'자와 '奧林匹克'의 '奧'자는 완전히 다른 문자의 의미를 가지고 있다. '奧林匹克'에 쓰인 '奧'는 '올림픽(olympic)'을 나타내는 '形'이고 '音'이고 '意'일 뿐이다. 이미 그렇게 약속된 문자이다. '奧林匹克'의 '奧'는 발음도 'olympic'에 맞게 하는 것이 좋은 발음이 된다. 바로 이런 형상에서 하나의 글자가 또 다른 聲調나 聲韻을 가질 수 있고 그에 따라 뜻도 추가되는 것이다(지역간의 방언차이에서 올 수도 있음).

17) 轉注는 同意에 同音의 자를 우선하고, 假借는 同音에 有意의 자를 우선한다. 때문에 同音同意 관계로 전주에 가차의 현상이, 가차에 전주의 현상이 함께 나타나는 경우가 많다.

18) 象形 指事 會意 形聲처럼 직접 문자를 만들어 音과 意를 부여하는 造字法이 있지만 轉注 假借처럼 이미 만들어진 文字를 운용하여 새로운 音과 意를 부여하여 다른 언어를 기록하는 방법도 造字의 한 방법이다. 본래의 문자가 가차함으로써 讀音이 달라지기도 하고 아울러 字意가 전환된다. 있는 글자에 더 용도추가해서 音으로 意로 더 만들어내는 것이다.

보통 轉注와 假借는 글자를 만든 것이 아니고, 이미 만들어진 문자 중에 뜻(意)이나 音이 유사한 글자간의 상호 運用法 이라고 보는데, 사실 運用과 동시에 造字도 된다.[19] 『說文解字』를 지은 東漢의 許愼과 거의 같은 시대에 살았던 漢나라 班固는 그의 『漢書藝文志』 <六藝略·小學類 後敍>에서 六書를 造字의 근본이라고 하였다.[20] 한나라 때만해도 시대적으로나 지역적으로 수많은 글자를 정리하는 과정에서 許愼이나 班固 같은 대표적인 학자들은 문자의 전문가이면서 관심도 많았을 것이다. 대개 轉注와 假借가 造字가 아니라고 주장하는 학자들을 보면 오직 글자의 形만을 보고 말을 한다. 문자의 필수적인 요소는 形과 音과 義(意)이다. 이들 중에 하나만 결여되어도 문자가 아니다. 문자의 形은 象形 指事 會意 形聲으로 완비된다. 轉注와 假借는 形을 만드는 것이 아니고 기존의 形에다 三要素중 音과 意를 확장하여 더 넓게 만들어 사용하자는 것이다. 三分의 一(形)의 시각으로만 보면 造字가 아니지만 三分의 三(形音意)을 가지고, 즉 문자의 요건을 가지고 보면 班固가 말한 造字가 맞다. 運用이면서 造字인 것이다.

---

19) 왜냐하면 기존의 固有한 뜻(意)을 가진 글자에 또 하나의 새로운 意를 추가하게 되므로 造字에 해당한 것이다. 문자의 요건은 形 音 意이기 때문에 音과 意가 추가되는 것도 새롭게 만들어지는 것이다. '考'와 '老'는 각자 고유의 一意를 가졌는데 상호 통용함으로써 각자는 本意에다 상대의 意까지 兼有하게 된 것이다. 이는 곧 一意多字는 물론 一字多意의 결과를 갖게도 한다.

20) "古者八歲入小學, 故周官保氏掌養國子, 教之六書 : 謂象形·象事·象意·象聲·轉注·假借, 造字之本也". 옛날에 여덟살이 되면 소학에 들어갔다. 그래서 나라의 교육을 담당한 주관보씨가 나라의 자녀들을 맡아 길렀는데 그들에게 六書를 가르쳤으니, 六書는 象形 象事 象意 象聲 轉注 假借이며, 글자를 만드는 기본(造字之本)원리이다.

附錄

韻字表

平聲 代表韻

上平 : 東 冬 江 支 微 魚 虞 齊 佳 灰 眞 文 元 寒 刪

下平 : 先 蕭 肴 豪 歌 麻 陽 庚 青 蒸 尤 侵 覃 鹽 咸

上聲 代表韻

董 腫 講 紙 尾 語 麌 薺 蟹 賄 軫 吻 阮 旱 潸 銑 篠 巧 皓 哿 馬 養 梗 迥 有 寑 感 琰 豏

去聲 代表韻

送 宋 絳 寘 未 御 遇 霽 泰 卦 隊 震 問 願 翰 諫 霰 嘯 效 號 箇 禡 漾 敬 徑 宥 沁 勘 豔 陷

入聲 代表韻

屋 沃 覺 質 物 月 曷 黠 屑 藥 陌 錫 職 緝 合 葉 洽

平聲

韻目 : 東

韻字 : 工 潨 弓 中 公 充 功 匆 同 戎 攻 沖 玒 彤 芎 芃 忠 東 空 穹 侗 恫 洪 盅 紅 虹 風 种 倥 冢 宮 桐 烘 翁 衷 躬 崇 崧 終 通 釭

童 筒 絨 隆 雄 馮 渢 菘 衕 崇 楓 箽 酮 僮 夢 熊 蒙 銅 稯 箜 蝀 潼 窮 蓬 葱 融 曈 蓊 濛 瞳 窿 篷 聰 鴻 幪 癃 罿 螽 鮦 叢 朦 蟲 豐 騌 矇 蘏 騣 豵 嚨 朧 瓏 曨 櫳 灃 礱 酆 驄 籠 聾 襱 饛 涷 峒 忡 訌 猣 豵 艐 蝬 狆 鬟 艟 絧 犝 毰 詷 穜 膧 茙 駥 蠬 艨 曚 懵 霁 浲 涳 䃔 琉 狨 瞢 汎 瀜 豐 髼 嵕 悾 罞 龐 逄 潨

韻目 : 冬

韻字 : 冬 農 宗 鍾 龍 舂 松 衝 容 蓉 庸 封 胸 雍 濃 重 從 逢 縫 蹤 茸 峰 蜂 鋒 烽 蛩 筇 慵 供 恭 淙 琮 悰 儂 鬆 蘢 凶 墉 鏞 傭 溶 鎔 醲 穠 邛 蛬 共 憧 鄘 喁 顒 邕 壅 癰 饔 縱 龔 膿 淞 忪 惷 瑢 葑 兇 洶 雝 噰 禺 癰 丰 蛩 蚣 踳 彸 榕 蹖 恟 灉 襛 蝩 銎 兇 彤 橦 慒 賨

韻目 : 江

韻字 : 扛 江 杠 邦 尨 矼 降 厖 茳 豇 梆 缸 窗 腔 蛖 跫 幢 樁 橦 駹 雙 龐 瀧 摐 鏦 舡 艭 憽 逄 撞 淙 浲 娏 悾 漎 瑽 惷 垹

韻目 : 支

韻字 : 支 枝 移 爲 垂 吹 陂 碑 奇 宜 儀 皮 兒 離 知 馳 池 規 危 夷 師 姿 遲 龜 眉 悲 之 芝 時 詩 棋 旗 辭 詞 期 祠 基 疑 姬 施 匜 絲 司 葵 醫 帷 思 滋 持 隨 癡 維 卮 麋 螭 麾 墀 彌 慈 遺 肌 脂 雌 披 嬉 尸 貍 炊 湄 籬 茲 差 疲 茨 卑 蕤 陲 騎 曦 歧 岐 誰 斯 私 窺 攲 熙 欺 疵 貲 笞 羈 彝 髭 頤 資 糜 飢 衰 錐 姨 楣 夔 祇 涯 伊 蓍 追 緇 箕 椎 罷 罳 釐 萎 匙 澌 脾 坻 嶷 治 驪 嫣 颸 屍 綦 怡 尼 漪 纍 匜 犧 飴 而 鴟 推 縻 璃 祁 綏 逵 咿 巇 酏 絺 羲 羸 肢 騏 訾 獅

嗤 呲 咨 墮 萁 其 醨 桼 睢 漓 蠡 噫 騅 馗 菑 輜 褵 邳 錡 胝 鰭 栭 沲 蛇 陴 淇 箎 蜊 媸 漦 淄 麗 瀰 氂 篩 纚 期 廝 氏 痍 娭 壝 蘺 轙 蘄 衪 蔆 齍 貔 比 椑 僖 鸃 貽 祺 嘻 撝 鸝 瓷 鷙 鈹 琦 骴 洏 疧 洟 騤 唲 葹 嵋 怩 欐 駓 熹 孜 台 蚩 裨 魑 紕 椸 倕 丕 琪 僛 耆 衰 惟 猗 劑 絁 伾 薺 鷖 偲 灕 提 醿 塒 魌 犛 鰤 蓰 衹 禧 峗 庳 居 飺 鬐 梔 虒 凘 踦 蠵 戲 鎚 蚳 畸 離 戣 劘 褫 椅 脷 埤 跜 腄 移 錍 磁 嗺 榱 郿 暆 痿 釃 榗 羅 桵 离 梩 誃 酏 罹 甃 佳 羈 簃 錙 陑 鵻 葰 蚑 搬 郫 仔 鬌 譆 寅 鄙 摧 鰣 麒 崥 茈 委 鍉 鴯 秠 蜞 蘼 軝 椔 孋 摛 箠 崎 嵫 耔 襹 隋 箄 眵 黐 齝 蝼 蛦 娸 樆 姼 柅 榯 鼒 縻 猈 觜 錤 緦 鉹 趍 褷 鳲 虉 椈 欚 頯 萑 秜 泜 粭 潰 跠 恞 咦 峓 郪 溈 逶 騩 虉 觶 踟 踑 諆 覗 泚 倭 鑴 忯 爔 圯 ▩ 嵯 黟 禕 劙 黎 椔 齎 禔 桸 鱅 犂 玭 瓻 詖 蘢

韻目 : 微

韻字 : 妃 衣 圻 希 沂 依 肥 非 威 祈 韋 飛 旂 晞 欷 淝 圍 幃 幾 扉 揮 稀 腓 菲 睎 微 暉 違 溦 煇 葳 頎 緋 豨 嘰 畿 誹 翬 褘 機 璣 霏 徽 磯 薇 闈 禨 緋 歸 騑 譏 饑 餽 巍 鞿 鵗 斐 騛 痱 蝛 楎 肵 鐖 犩 碕 溰

韻目 : 魚

韻字 : 予 且 如 余 妤 車 居 於 沮 狙 初 阹 胥 帤 洳 胠 苴 徐 書 梳 疽 砠 茹 除 涂 狳 紓 淤 疏 蛆 魚 据 袪 渠 舒 虛 椐 琚 畬 腒 菹 趄 綀 耡 蜍 雎 漁 與 蒢 裾 噓 墟 蔬 諸 豬 鋤 閭 餘 樗 蝑 歔 篨 蕖 諝 儲 璩 輿 磲 攄 瀦 璵 蕍 廬 櫚 藷 躇 櫧 籧 蘧 臚 旟 蘧 齬 譽 驢 籧 祛 箊 挐 鐻 鶋 滁 屠 醵 摴 疋 衙 鋙 駼 湑 魖 呿 唹 蠩 咀

韻目：虞

韻字：于 夫 毋 殳 吁 朱 邘 劬 孚 巫 扶 迂 盱 玗 拘 盂 臾 芙 姁 杸 泭 盰 俘 俞 禺 竽 紆 姝 枹 柎 洙 苻 邾 俱 娛 株 殊 珠 訏 捄 蚨 郛 區 婁 符 趺 雩 絇 莩 愉 渝 無 腴 萸 蛛 鈇 隅 須 嵎 揄 楰 稃 罦 隃 愚 榆 瑜 虞 誅 跦 逾 嫗 ▨ 毹 牏 凫 嶇 瘉 銖 需 窬 廚 敷 樞 膚 蝓 褕 諛 駒 嬃 儒 蕪 覦 輸 嚅 濡 趨 瞿 軀 雛 蟵 臑 鼩 繻 襦 鰅 驅 鬚 臞 躕 衢 齵 躣 模 謨 蒲 湖 胡 瑚 乎 壺 狐 弧 孤 辜 姑 觚 菰 徒 途 塗 荼 圖 屠 奴 呼 吾 梧 吳 租 盧 鱸 鑪 蘆 酥 蘇 烏 汙 枯 麤 都 鋪 誣 軥 蔞 鏤 桴 朐 摹 酺 蒱 醐 糊 餬 鶘 鴣 沽 蛄 呱 酤 菟 砮 膴 鴟 筎 鴑 逋 艫 壚 徂 拏 瀘 櫨 餔 晡 諏 裯 軱 罛 郚 瘏 旅 痡 鶘 杇 喁 顱 釪 句 娵 醹 羭 慺 膢 麩 膜 嫫 瓠 槔 虖 鋘 葙 惡 剢 漊 堬 荂 芋 嘔 騶 咮 貙 毹 闍 喻 睮 纑 枸 欋 鸕 侏 䶉 憮 葫 憮 鴸 瀵 豿 於 盓 懦 柧 駼 陓 㤎 趎 痀 瓿 帑 杅 穌

韻目：齊

韻字：兮 氐 圭 西 低 批 兒 妻 泥 刲 枅 奎 邽 倪 奚 迷 凄 栖 笄 悽 梯 淒 畦 猊 窒 羝 啼 嵇 提 犀 萋 隄 媞 稊 粞 徯 綈 睽 閨 齊 蜺 撕 稽 緹 銻 黎 禔 輗 蹄 霓 棃 醯 擠 谿 蹊 懠 緊 臍 雞 題 醯 ■ 鞮 鵜 藜 鯢 蠐 靡 蟿 攜 躋 鼙 齎 鷖 鷖 鼷 齏 齯 觿 犁 蠡 詆 磾 締 騠 禵 篦 鎞 傒 騱 嘶 澌 椑 蠵 驪 鸝 緀 桋 睼 虀 鑴 榿 酅 錍 箆 烓

韻目：佳

韻字：佳 娃 差 柴 涯 釵 牌 街 鞋 鮭 乖 皆 俳 埋 挨 豺 偕 排 淮 揩 階 喈 湝 槐 儕 諧 骸 齋 懷 霾 鮭 媧 蝸 荄 蛙 哇 痎 楷 櫰 啀 緺 華 箉 騧

韻目：灰

韻字：回 灰 坏 杯 枚 玫 佪 坯 徊 恢 盃 胚 凷 洄 桅 茴 迴 悝 挼 峐 偎 堆 培 崔 徘 推 梅 盔 莓 陪 桮 皕 脢 傀 媒 敦 棓 渨 隈 催 煤 煨 詼 雷 嵬 搥 椳 腜 蒷 摧 瑰 裴 魁 禖 磑 蓷 醅 鋂 隤 擂 頹 縗 鮍 儡 魋 櫑 藬 鐳 罍 才 台 材 災 毒 來 侅 咍 邰 哀 哉 咳 垓 孩 胎 苔 烕 陔 唉 埃 栽 能 財 胲 荄 徠 猜 崍 欸 淶 剴 萊 裁 跆 開 裓 菑 腮 該 賅 臺 敱 暟 頦 駘 鮐 薹 騋 鯠 鰓 纔 槐 脢 絯 郲 棶 儓 抬 鎚 峐 荄 隗 漼 椳

韻目：眞

韻字：人 巾 仁 民 申 因 臣 伸 身 辛 辰 呻 岷 困 忞 旻 垠 姻 津 珍 紉 垔 宸 眞 神 秦 茵 狺 罠 寅 彬 晨 紳 貧 陳 筤 湮 堙 斌 新 筠 歅 塵 夤 甄 賓 鄞 銀 閩 墐 豳 禋 粼 瞋 鄰 嶙 縉 誾 儐 燐 璘 親 頻 蠑 駰 麇 嬪 濱 磷 薪 豳 瞵 闉 嚚 甐 瀕 轔 嚬 蘋 蠙 鱗 麟 鼘 匀 屯 旬 均 巡 迍 春 峋 恂 紃 郇 倫 純 荀 珣 掄 淳 淪 脣 逡 循 皴 竣 鈞 詢 馴 椿 綸 滑 踆 諄 輪 醇 遵 鶉 鷷 侁 莘 溱 詵 榛 蓁 臻 駪 諲 僎 振 畇 塡 旼 泯 洵 桭 驎 錞 侲 麎 柛 娠 昣 甡 蜦 姺 潾 眴 袀 縜 箘 齗 磌

韻目：文

韻字：云 分 文 君 汾 妘 沄 氛 芬 芸 枌 軍 紋 紜 紛 耘 窘 扮 衯 焄 焚 賁 雯 雲 棼 雰 群 葷 裙 湏 鄖 氳 聞 熅 熏 皸 墳 濆 澐 鼢 勳 篔 縕 蕡 ▩ 鼢 薰 曛 豶 豶 轒 纁 饙 醺 斤 昕 欣 芹 炘 殷 筋 勤 慇 瘽 懃 蘄 齦 堇 闅 誾 鄞 濦 蕵 垠 狺 鳼 蝹 員 薞 臐

韻目：元

韻字：元沅言祁芫垣爰冤原袁軒習蚖掀袢喧媛援番園暄源煩萱塤嫄犍播幡樊蕃蕃諼鴛燔璠膰繁轅蘋黿繙翻旛鞬藩蹯轓鴵礬甗蘩屯存村坤奔昆昏門盆孫婚崑惇捫掄豚哼惛尊敦渾琨賁飧飩溋溫髡蓀魂噴墩論璊褌燉暾縕闇臀轀繜蹲鯤亹鞬虋呑垠恩根痕跟報騵湲反狟宛暖杬豲純棔榬榞芚崙嶟庉鶤蜳飱驐靬阬蘊笲沄緷溷樠蜿騫怨洹暅咺

韻目：寒

韻字：干丹刊奸安汗肝玕姍珊看竿乾單寒殘彈鞍嘽撣鄲壇餐殫檀闌韓癉簞禪難攔瀾欄蘭攤灘驒籣讕丸刓完芄官冠洹紈倌剜桓般狻曼莞剬涫敦棺湍萑團端酸摶漙寬潘瘢盤磐瞞貒繁磻蟠謾饅鞶鬆巒歡鰻欑欒瓛觀髖讙灤鑽鑾驩鸞斡漫歎豲跚慱鏝胖弁拌汍習樠灓翰攢岏豻驙

韻目：刪

韻字：刪扳姦獮眅班斑菅頑頒潸寰圜環還鍰顏攀關轘鐶闤彎鬟灣蠻山殷孱閑閒綸慳潺嫺艱■斕鰥鷳湲煸訕澴患擐鸞跧萠閒鬘獌黫靬般豻

韻目：先

韻字：千天仟玄田先年阡玗佃姸岍汧芊弦肩前咽畋研涓眠堅淵牽絃舷焆蚿豣塡煙軿箋憐蓮蝙賢燕縣駢

蹎 騆 濺 闐 鵑 邊 顛 巔 籛 躚 鐲 籩 轞 川 仙 全 佺 卷 延 沿 秈 便
宣 穿 員 娟 扇 拳 捐 荃 虔 悁 悛 旃 牷 乾 偏 專 旋 涎 焉 痊 船 連
埏 狿 單 棉 湔 湲 然 堧 揎 棬 梴 筌 絟 傳 圓 愆 煎 詮 鉛 椽 楩 犍
瑄 遄 漣 筵 銓 鳶 綖 蜒 鄢 嬋 篇 緣 翩 儇 廛 璇 箯 緶 蔫 澶 磚 錢
嬛 褰 鋋 氈 禪 聯 鮮 邅 璿 蟬 鞭 顓 瀍 鬈 擅 翾 騫 纏 鐫 饘 權 躔
攣 驢 韆 鱣 鸇 顴 零 甄 扁 還 朘 箳 燀 戔 純 嗎 仚 祆 蜎 媥 磌 滇
蠙 蘚 胼 枅 諓 餅 潺 孱 儃 懁 瑌 蝝 跧 搴 嫣 褼 鶣 歅 ▩ 鍵 蜷 蹁
騝 駩 沺 廯 竣 郔 挻

韻目：蕭

韻字：刁 么 佻 挑 迢 垚 恌 苕 凋 彫 條 梟 聊 祧 堯 貂 翛 僥 僚
寥 蜩 憀 漻 膋 嘹 寮 撩 澆 調 嘵 嶢 獠 髫 蕭 遼 雕 徼 橑 膮 簫 簝
瀟 鐐 驍 鰷 鷯 夭 妖 杓 招 弨 怊 姚 昭 苗 要 枵 哨 宵 晁 消 釗 珧
莜 髟 逍 陶 喬 描 朝 椒 焦 硝 超 傜 喓 痟 軺 剽 搖 腰 綃 葽 蛸 僑
漂 瑤 遙 韶 歊 銚 嬌 憔 標 潮 銷 霄 嶠 橋 橇 樵 橈 燒 瓢 蕉 蕘 鴞
謠 邀 鍬 儦 礬 簫 繇 魈 蟯 瀌 譙 轎 臕 趫 飄 饒 囂 飆 驕 鑣 鷂 鷦
蘸 寥 燋 愮 飄 鰩 膲 鐎 嬈 僺 熛 麃 劭 跳 颮 料 摽 窯 鴢 咯 猺 褕
藨 蕎 瞭 貓 嘹 燎 繆 嶨 翹

韻目：肴

韻字：爻 包 交 抓 咆 啜 庖 拋 泡 肴 坳 恔 姣 炮 胞 茅 郊 枹 洨
哮 捎 弰 捊 茭 虓 匏 啁 崤 巢 教 梢 淆 掊 脬 筲 訬 蛟 跑 鈔 旓 筲
蛸 嘐 敲 鄛 颮 嘲 膠 樔 麃 鞘 聱 鮫 鴔 轇 轈 譊 鐃 髇 烋 詨 洨 骹
髇 磬 墝 筊 咬 罺 勦 轈 漅 媌 罞 鞄 鉋 庨 佼 謷 髾 摎 嵺 顟 颮 鵃
嗃 鄗 磝

韻目 : 豪

韻字 : 刀 毛 叨 尻 忉 牢 弢 舠 芼 挑 洮 咷 桃 皐 羔 逃 高 旄 敖 曹 毫 袍 陶 勞 萄 猱 嗥 搔 滔 絛 號 鯛 漕 膏 裯 豪 髦 綯 蜪 撈 槽 熬 褒 遭 氂 嫯 操 篙 翱 橐 濠 濤 糟 繅 臊 艚 嶹 螯 檮 謷 醪 韜 騷 翿 鰲 鼛 饕 鼇 艘 臑 糕 慅 裯 慆 匋 颾 璈 囂 匐 裪 澇 蟧 淘 槔 嗷 嶆 咎 毦

韻目 : 歌

韻字 : 多 佗 何 那 沱 河 陀 阿 俄 柯 苛 拕 泂 珂 哥 娑 娥 峨 荷 紽 莪 訶 跎 軻 傞 硪 菏 酡 嵯 搓 蛾 痾 歌 瑳 磋 駝 瘥 鮀 蹉 鵝 羅 儺 鹺 驒 蘿 籮 鼉 鑼 戈 禾 伽 囮 和 坡 波 科 茄 倭 婆 梭 莎 訛 堝 渦 矬 窠 過 蓑 頗 摩 蝌 皤 緺 踒 濄 螺 皤 薖 魔 劘 驘 磨 駞 呵 麽 鍋 詑 番 磋 獻 窩 簻 睋 覶 囉 婀 枷

韻目 : 麻

韻字 : 丫 叉 巴 牙 加 瓜 划 夸 呀 沙 車 邪 杈 些 杷 爬 芭 芽 花 枒 哇 耶 茄 迦 哆 拏 枷 洼 珈 家 差 爹 痂 笆 紗 窊 罝 奢 斜 蛇 袈 麻 笳 豝 媧 琶 華 蛙 椏 畬 鈀 嗟 椰 煆 瑕 葩 葭 衙 裟 誇 遐 楂 鉈 嘉 窪 賒 瘕 蝦 蝸 遮 鴉 樝 樺 豭 皻 鍜 鋜 闍 駕 蟆 霞 檛 鍜 鬤 譁 騢 騧 驊 涯 啞 爺 鯊 娃 苴 艖 汙 筊 蕸 跏 塗 姱 鋘 蚆 溠 荂 秅 哆 岈 碬 吒 齖 爹 傢 划 椵 揶 吾 蒫 磋 祖 磚

韻目 : 陽

韻字 : 亡 方 王 央 匡 羊 坊 妝 妨 床 忘 狂 良 防 邡 佯 戕 房 昌 枋 泱 羌 肪 芳 長 斨 姜 庠 徉 殃 洋 相 香 恇 洭 倀 倡 娘 秧 商 將

常張强梁涼猖眶章創場廂揚湘湯筐翔萇鄉量陽楊粱彰殤箱鴦嫱樯光行牂堂塘藏狼漿觴莊黃倉皇襄驤緗望芒償鱨槍囊郎唐腸康岡蒼荒遑榿航颺慶僵薑疆糧穰牆桑剛祥詳暘傷魴樟漳璋鋩煌艎篁隍凰徨蝗惶潢榔廊浪簹襠滄綱亢吭鋼喪肓潢簧忙茫傍汪臧琅蜋當瑭裳昂鶇鄣障瘍鏘湯鏜尪硠桁杭頏邙臟湟滂桹溏將驦筤禳攘蹌鶬螿瀼瓤螗搶螳踉宊煬鍚稂菖鐺洸閶蛘瑲蹡勷纕彭蔣薌堽嫜鯧礓壤薔喤瑒幛鑲饟汸鈁孀蔣搪莨芫磄趪餭薆碭汒滄彷艡劻膷眻綡橿盂慌鉠榶瑭鋃鰉胱雱磅膀螃

韻目:庚

韻字:庚更羹粳盲橫觥彭棚亨鎗英瑛烹平評枰京驚荊明盟鳴榮瑩兵兄卿泩笙牲檠鯨黥擎迎行衡耕萌氓阬紘宏閎莖甖鶯櫻泓橙爭箏淸情晴精睛菁晶旌盈楹嬴瀛羸營嬰纓貞成盛誠呈程酲聲征正鉦輕名令并傾瓊鶊賡喤鍠輣瞠槍韺霙傖崢苹猩鼪勍珩蘅桁鏗翃嶸丁嚶鸚錚琤砰怦繃弸伻轟訇鍧瞪蜻鶄籯塋瓔楨攖禎赬蟶檉偵郕珵裎鯖頃惸嬛騂榜洺栟搒棖獰抨趟娙鸎薆蠑瀅蟚巆坪泙鵁浤呟祊橖絣薨罃娙餳

韻目:青

韻字:青經涇形刑邢硎鉶型陘娙亭庭廷霆莛蜓渟楟停寧丁釘玎仃馨星腥醒惺娉俜靈櫺醽齡鈴苓伶零玲舲翎鴒瓴囹聆聽廳汀冥溟蓂螟銘甁屛軿萍熒螢滎扃

駉 葶 艇 町 軨 酃 聤 桯 瞑 暝 嫇 濴 垌 絅 侀 鋌 筳 娗 鈃

韻目:蒸

韻字:蒸 烝 承 丞 懲 澂 陵 凌 綾 蔆 冰 膺 鷹 應 蠅 繩 澠 乘 昇 升 勝 興 繒 憑 仍 兢 矜 徵 凝 稱 偁 登 燈 僧 增 曾 憎 罾 矰 橧 層 曾 嶒 能 棱 朋 鵬 堋 弘 鞃 肱 薨 騰 藤 縢 恒 緪 脅 塍 崚 鯪 輘 憑 馮 陾 癥 譍 艿 驓 磳 噌 曹 幐 揯 蒸 淩 夌 淜 駷 礽 扔 輘 搠 弦 艠 漰 鄫 鯪 譝 鱦

韻目:尤

韻字:尤 郵 優 憂 流 斿 旒 留 榴 騮 劉 由 油 游 猷 悠 攸 牛 修 脩 羞 秋 楸 周 州 洲 舟 酬 讎 柔 儔 疇 籌 稠 丘 抽 湫 遒 收 鳩 不 騶 愁 休 囚 輈 求 裘 毬 仇 浮 謀 牟 眸 矛 侯 猴 喉 謳 漚 鷗 甌 樓 婁 陬 偷 頭 投 溝 鉤 韝 幽 虯 彪 疣 訧 耰 綢 厹 麀 嚘 遛 颼 瀏 鶹 鏐 瘤 鞦 鶖 槱 蝣 猶 蕕 輶 啾 揫 莤 賙 售 蹂 揉 捄 蒐 叟 廋 溲 鄒 貅 庥 咻 泅 蒭 紬 犨 搊 瘳 裯 幬 鯈 啁 球 逑 絿 銶 觩 俅 賕 蜉 桴 罦 麰 蛑 篌 餱 鍭 歐 膢 慺 摟 窶 彄 摳 牏 軥 裒 䪷 髏 螻 鍪 兜 句 妯 惆 菆 篝 抔 呦 緱 嘔 媮 繆 諏 繇 蓲 僂 枹 艛 鯫 掫 琈 烰 簍 蔞 鄾 鶔 摎 脙 馗 韝 髟 楢 樛 抌 冘 庮 鍒 鞣 湅 調 觓 棷 謅 怮 龜 漉 區 緅 骰 侜 頄 艽 莍 湫 罘 璆 螯

韻目:侵

韻字:侵 尋 潯 霖 林 臨 箴 鍼 斟 沈 磌 深 淫 心 琴 禽 擒 欽 衾 吟 今 襟 金 音 陰 岑 簪 駸 琳 琛 諶 忱 壬 任 紝 蟫 黔 崟 愔 歆 禁 喑 瘖 森 叅 蔘 涔 芩 燖 淋 郴 鵀 妊 檎 紟 槮 綅 祲 湛 綝 霠 鬵 灊

欽 鐔 嵾 霮

韻目：覃

韻字：覃 潭 譚 驔 曇 叄 南 男 諳 庵 含 涵 函 嵐 蠶 驂 探 篸 貪 湛 眈 龕 堪 戡 弇 談 惔 甘 三 酣 藍 柑 慚 聃 耽 坩 籃 錟 擔 唅 泔 邯 醃 蝂 儋 盦 鬖 谽 蚶 憨 毿 鐔 郯 淦 痰 婪 蕁 渰 闇 菴 頷 甝 譋 酖 襤 餡 媕 甔 橝 倓 澹 蟫 鐕 醰 餤

韻目：鹽

韻字：鹽 檐 廉 簾 嫌 嚴 髯 謙 奩 纖 籤 瞻 蟾 添 兼 縑 霑 潛 閻 鐮 黏 淹 箝 甛 恬 拈 砭 銛 暹 詹 漸 襜 殲 黔 鈐 懨 蒹 痁 蘄 鶼 佔 覘 撏 磏 蘞 僉 薕 襳 詀 棪 鍼 枏 崦 閹 醃 熸 鬵 瀸 鰜 猒 占 尖 帘 沾 炎 阽 幨 瀸 鬑 湉 杴 噞 檐

韻目：咸

韻字：杉 咸 淊 喃 喦 椷 瑊 摻 緘 諴 尶 毚 儳 鹹 攙 黯 讒 饞 鑱 函 銜 巖 帆 衫 監 凡 欃 巉 芟 嵌 劖 碞 攙 麙 械 詁 彡 嚴 颿 杴 縿

이상의 平聲韻을 제외하고는 上 去 入聲은 모두 仄聲으로 보면 된다. 우리나라에서 선인들은 측성을 가리는 한 가지 방법으로 '떡술밥'을 활용하여 왔다. 漢字 音의 끝 받침이 'ㄱ' 'ㄹ' 'ㅂ'이 붙은 자는 일단 측성으로 간주한다는 말이다. 꼭 이들만은 아니지만 일단 이들의 받침이 붙는 자는 측성인 것이다. 國 角 不 列 邑 集 = 仄聲.